谨以此书献给我的妻子与所有的亲人、同行、学生、患者和准备踏上医路的年轻医师。

人生没有"如果"，生命可以在"如果"来到的瞬间把握住。

　　愿书中的经历、思考给你们一点鼓励与抚慰。

　　　　　　　　　　　　——你们的老师、老友

新婚首照。从此，我正式成为军属了！

医路一生

蒋泽先 著

江西人民出版社
Jiangxi People's Publishing House
全国百佳出版社

图书在版编目（CIP）数据

医路一生 / 蒋泽先著 . -- 南昌：江西人民出版社，

2025. 8. -- ISBN 978-7-210-16184-4

Ⅰ. K826.2

中国国家版本馆 CIP 数据核字第 2025HQ3728 号

医路一生　　　　　　　　　　　　　　　　　蒋泽先　著
YILU YISHENG

出　版　人：梁　菁
责　任　编　辑：李月华　李鉴和　郭文慧
美　术　编　辑：章　雷
封　面　设　计：运平设计

 出版发行

地　　　　址：江西省南昌市三经路 47 号附 1 号（邮编：330006）
网　　　　址：www.jxpph.com
电　子　信　箱：jxpph@tom.com
编辑部电话：0791-86892125
发行部电话：0791-86898815
承　印　厂：南昌市红星印刷有限公司
经　　　销：各地新华书店

开　　　本：787 毫米 ×1092 毫米　1/16
印　　　张：24.75
字　　　数：300 千字
版　　　次：2025 年 8 月第 1 版
印　　　次：2025 年 8 月第 1 次印刷
书　　　号：ISBN 978-7-210-16184-4
定　　　价：78.00 元
赣版权登字 –01-2025-57

要用至善创至臻

——读蒋泽先新著《医路一生》

八十高寿的蒋泽先，一手执刀为百姓治病，一手提笔为时代讴歌，兢兢业业，孜孜不倦，完成了自己的"百千万人生工程"——接诊手术患者过万，教授学生过千，出版图书过百。

八十高寿的蒋泽先，是江西重要的报告文学作家，可谓著作等身，其代表作有《中国农民生死报告》《蔚蓝色的过渡》《中国大援建》等，至今笔耕不辍，长篇报告文学《中国红军医院》即将新鲜出炉，他还想将已发表的文字结集出版。他的医学著述和科普写作同样收获颇丰，然老骥伏枥，新近又出版一本医学专业书《医患沟通与口腔医疗风险防范：医疗纠纷百例解读》，他表示，"完成《江西口腔事业发展史》一书的心未死"，期待有条件时重新启动出版计划。

八十高寿的蒋泽先，于八十岁生日之际，照片被挂上一附院路边的电线杆，这是医院对"卓越医师"一辈子治病救人、教书育人的褒扬。然而，蒋泽先医师不仅仅是张挂在院子里的"头像"，他仍然是可以挂号、可以看病、可以手术的专家，甚至，他还挺忙呢。恰好，我手机里存有龙年春节他的一则微信，云："我年轻时好学，过年无假期；当了科主任要带头，过年无假期；现在老了，年轻人照顾我，让我上班快乐，依然无假期！送走兔年的最后一个病人时已是鞭炮声声，年饭后，很累，睡了。早起送上祝福！"

如此忙碌的蒋老师，没有忘记给自己的八十岁准备一份礼物。《医路一生》，一部厚重的回忆录，是对漫漫行医路的总结和回望，也是献给自己的厚礼，无愧于自己的厚礼。我相信任何人从中都能读出一个人的精神重量，一个人的人生重量！

于当下的现实境遇中捧读《医路一生》，尤其令人感慨、感动。显然，"写下我们那代医师与患者的过往之事，希望有助于医患和睦、治病救人"，正是这部回忆录的写作初衷。书中大量心系病人、情注患者的医疗故事，反映了"远去医风远去情，那时医患那时心"。蒋医师以其亲身经历，令人信服地传递着"至尊至爱"的真谛，闪耀着仁心的光芒，体现着仁术的力量，这些生动的故事既温暖了当年的患者，也启迪着如今的读者。年轻时的蒋医师就常跟学生说，"对那些穿着一双破解放鞋、被农药染黄了的大脚趾露在外面的农民要怀有同情心"；当了科主任的蒋医师甚至提出，看一个病人交一个朋友；即便年纪大了，蒋医师仍然坚持"工作第一，患者为友"。他把自己的信仰、自己的精神归结为一个朴实的字——善，并且不断激励自己：要用至善创至臻。

蒋泽先不仅是个好医师、好老师，同时也是一个有担当、有热情、充满社会责任感的优秀作家。他的创作贴近社会生活，关怀天下苍生，充满悲悯情怀，敢于为老百姓代言，人民性正是其作品价值的重要考量。不少抗灾的现场，都有蒋老师的身影。2008 年汶川大地震发生后，年逾六旬的蒋老师老当益壮，竟主动要求前往灾区采访，当时灾区余震不断，途中凶险难测，现场危机四伏，他以大无畏的精神，数度赶赴抗震前线采访，创作出版了长篇报告文学《蔚蓝色的过渡》。三年以后，应江西援建小金指挥部邀请，省作协拟派员前去采访，考虑到蒋老师已年近七旬及小金县高海拔的恶劣环境，我们原先准备物色年轻作家去完成写作任务，后来觉得请蒋老师担纲更能保证写作质量，便试探性地征询蒋老师意见，没想到，他慨然应允，激情表态，马上出发，并且很快拿出了全景反映三年对口援建的《中国大援建》。

我长期从事文学组织工作，与蒋老师有着比较密切的联系。上级部门偶尔会下达写作任务，兄弟单位常常请省作协推荐作家采写典型人物或事件，此类写作一般为报告文学体裁，而蒋老师无疑是江西报告文学写作的第一人。这个第一，不仅体现为写作的质量和速度，更重要的在于态度，乐于接受，勇于完成。出于强烈的社会责任感，对那些重大选题，蒋老师从来都有求必应，而且不计报酬，不讲条件，不提要求。作为推荐者，我们当然希望邀请方为作家提供必要条件和方便，然而，经常不待我们与邀请方商量落实具体方案，先行得到信息的蒋老师便已经前往采访，投入工作。蒋老师总是把这种创作冲动归于自己热爱写作。为了心中的热爱，为了肩头的责任，他能忘记自己将要付出的一切，忘记自己理该得到的所有。这样的作家，如今尚有几人？

　　早在 20 世纪 80 年代初，我成为《星火》的编辑后，即认识了蒋泽先老师，认识了他爽朗的笑容和亲切的嗓音，也认识了他精益求精的医术和挥洒自如的文笔。而捧读《医路一生》，我才算真正地全面认识了蒋泽先这个人，了解了蒋老师的人生。他的人生洋溢着热情，滋润着温情，真挚的情感在这部回忆录中得到相当从容的抒写，真可谓"医路一生情似海"，亲情、友情、同学情、师生情……医患之情是"面对依依生死情"，文友之情是"天地岁月惜友情"，缠绵在他笔下的爱情，则是感人至深的"婚姻不老初恋情"。一个"情"字贯穿字里行间，一个"情"字润亮平凡而又不凡的人生。种种真情，让我强烈地感受到了人生的重量。

　　医路一生，始终肩负认识生命、敬畏生命、珍爱生命、呵护生命、守卫健康的终生使命。回望蒋老师的一生医路，但见桃李春风、杏林日暖，但见仁心熠熠、硕果累累……

刘华

江西省文联原主席、江西省作协原主席

2025 年 5 月

与老师一起度过的青春时光

光阴似箭，岁月如梭。

从1986年与老师相识至今已有38年整，可谓弹指一挥间。前些天收到老师的信息，要我为他的书写个序，我欣然应允。回顾38年来与老师交往的点点滴滴，思绪万千。与老师交往的这些年没有什么能比这四句话更贴切地表达我的感受：教书育人、为人师表；主动担当、传承发展；高风亮节、甘为人梯；老骥伏枥、永不停步。

1986年5月的某天，大学三年级的我跟同学们一起到江西医学院口腔系门诊部口腔外科见习。正当带教的蒋老师在给同学们讲解拔牙的适应证与并发症时，诊室另一头的牙椅旁有位年轻医师大喊："蒋老师快来，这个病人抽搐起来了！"顺着喊声，蒋老师快速走到人身旁，冷静地放平牙椅，迅速拿来血压计测血压、测脉搏，发现病人生命体征平稳。给氧、注射葡萄糖，老师有条不紊地指挥抢救，病人逐渐平稳下来。随后蒋老师给我们进行现场教学，逐一分析引起病情的原因：晕厥？虚脱？过敏？癔症？蒋老师渊博的知识、遇事的沉着给我留下了深刻的印象。我当时就想，以后要是留在老师身边学习、工作那该多好啊！两年后的1988年，我凭成绩如愿分到了一附院口腔科，来到老师身边学习。老师为人师表，他的谆谆教诲使我懂得先做人再做事的道理，也使我学会了换位思考！

1990年，医院口腔颌面外科进入了一个非常"特殊"的时期，病房就剩蒋老师一个具有高级职称的医师（那时我还是主治医师。1989年后，一附院连续三年停止晋升评选工作，年轻人不知道。蒋注）来带领我们3个工龄只有2到3年的年轻医师。医院很多人都为颌面外科的发展捏一把汗：口腔外科，能行吗？老师挺身而出，主动担当起了带领学科传承发展的重任。正是这个时期，在老师的带领下我们打开了医院乃至江西省口腔颌面外科发展的新局面。我们救治了许多重大颌面部复合伤的病人，如外伤性假性动脉体瘤患者；完成了许多高难度的手术，如颈动脉体化学感受器瘤患者的"颈动脉体化学感受器瘤切除手术"；成功抢救了许多濒死患者，如给心跳停止20余分钟的病人开胸行心脏复苏术；撰写了多部在国内拥有巨大影响力的著作，如《现代手术并发症学》。这个时期是我累并快乐着的青春时光，也是我业务能力提高得最快的时期。在老师的培养下，年轻的我完成了许多需要有副高甚至正高资格的医师才能做的手术。说明一下，老师总是安排我为第一助手。我对口外专业的执着和对口腔职业的自信正是在这个时期建立起来的。

2000 年，老师从学科可持续发展的角度，高风亮节地向医院提出让位给年轻人。院领导经过反复考虑同意了老师的请求。老师将科主任的位置让了出来，自己甘当副职。当时，老师还是正当大好年华，他这种甘为人梯的精神在医院可以说是绝无仅有。正是在老师的影响下，口外的年轻人干事创业的劲头空前高涨，由此也奠定了口腔颌面外科江西省领先学科的"江湖"地位。

2008 年，医院给 64 岁的老师办了退休延聘手续——我们科认为学科发展还需要他。老师每周安排科室总查房 1 次、门诊 2 次，其他时间都在坚持写专业著作。我经常与老师一起探讨专业、畅聊人生，几乎无话不谈。记得有一次，老师受南昌大学宣传部委托撰写南昌大学石秋杰老师的报告文学时，问我："你认为秋杰老师的所作所为如何用一个词来描述？"我说是"责任"。老师说："太好了！"这段时期老师常跟我说，在有生之年他一定要出 100 本书。我当时就想：老师真的是活到老、学到老、奋斗到老啊！2014 年我调离一附院时，老师已经顺利完成了出版 100 本书的心愿。

2014 年至今又过去了 10 年，老师还在不停地从事医疗工作，不放弃医学写作，用老师的话说：我们赶上了中国最好的时代，工作在最好的环境。我补充了一句：

遇上了最好的老师和同事。正因如此我们才能这样顺畅地走在医路上。年过 80 岁的他，又完成了一本医学专业书。其中《医患沟通与口腔医疗风险防范：医疗纠纷百例解读》，我也是参与者之一。老师这种老骥伏枥、永不停步的精神，永远值得我学习。一晃我也年近花甲，而与老师一起度过的青春时光仿佛还在眼前。

邵益森

江西中医药大学附属医院副院长

2024 年 5 月

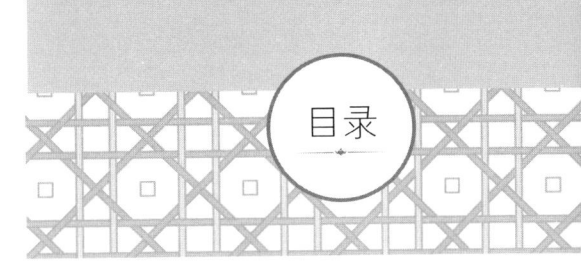

目录

医语

凡人凡心做凡事

自知自律过自生

医生一路，医路一生。

我加入救死扶伤的队伍已过一甲子，时时天天、月月年年面对生老病死，一直走在治病与追求治好病的路上。个体生命的存在时间叫人生，每个生命的背后有抚育他的生命，也有他们要养育的生命。在生命延续的过程中，活着与活好是人生的基本要求。活着、活好的基本条件是什么？想活着、活好的人的回答是金钱，而医师的回答是健康。

医师是个体生命的守护者、健康的指导者、疾病的治疗者、瘟疫的预防者、爱和善的传播者。为了让每个生命个体活着、活好，医师应该怎么做？在金钱与生命之间医师应如何选择？

有一句全民皆知的话："钱不是万能的，但没有钱是万万不行的。"还有另一句："钱乃身外之物。"每个人的衣食住行都离不开钱。生命宝贵，没钱不行；有钱有命，没钱没命。看病要钱，维系健康要钱，努力学习知识要钱，人想不脱离社会就不能脱离钱。然而，非要在金钱与生命之间二选一，大家最后的选择是生命，而不会去选择金钱。

每个人都认识到生命贵于金钱，每个个体生命都在社会上凭能力寻找机遇与平台。每个人无法预测明天，"先要活着""过好今天"成了大多数人的座右铭。生命只有在爱与善中才能得以活着、活好，快乐才能得以延伸；人类个体生命只有存在于善与爱的呵护中，才能创造财富、弘扬精神，从而熠熠生辉。在时代大环境中，权力与制度应该起到保护个体生命的重大作用：营造爱的环境，打造善的底线。呵护个体生命的存在，这是历史的责任。

当下，一个人、一个家庭，只要遭遇疾病摧残，财富就有可能归零。不管权力多大，年龄多大，任何职业，来自何方，不分性别、民族，善待生命、关爱人生应该成为大家共同的追求。让患者认识生命、珍惜生命、善待生命，以热爱人生的姿态健康地活好是每个医师的职责。医院时时上演着生命与金钱的故事。每个时代医师与患者所处的环境不一样，三观不一样，相处的结果也会不一样。社会、时代、人际关系必然影响医师一路，影响医患关系，进一步影响疾病的治疗与医疗环境。尽管我是凡人，我还是斗胆写下我们那代医师与患者的过往之事，希望有助于医患和睦、治病救人。

凡人凡心做凡事，自知自律过自生。凡心是我的初衷，凡事是我走过的医路，我这辈子的行医心语是"认识生命，敬畏生命，热爱生命，呵护生命，守护健康"，这是一个医师，也是一个人想活着、活好应有的基本理念。富有的人可以请人工作，但不可以请人代替自己生病；贫困的人可以借钱借物，但不可能借到健康与生命！这是面对各类不同患者的思考！我的简单、真实、平凡的微小的生命历程希望能代表那个时代的部分缩影：仁心仁术是中国医师的遗传基因，不变的基因。

从我踏上医路那天说起。

医情如亲
亲如暖春

第一章

踏上漫漫行医路
面对依依生死情

　　回首往事，人生一路记忆太多。童年的天真无邪、青春的神采飞扬都让人难以忘怀，美好的记忆可以温暖人的一辈子。于我，一名口腔医学系毕业的医师，心中沉淀最多的、最令人刻骨铭心的是生离死别、人间真爱、向死而生、人性闪光。人生中点点滴滴的琐碎之事见证了母爱的伟大、亲情的真切、生命的坚韧、情感的真伪，这些事使我受到震撼与启迪，乃至影响我的一生。入职的第一天，我遇到的第一件事、第一个病人就让我思考了很多、很久。面对生命，我们往往有许多无奈、无为、无助，甚至无情的时刻，直至人生画上句号。医师应如何与生命有机地系在一起？我一生都在探寻思考。

（1）

　　猴年。24 岁的我从医学院毕业，被分配到一家农场职工医院。

　　那是一个特殊的年代，全国各大学的 61 级、62 级、63 级三个年级的学生因故推迟到这年秋末冬初毕业。我们医学院（现武汉大学医学院）医疗系与口腔系的 61 级和 63 级的学生全都集聚在武昌珞珈山畔东湖的姐妹湖——水果湖畔的校园里。大家离校之心已急不可耐。63 级的同学送走了两个年级的师兄，终于轮到自己离校了。时已初冬，离校那天的早晨有点寒冷，凌晨，赶早班绿皮火车的学生，同样有同学相伴送到校门口。几乎每个时间段都有同学离校，送走了师兄，片刻过后又有师弟来送自己。相处了五年的同学在挥手之间渐行渐远，无法约定再次会面的时间和地点，唯一的联系方式就是写信。到了县里，还有二次分配。别时，谁也不知道自己要去的最后一站在哪里。有的同学是 30 年甚至 50 年后在入校纪念会上才相见，彼时谁也认不出谁，谁也叫不出谁的名字，只能握手亲热地说一声：老同学好。

当时分配工作的总原则是，医学院毕业的大学生，统统分到农村去。我的毕业分配证书上写的是湖北农垦厅。上午去农垦厅报到，二次分配到了湖北省的一家农场。我详细地问了地址与行走路线，当天黄昏我背着用军雨衣打好的被包，手拎着旅行袋，穿着我爸的那件袖口与衣领破开处都露出了白色棉絮的蓝色棉袄，下身穿着黄色的军裤，孤独地离校了。我可能是最后离校者之一，回望校园，一片寂静。我乘公交车到汉阳门，踏上江轮，走进船舱。这次的心情与往年不一样，往年乘船回家是看望奶奶，这次是迈出人生新的一步。同是坐船，心情却不同，我扶着船栏，好生欢喜。自然想到我与妻子几次并肩站在船栏边，看着移动的远山平原与船下的流水，一起哼着小提琴协奏曲《梁祝》的情景。那旋律与江水一样起伏畅快，一样聚喜离愁。那年是我的本命年，中国风俗认为本命年结婚不吉利。她是唯物主义者，选择了猴年"三八"妇女节这天办结婚证。三天婚假结束后，她随部队远去，我自责一生。我请她带走了我的四纸箱藏书，特别注明了一本苏联作家卡维林的长篇小说《船长与大尉》，请她有空看看。这部小说写的是苏联空军大尉萨尼亚与童年女友卡佳热恋的故事。萨尼亚在北极寻找一艘探险船及船长，船长是卡佳的父亲。书中有句话，成了我俩的座右铭：奋斗探求，不达目的，誓不罢休。

我负责保管结婚证。我用厚实的本子夹着，放在旅行袋里，时时相伴。我是军属了，我也有军被包、军雨衣、军裤、军用解放鞋了。军人与军属仅一字之差，自豪之情油然而生。

江轮顺风而下，我躺在床上，感受头枕浪花的诗意。没有诗，只有对明天的向往：医院是什么样的？我要怎样开始工作？同事会是怎样的？会不会真诚如同学？我会怎样开始接诊第一个病人？他会是什么病？该怎样与患者沟通？我脑子里一片空白，踏上行医之路，一切从零开始。天亮便到了目的地，淡淡的晨光洒在江面上，"明天"来了，"今天"成了昨天，"明天"就是今天。农场在江北赣鄂皖交界处，横跨皖鄂两省，南临长江，一条长长的堤坝由南向北延伸，沿江大堤，蜿蜒无尽头，西部是农场，东部是湖及相连的安徽省。我匆匆买了轮渡票过江，刚过八点就到了江北小镇。打听到小镇渠闸口有农场专用机轮船，我翻过堤，直奔闸口码头，乘船、下船。两小时后，我很快在一望无际的平原上找到了总场医院。医院左边是行政办公室，右侧是住院部。院子里有两拨人，行政办公室门口的人都是来报到的刚毕业的年轻男女，他们肩上没有背包，是昨天来的，已在医院睡了一夜；在住院部门口围着的是焦急的病人家属，在等待医师的通知。病人是一位面容痛苦的年轻人，躺在倒过来的竹床做的担架里，蜷缩在一床棉絮里。竹床边蹲着一位年轻的女性，双眼充血，泪水满面，腹部微微隆起，估计是病人的妻子。穿着白大褂的男士是外科医师，正对他们解释："我查了病人腹部，可能是内脏破裂出血，为了病人安全，我请示了院长，请你们尽快转院，过江，去市医院。"一位穿着无领章军装的男子走来问："安排了护送的医师吗？"外科医师摇摇头。含泪的女性吃力地站起来说："院长，救救他吧！救救他！"她哭着哭着，竟跪了下来。"转院就是抢救。"院长走近了我，问："你当过兵？"我摇摇头说："我是军属。""爸爸妈妈是军人？那好。我命令你，由你护送他们去市医院。"没有等我解释，院长拉下了我肩上的军被包与手中提的旅行袋说："放进值班室，马上出发。"

我服从命令，等待救护车。我提出了一个要求：为病人建立两个输液通道，输血与输液。院长表扬了我："到底是医学院的本科生，说内行话做内行事。走吧，不要等。场部没有救护车，我们已经写了申请报告，要等农垦厅批准，急诊病人有时要靠拦运货卡车。"院长接着解释："输血也办不成，手术输血得头几天与输血员约好到手术室门口等候。"我"啊"了一声，想："坐机轮船会更慢，沿途要停靠，开点又定时，只有牛车。心急无用，面对现实吧。看看路上的运气，能不能遇见卡车，多带两瓶糖盐水备用。"我背上急诊箱，启程了。急诊箱里是老三样：体温计、听诊器、血压计。加上抢救药品与两只大小不一的注射器，大的用于静脉推注，小的用于肌肉注射，这就是所谓的流动"急诊科"。病人苍白的脸朝向我，吃力地问了一句："医师，我不会死吧？"我知道，腹腔出血，可能是脏器破裂，只有进了手术室，才有活的希望。我蹲下握着他的手坚定地说："不会！到了市医院就手术。"他似乎不放心，补充了一句："我不想死，我要做爸爸。"他无力地抬起手，示意怀孕的妻子回家。临近中午，我去食堂凭粮票买了 10 个馒头。

刚刚坐船过江时体会了入职的欢乐，眨眼又送病人过江，这时只有想要救命的焦急，心情完全不一样。大家加快了步伐，换人换肩时他们告诉我，院长是转业军人。这位病人曾是小学老师，因父亲是地主，1966年暑假后，调到运输队当工人。他用年年优秀的业绩表达了感恩，他知道，地主子女大都是回家务农，他能留在运输队是农场对他的照顾。今天清早，有一头牛突然发飙，拉着车冲到小学门口，门口小学生来来往往，他担心牛车撞伤学生，冲上前拉住牛鼻缰绳，用背顶住牛车，学生散开了，无一受伤。牛踩了他一脚，他倒下了。开始，大家以为是皮肉伤，没在意。见他半天不起，才送到分场卫生所。医师说，要转总场医院。谁知，总场医院也无能为力，连"开关"手术都不能做。所谓"开关"手术，医学上叫剖腹探查。在没有超声波、CT、核磁共振的年代，胸腹部疑有病变只能打开胸腹查看。可以治疗，就将手术进行下去；不能治疗，或风险大就关腹。术前要和家属谈话。有过"开关"手术经历的患者家属都知晓这个情况。这种剖腹探查方式延续至20世纪80年代末，偏远地区到90年代初。看来，伤情确实严重。第一瓶盐水输完了，病人脸色越来越苍白。我换了一瓶糖盐水，听了心脏，量了血压，很低，便加快了输液速度，继续赶路。

看见了长江，过江就可以救命了。我第一个跑到江边买了6张轮渡票，把病人抬到趸船的候船室里。他脸色苍白，神志却清醒。我再次拿出听诊器听心跳，测血压。我明白，病人已是几近休克的状态，再等候，就会昏迷，昏迷就难醒了。江南来的渡船已经到江中心。寒意很浓，江风很劲，船靠岸的速度很慢，我很急，目光始终没有离开病人的脸。船靠岸了，下客，我们上船了。啊，他真昏迷了！我立即给升压药，蹲下触摸脉搏。望望江水，还没有入职的我（按现在的要求，我是无证行医），面对有生还希望的生死搏斗，只能无奈地望着，此时有情似无情。我们无法催促船快一点，在船上无法展开抢救，只能请求轮渡乘务员在船靠南岸时先给我们放行。

到了市医院，却在挂号时出了问题。我们要填一份住院表，由于病人的身份是地主小孩，挂号员说，凡五类分子子女要出示公安部门的无犯罪证明，没有证明就不能住院。这是急诊，要先救命啊！我隔窗对她解释，她不理，这是她的职责，再多说，也没用。我冲进外科门诊室，已到下班时间，外科医师在洗手。我像在校学生一样满怀尊敬地、亲切地叫了他一声"老师"。跟他说明我是刚毕业的医学生，来护送一位急诊病人。我说明了为什么不能挂号，希望医师能抢救他的生命。"相信你一定能救活他！"我几乎是在呼喊。医师轻轻地说了一句："他是地主的儿子，要麻烦一点。"想到孕妇，想到他想活的祈求"我不想死，我要做爸爸"，我不禁流下泪水。支撑我的力量没有了，我双腿一软跪了下来："老师，你救救他，你要救救他！"老师没有理我，对一起来的同事说："快，直接送到手术室，我马上到。"不知是累了、饿了，还是低血糖，我两眼一花，躺在了地上。之后的事，我便不知道了。待醒来，我躺在抢救室里，手被固定了，输液管在静静地滴着液体。不知手术进展如何，我虔诚地祈祷手术成功。也许是太累了，我的眼皮又粘在一起了。再次醒来，电灯已亮，窗外黑黑的，我看到其他四个护送者都像木头一样立在我身边，眼睛红红的。

我悲伤又悲戚。他只有30岁，刚刚结婚，他还没有做爸爸啊！生命短暂，家庭破碎，世界上又多了一个遗腹子。我自责自愧，如果我是外科医师，如果有快速的交通工具，如果农场医院的外科医师敢于担当，如果没有长江相隔，他也许就不会离世。他是地主的后代，院长知道我是军属后，迅速决定让我护送。这个病人，是我人生行医路上接诊的第一个病人，我一辈子也忘记不了这个病人。55年过去了，我仍然记得这位我踏上医路之后遇到的家庭背景有点特殊的病人。

"新来的蒋医师，莫难过。死生由命，富贵在天。每个人都在阎王殿前排队，倒霉轮到他了。"他们安慰我。"不！不！不是倒霉的霉，他姓梅，是梅花的梅。"我拔了针头，悲愤地说，"走吧，送梅老师回家。过江！"

（2）

总场医院只有五官科，没有专职的口腔科医师，治牙由耳鼻喉医师兼顾。我以为我会留在总场医院，杨院长说："大学生都要下分场锻炼三年，你去三分场，今天就去报到。"我本想解释一句：我是口腔系毕业的呀。但转念一想：他是转业军人，原则性很强，说了也白说，还是不说，三年后再说吧。杨院长坦诚地告诉我："三分场已有三年没有分到新医师了，你一定要坚持下去。"我问了一句："为什么？"杨院长说："年轻人与老医师搞不好关系，一赌气，就跑了。""没有别的原因？这么简单？"我有点不信，年轻人不能没有组织纪律！会不会有其他影响团结的严重因素？我要有心理准备。"你还真是一个多心眼的人。老医师在三分场卫生所工作多年，要难相处，谁找他看病？"我还是要问："不打人吧？"院长没有理我。我自言自语："只要不打人，我可以坚持到底。"

在这座黑瓦灰砖的医院里没有待上 30 小时，我就匆匆地出发去三分场。没想到，这一走就是与总场医院永别，到我离开农场时，再也没有回过总场与总场医院。与总场医院有关的记忆就是两拨人与让我难以消除悲痛的梅老师的求生目光。

去三分场的途中一路都是三合土的路，路两边是广袤无垠的农田。拖拉机与牛车在路上缓缓移动，尽管车速很慢，尘土照样飞扬。在南北两路交叉处，有一排闸门，闸门下有水花喷涌。听说，夏天的闸口是总场最热闹的地方。冬季，闸口有大人在挑水，也有孩子在玩水。我去问路，他们问我："你是分到我们场的大学生，还是退伍军人？"孩子们的声音里充满了自豪。我点点头，未置可否。农场人有自豪的理由：这里有住房、有公费医疗，三年灾害时没有饿肚子，年年都有大学生、退伍军人来到农场，这样的好单位，能不自豪？我背着军背包，一如我刚离校时的穿着。八九里地，不到一小时就走到了。分场场部建在三合土的公路边，从公路上向右转，是三分场场部。卫生所在场部西头，目测距场部50米。门口走来一男一女，男的开口道："你是蒋医师吗？欢迎！欢迎！我是钟医师，她是小陈。杨院长说你一来就参加了护送病人的工作，没有休息就来分场报到。三分场卫生所有了你，一定会更好。"他的一番赞美让我有点不好意思："向你们学习，请你们多多帮助。"他们介绍了一下场部的情况：两栋房头尾相接，东头是分场干部、拖拉机手们的宿舍；西头是分场场部，场部有各级办公室、会议室、电话间，里面住着通讯员，会议室里还有乒乓球台；场部西头侧门前是厨房，与厨房相对的是卫生所。这是一间南北向的房子，朝南开了一扇窗户，靠北的三分之一处拉了一块布帘，放了一张床，这便是我的临时"卧室"，那张床晚上是我的卧铺，白天是病人检查床。我用军雨衣包好我的被子放在药柜上。钟医师夫妇看看我，犹豫片刻说："如果你真能留下，我会去买张新单人床。"看得出，他们是真心欢迎我的到来。中午，他们设"家宴"招待我。菜肴很有特色，以鱼为主，有清蒸鱼、油炸小鱼、腌鱼，据说都是钟医师自己钓的。他们的热情让我找不到要离去的理由。饭后，钟医师夫妇带我去见了分场王场长。王场长是位老同志，他告诉我，全场员工来自五湖四海，有河南的、山东的、湖北的、湖南的，分场会计是上海知青，二分场医师是1964年从上海医学院分来的。

总院水平不错,有几个本科生。创办医院时,医师不够,便从场里选出优秀知青,由农场自己组织培养医护队伍,毕业后分配到各分场卫生所,钟医师夫妇是第一批,这是基本队伍;部队转业有一批;1958年下放了一批医师,这都是技术骨干,以后陆陆续续进来一些大中专医学生。王场长对我这种扎根农场服务的员工表示欢迎。我说:"我会努力的。"我去办公室填了履历表,正式入职,便可以行医了。钟所长悄悄对我说,老王场长是1949年以前南下的老同志、参加过抗日的老干部。

下午正式开始接诊。我耳边挂上听诊器,桌上放着体温计与血压计。据说,总场医院只有一台X光摄片机与两三台显微镜。医师诊断病情完全靠望、问、听、触。卫生所24小时开诊,白天药柜敞开,夜晚上锁之后只能用急诊箱里的药。若有特殊情况就叫小陈,她是护士,兼管药房。

夕阳西下,卫生所进入冷清的状态,食堂有了喧哗之声。食堂只有一个胖胖的河南籍的中年炊事员,没事时,他会哼几句河南梆子。食堂饭菜简单,每天一锅饭,每人一碗基本无油的包心菜,实际是水煮的。一张猪皮挂在土灶的烟囱墙壁上,炒菜前用猪皮在锅底擦几下,有点油味。伙食不贵,一餐四分钱。我端好我的饭菜,回到诊室用餐,慢慢咀嚼。

我们这些大学生,入职之时就是经济独立之日。即使是月末最后一天报到,也能拿一个月工资,入职时间是从人事档案离校送达接收单位的时间算起。到农垦厅报到的同时我领取了人生第一份工资:48.95元。(大学本科生第一年工资。转正后加5元,5年或10年后视其表现加薪,每级每次加5元)我拿到工资的第一时间就给父亲买了一双高帮皮鞋,他想穿,却一直舍不得买。第二天我请客,带要下乡当知青的妹妹吃了一条红烧鱼。妈妈没有收到我第一个月工资买的礼品，她早几个月便随武汉七医院搬迁到湖北荆门去了，医院更名为"炼油厂附属医院"。剩下的工资我没有给自己购物，留着日后做交通费、伙食费，我还想买几本好书。

入职前的第一夜躺在轮船卧铺上；入职第一天尚未报到，放下行李便接受了人生中行医的第一项护送工作；这天是入职的第三夜，武汉的三五年在眨眼之间，离家的两天三夜却仿佛是一别经年。灯亮时刻，我在诊桌上给家人写信。第一封给妈妈，是思念；第二封给留守在武汉的爸爸，是报平安；第三封是给把我养大的姑姑，是问候；第四封给妹妹，是告知，我不知她下放在何处，要由我爸转寄。岳父、岳母、表兄、表弟下放到哪里我都不知道，就没给他们写。剩下的时间给她——我亲爱的妻子。从何句起笔？写扶着船栏杆，望着滚滚东去的江水，哼着《梁祝》思念你？写在这一望无际的平原上，我是云际的孤雁，盼望你？写在昏暗的灯下，我默默地记录对你的爱？穿了九年多军装的老兵会喜欢看这样的文字吗？望了望窗外的月亮与摇动的树枝，我落笔：孤灯孤影，一室隔二，布帘为墙；三餐四季，患者为友，与学生时代生活无异。屋外是十里清渠，江边是百里长堤，千百患者将是我的朋友。生命把我送到人生的第24级台阶上，我要好好开启新旅程。希望未来我能接诊百千万次患者，以饱满的工作充实我的人生。不期望明天是自己心中的那个明天，也从没有想到会去护送危重患者，会穿着白大褂独立接诊内外科妇儿病人。第一次开出的自己签名的处方是治疗呼吸、消化疾病的药物；第一次拿起注射器给病人进行肌肉注射和皮下注射。开始过着一个人守护诊所的生活……写到前一天梅老师夫妻的悲剧，我的笔下自然就出现了"人生无常、生命有限、时刻珍惜"等字眼。往事慢慢回味，未来紧紧追随的感慨是人在路上，生命就会有希望：努力与奋进是我对感情承担的责任。最后一句是"军民团结如一人，试看天下谁能敌"。写罢，我意犹未尽，又不经意地补充了一句：你看了《船长与大尉》吗，我的卡佳？

夜深了，我拉好布帘，准备睡觉。门响，有人，是接生员，她是武汉知青。那时农村生孩子都在家中床上，所以每村都培养了接生员。在农场，她若休假，接生任务便由卫生所医师承担。她进来借一卷纱布。"有接生？"我问。她点点头，不愿惊动我，关好门，静静地走了。我躺下，听见了窗外寒风掠过平原的呼啸声与窗棂的震动声。那个年代，这样的单身生活很普遍，几乎没有团圆一说。

三分场的人都很好呀，那前面几个年轻人走的原因是什么？几天后，我对此有了初步了解。钟医师在三分场结婚生女，一家四口就住这里。钟医师又热衷于分场的行政工作，上下都熟悉他、信任他。他特喜欢钓鱼，周日是他固定的垂钓日，这些年轻人与他夫妇俩计较休假与排班。晚上有夜班费，周日有加班费。青年人就"罢工"了，夜间，听见病人呼叫他们却不起来。钟医师火了，冲他们大声吼道："滚！"

我知道后，我说："夜班与周日的接诊工作我包了，年休假或其他特殊原因例外，我不要任何加班、夜班费。"不问加班费、值班费的习惯我保持至今，我认为，为病人服务是医师的责任。来诊所的病人有三类：农场职工，免费就诊；职工家属，半自费就诊；当地农民、外来户，全自费就诊。现金流通，以处方与发票为准。我每周与小陈交接两次，有事我也会叫她。

也许是钟医师告知了分场职工及当地住户："卫生所来了医学院毕业的新医师，欢迎来就诊。"来看病的患者很多，诊室每天都很热闹，有老病号，想获得一点新治疗；有新病人，来交个朋友。一个牙痛病人，我本应手到病除，由于没有设备，没有牙钻机，不能开髓，没有丁香油、樟脑酚，不能缓解其痛苦，想扎针，也没有银针，我无法施展我的医术。但总得给他止痛，我用手指按压他的合谷穴，以缓解他的疼痛感。有一位患有坐骨神经痛的老职工来找我，我大胆地为其行了推拿之术，通过按压穴位来止痛，一周三次，效果显著。

周日天一亮，我照例早早地开门，看见有人背着孩子朝卫生所走来。他们不是三分场职工的家属，而是附近二分场的一位农工的家属。大人头上冒着汗，孩子客气地叫了一声："医师叔叔好。"他们听说我会针灸推拿，特地找上门来治疗孩子的小儿麻痹后遗症。我实习时看过了几个相似的病例，对此病有印象。这是一种严重的致残性疾病，若治疗不善，患儿将会有终身的肢体残疾，这不仅会影响患儿的生长发育，导致患儿身体畸形，生活无法自理，甚至产生心理障碍，在其人生成长过程中身心各方面都会受到打击。西医认为此病后遗症治疗效果不佳，中医书上说有可能缓解。他父亲为了给他治病，已经花费了800元（当时的800元对于农民家庭已是天文数字），爱子之心促使孩子父亲一直在求医路上奔波。孩子的爸爸要求我一定要试试。同情之心也使我做出了尝试。治疗方法是针灸加推拿，三个月后，孩子居然可以站立了！他父亲给我下跪，这个大礼我可受不起。他真诚地对我说："我穷得身无分文，空口说声谢谢无法表达我的感激之情，只有跪，真心实意地跪，才能表达啊！"

其实，好事也可以传千里。离农场40多里地的安徽小县城来了两个同样患小儿麻痹症的患儿，父母抱着他们步行而来。他们都是农民的孩子，身上的衣服破破烂烂。有一个8岁的孩子还有智障，由妈妈抱着。治疗上我如法炮制，认真有加。妈妈看着孩子流眼泪，不停地问："痛吗？他痛吗？"我摇摇头，她拉住了我的手说："医师，你看，你看，他哭了！"妈妈的泪水也涌上了眼眶。爸爸去买了一根棒棒糖，叫妈妈放在孩子嘴边，孩子哭意就散了。妈妈心疼孩子，丈夫心疼妻子，我同情他们一家人。丈夫希望妻子再生一个孩子，妻子不愿分心，她要一心一意把有智障的孩子带大，伟大的母爱让人心生怜悯，真不忍收他们的治疗费。我向小陈表达了自己的想法，小陈建议按职工家属标准收取一半的费用。对贫穷患者收费"降一点，少一点"成了我的习惯。55年后的今天，这种习惯一直保持着。由于后来的"绩效"制度，"少收一点"常被现在的同事指责为"坏习惯"。来医院从事教学工作后我也有几个习惯：不准学生不理睬病人；不准学生拿无菌纱布擦脸，那是浪费；不准学生留长指甲，那是没有无菌观念。

一位蓄长须、着长衫马褂的老人常来向我传授中草药知识，他真心诚意，仿佛是老熟人。他说："场里没有中医，听说你懂一点。用中医给场职工治病，方便、有效、省钱。有些中药就在身边，橘子皮，理气健脾，燥湿化痰。肚子嗳气、饭后不消化，可以用橘子皮泡水喝。出诊时你带个袋子，看到橘皮就全部收集起来。"那时，橘子是奢侈品，收集点橘皮很难。他还告诉我，柚子皮也能止咳化痰，擦脸能养颜，杀菌消炎的效果比磺胺片还好。我说："我不会把脉，您教教我吧。"老人没理我。夏天又来了，我问他："把脉能把出消渴病吗？""不能，这是病。把脉是看症（证），是辨证施治。先辨三消，上消属肺，口渴多饮为主症；中消属胃，多食善饥为主症；下消属肾，多尿为主症。再分类、分病程辨证：郁、热、虚、损四段。最后下方，望、闻、问、切，一个都不能少。"

我每次接诊，小陈都会陪着。几天后，小陈到总场医院领来了银针与艾灸、牙痛水，买了拔火罐的碗，还多要了一把靠背椅，供我看牙、推拿、针灸用。她还说要为我买床，我说："治病救命第一重要，看看诊所还缺什么。"

一些急诊我也采用了针灸、推拿术，例如中暑、感冒发热，推拿退热、镇痛的应急效果很好。对于体寒的人，我更乐于用针灸的方法帮他们进行治疗，也容易见效。新兵上阵，我用自己课余爱好与从小积累的知识迎来了第一波就医高潮。

年前，分场杀猪，晚饭时小陈端着一碗排骨汤送到诊室给我，她们家第二天就要回家过年了。大年三十那天卫生所乃至场部就只有我与值班员两人。踏上医路的第一个春节，远离家人是孤寂的，也是激动的。那时，我们青年人都牢记"为人民服务"的宗旨，都坚信只有"奋斗才有未来"的理念。理念是踏踏实实的，没有半点虚伪。春节不断有病人来给我拜年，有人还会带点家里做的糕点给我，有些孩子还送我一小串鞭炮，让我品尝到了当地的年味。我在农场度过了两个春节，第三年的四月我离开了农场，但他们对我的爱心与我对他们的怀念一直深藏心里。

（3）

有次，来了一位下肢有溃疡的农民，需要换药，我想问清他的病情。他是不是患了糖尿病？如果血糖长期控制不佳，可能会损伤神经，严重时就会导致溃疡，还会出现下肢血管闭塞的症状。但他是文盲，百问不知，他不知什么是糖尿病，什么是血管病变，也不知什么是血管闭塞。我当时也找不到通俗语言给他解释，只能先帮他清洗溃疡面与更换敷料。那时的贴敷药物叫呋喃西林，即用浸泡了呋喃西林的纱布敷在溃疡面就能够治疗各种细菌感染性疾病，就像现在用碘酒与酒精一样。这样换药也是人生第一次。

晚上饭后我又想：这样的患者场里还有吗？是不是只有他一例？既然不能留在总场用自己所学的口腔专业为职工服务，那我就给自己制定一个背着药箱下队的服务计划，进行一些慢性病调查。也许这辈子不能从事口腔专业，那就当一名全科医师吧！在给妻子信里我这样写道："既然明天不可预测，我就寻觅，在通往明天的空隙里点亮希望。"我为自己定了计划：不是病人请我出诊，也不是简单送医上门，是主动出击，防病在先。我对分场职工的健康情况做了一次彻底检查。我想要走遍分场里的每一位职工的家里，对每个人的慢性病进行摸底调查，给他们讲授医学科普课。我总把现实看得很美好，希望自己是百花下的一株小草。

我的理想很美好，现实也不"骨感"。场部很支持我的工作，帮我印了调查表。职工无暇理会我的调查表，他们白天都在农场忙工作，夜间出门又不方便。我只能变通方法，给他们上门送医、送药、送知识。只要无雨，我几乎每天都会出诊，饿了，交一角钱，就在职工家吃一碗饭。一开始他们拒收，熟悉后，就习以为常。我在诊室西面的墙上做了半壁宣传"健康卫生，预防疾病"的墙报。没有想到，这种方法很受欢迎，职工不但会看，还会提问。于是，我决定每月做一期。从此，诊室变得热闹了，有看病的，有问医疗知识的，也有来体检的。农场职工和当地村民预防生病的意识增强了，我对宣传医学科普知识的意识也提高了。写医学科普文章成了我医路上工作的一部分，不承想，我后来获省级科普先进工作者称号的起点竟是这间农场的小诊室。

没有经验，在接诊过程中发生尴尬的事也在所难免。有一次，我接诊了一位头痛发烧的病人，听听他肺部的呼吸音，粗糙急促；量量体温，超过 39 摄氏度。我立马给他开了阿司匹林。这是那时最常用的解热镇痛药，医学中有"头疼发烧，阿司匹林三包"一说。后来发现阿司匹林有抗血栓、抑制血小板聚集的作用，能够阻止血栓形成，以及防止心肌梗死、心房颤动、人工心脏瓣膜、动静脉瘘或其他手术后的血栓形成，临床上便多用于预防暂时性脑缺血发作。我倒了开水，要他立马吃药，叮嘱他回去睡觉，并告知他服药睡觉后会流汗，不要紧。三小时后，他大汗淋漓，捂着肚子来了，说肚子比头更痛。"头疼发烧，阿司匹林三包"，没错啊！看他腹痛，我认为是肠胃痉挛，便用阿托品皮下注射来止住肠胃痉挛。一针下去，没想到几分钟后他又心跳加快，唇干舌燥。又是另一种不适症状！副作用怎么全部出现在他身上啊？病人受苦让我心有不安，我自责、自愧。虽是冬天，我心里却在发烧，背上在冒汗，我能找谁请教呀？刚出校门，难以建立自信，总担心病人会笑话自己。其实，胃肠痉挛与心跳加快分别是阿司匹林与阿托品的副作用，也叫药物反应。只是当时自己经验少，一般药物排泄后症状就消失，重在应急治疗与解释。

猴年与鸡年交接的日子渐渐临近。大年二十九，接生员回武汉度假，她的工作由我接手。我只在妇产科实习了一周，为能够安全完成接生工作，我每夜都在灯下苦读妇产科的相关书籍。农场的第二波就医高潮就是从我接生后开始的。

大年三十，下起了大雪。此前几天我托人买了一斤排骨，准备像在武汉老家一样在大年三十那天煨一锅莲藕排骨汤。那时农场单职工用的都是煤油炉子，火燃人在，人走关火。突然有人叫我出诊，是接生，我又喜又忧，喜是又可以体验新操作，忧是这毕竟是我第一次接生，没有十足的把握。莲藕排骨汤已煨好，我关了火，在门上贴好我要去的产妇家地址及其家属姓名的便条，背上接生箱，踏着厚厚的积雪，跟着家属前往，他家在三合土路边，步行半小时就到了。我最关心的是产妇是不是经产妇，得到的回答是：头胎。我心一紧：要保护好会阴啊！屋里灯光很暗，进门的房间是用的豆油灯，产妇的房间是用的煤油灯，灯旁还加了一对点燃的蜡烛，闪闪烁烁，全家人在房间里守候着。产妇发出了呻吟，我打开接生箱准备消毒。产妇的公公煮了碗鸡蛋汤端给我，我说："先接生吧。"因为产妇已经见红，出现宫缩了。我先行听诊、触诊，产妇的腹部又紧又硬，有了疼痛感，宫缩在由弱变强。我开始消毒铺巾，戴好消毒手套，回想实习时老师的指导，右手拇指与四指分开保护会阴，目的是使胎头以最小径线通过阴道口。虽然是初次接生，我也能左右手并用，在产妇宫缩时用右手托压，用左手轻轻下压胎头枕部，使胎头缓慢下降；在产妇宫缩间歇时，右手放松，减轻对会阴的压迫。啊！胎头可见了！我用右手小心翼翼地继续保护会阴，左手从胎儿鼻根向下颚挤压，挤出口鼻内的脓液和羊水，协助胎头复位，继续轻压胎儿颈部，胎儿左肩娩出，接着右肩娩出，为了保护会阴我松开右手。此时，传来了产妇公公的问话："带把哩啵？"（方言：男的啵）"是崽，是崽哩！"家属在桌上加了几根蜡烛、几根香，屋外响起了鞭炮声，产妇公公面对香烛下跪磕头。据说这香烛后供的是列祖列宗。他家族代代金线吊葫芦，一脉单传，他生了五个孩子，四女一男。儿媳妇一怀孕，他就开始就烧香敬佛，常常自言自语地重复说："我一生行善拜佛，没做丁点坏事，我家不会断子绝孙。""来，一起谢谢蒋医师！"我来不及接受他们的感谢，豆油边还坐着一个孕妇的家属在等我，好在我准备了两个接生包，拿起接生包直奔第二家。

一切都跟上个一样，产妇是初产。我开始消毒铺巾，鼓励孕妇屏气用力，顺产，又是崽哩！屋外响起鞭炮声，不是他家，是邻舍放鞭炮迎鸡年，这么巧！一唱雄鸡天下白，忙完，我也该歇歇了。我没要他们送。积雪很厚，天空很亮，路很清晰，他们不放心，坚持送我上了大路才回去。

　　我内心坚信这个鸡年一定有喜庆之事。果然，我刚回到卫生所，门口还有人在等我去接生。我照例在门上贴了孕妇家属的姓名，背着接生箱前往孕妇家。接生包用完了，换了急救包，不过不影响接生。还是初产产妇、顺产，还是男孩。接生完，鸡叫了，我实在困了，连连打哈欠。

　　谁说事不过三，这不到四了吗？第四个人来找我接生的时候，我已经精疲力尽了，得知这是经产妇，又松了一口气。我消毒铺巾后，把自己的头放在产妇脚下，没想到一会儿我就睡着了，耳边隐隐约约听到家属的议论声："打呼了，打呼了。""让他眯一下，他太累了，胎儿露头再叫。""叫醒，叫醒！莫出事啊！"我真想睁开眼睛，但眼皮就是无力。突然，谁叫了一声："露头了！"职业的本能如一针兴奋剂，我彻底醒了，戴好手套，左右手并举，认真地开始接生。胎儿平安出来了。"男的！"我叫了一声。不是庆贺，是惊讶，这夜四个都是鸡公！我低头，发现产妇会阴部在出血。暗红色的血慢慢地流着，是静脉出血，因为动脉血是鲜红色的，会随脉搏一阵一阵喷出。这是会阴静脉撕裂所致，要缝合伤口。小急救包里没有缝合器械，这样冷的天，又不能抬着产妇去诊所，受凉了怎么办？我只好拿了一叠纱布叫她丈夫戴上手套替我压着伤口，随即冲出了门，放开了脚步在雪地里奔跑，拿到器械后又飞奔回来，缝合伤口止血。之后连续五天，我都上产妇家给她复诊，产妇无发热症状，也没有哪里不适。新生儿的哭声、产妇逗儿子的自语声和一家人的笑声让我也融入了亲情的幸福里。一夜接生四个男孩的喜事很快就在分场里传开了，几日之后，就变成了"蒋医师摸一下就是男孩"，很快又演变成"蒋医师能治不孕症"。产妇、不孕症的女性还真的接二连三地找我，说是"慕名而来"，一定要让我摸一摸。误传不能误治，我决定在卫生室门口贴出一张误传说明，告知信任我的患者要相信科学。我要用医疗质量与疗效回馈信任我的患者，满脸的笑容与温和的语言不是医师的内涵与实质。

每天能吃上食堂的一碗饭、一碟菜，这叫活着；有患者的信任与自己的欣喜，是活好。我在想，医师风采展现的内核应该是善良与爱心，苦读、苦练、苦学加经验应该是展现青春精彩的基础。患者的信任会让每个医师活出精彩。初踏医路，一路花开，虽然贫瘠，我亦乐在其中。

（4）

时光不像门前的渠水那样缓缓而过，而好像闸口的水，呼啦啦地就远去了。接诊、出诊，出诊、接诊。眨眼之间，到农场后的第一个中秋节即将来临。此时，我想到的诗句是："海上生明月，天涯共此时""年年中秋待月圆，月圆最是相思时"。到了农历八月十三、十四了，还没有见到秋月，农场上空一直是秋风缕缕催叶落，秋雨纷纷涨清渠。湖边的分场接到了动员令，要守住沿湖大堤。八月十五中秋节这天，青壮年的男男女女一早统统上堤。男女混合组队巡堤，男子汉定点守堤，中午就在堤上吃饭。场部没有给我安排巡堤的相关工作，我便自作主张，在黄昏时刻背上出诊箱，穿上塑料衣来到堤上。雨依然纷纷地下着。堤上每隔一段插一面红旗，那是各队分段负责的标志。每段都有一组人打夯，领头人唱着打夯歌，场面壮观、热烈、紧张。听了几句，方知是领唱者随机编唱的，其作用是提神，使大家动作整齐、同步。领头："同心来护堤哟——"众人："一条心哟嗬嗨嗨！"领头："小心砸了脚哟——"众人："知道了哟嗬嗨嗨！"我好奇地停下脚步。这一停，糟了！我的名字被唱进去了："蒋医师背药箱哟——"众人："背药箱哟嗬嗨嗨！"领头："守护好健康呀——"众人："守好健康哟嗬嗨嗨！"我有点不好意思，拔腿就走。

下一站正好是三分场干部的守堤区。我到时，钟医师已在水中。他向我招招手，我把出诊箱放下，脱下已经湿透了的衣服与长裤，用湖水拍拍胸，跳进湖里，与水中其他人一样，背靠大堤。上海知青低声问我："会游泳吗？"我老实地摇摇头。他马上严肃地说："快上去！这湖浪厉害，叫菱角浪，会把人卷进湖里。打在身上如柳条抽人，很痛，你受不了。"此时正好有浪打来，他拉转我的身体，把胸靠着堤坝，用背接浪花，以此保护堤坝的泥土不被打落。护堤者手挽手，互相扶持，不致被冲散。这波浪过了，他要我上岸找一根麻绳，一头绑在腰上，另一头系在堤边的桩上。"草绳不行哈！"他叮嘱道。我上堤照办。突然一只手拍着抓着我的肩，声音来自王场长："你不坚守自己的岗位，来这里干什么？走，快回去！"沙哑的声音有几分威严。我感觉他的手滚烫无比。他前天在卫生所打了吊针，第二天没有来，我天真地以为他病好了。这样烫的手心，体温不会有 39 摄氏度或 40 摄氏度吧。我要给他量体温，他朝我吼起来："你快点回去！灾后有你忙的！把药全部捡好带上内堤，我会叫妇女主任小刘帮你。"他压低了声音："北段堤土有点松，怕会出现缺口，我要赶过去。你不准说我病了！给我几片止痛药，快！"我打开了手电，找到药，递给了他。真找不到一句合适的话回答他，想再一次触摸他滚烫的手，他走了，没有任何衣物挡雨的躯体大步流星地消失在雨中。

刘主任先于我到了卫生所。她撬开了门，再把药装进纸盒子里。酒精、消毒锅是不能少的。灾后是传染病的多发时期，到时候一定会很需要药品。雨不停地下，我们已经无法顾及雨水洗刷身体的不适感，保护好药品才是第一重要的事。夜深了，我听见东北边响起了铜锣声与呼喊声："破堤了！破堤了！"放眼望去，还能看到燃烧的火炬。这是 1969 年的中秋之夜，乌云盖月，风雨破堤。

剩下两纸盒物品没有搬上堤，我便跑步回到卫生所。王场长此时已经站在房里了："小蒋医师，给我来一针。全场住户都成了灾民，此时此刻我可不能倒下，你早点帮我镇痛退烧。"我遗憾地说："针剂刚搬到堤上了，我们上堤吧。"

"不能让群众知道我病了，你把针与药拿来，就在房里打。"

"不是堤破湖水到了吗？"我问。王场长胸有成竹地告诉我，他已请水利技术员计算了一下湖水容量与堤西几个农场的面积，即使湖水全部灌入农场，水的深度也只能到胸部。也就是说，只要照顾好孩子，就不会出现意外。把家中物品放在高处，一般也不会受到损害。从水的流速看，农场全部被淹要 80 多分钟。退水时节，田里、路上水未退尽的话，水面会掩盖池塘、深沟，如果过早返家，不小心踏进池塘或深沟就可能发生意外。

我真佩服王场长的细心。我上堤拿到针与药，因湖水将要逼近，我也细心地选用了 250 毫升的盐水，加了抗生素、激素、维生素。肌肉注射安乃近，叮嘱他按时口服磺胺片。那时口服抗生素很少，主要是磺胺类。

堤上有的家庭已用塑料布拉起或撑起了帐篷，让宝宝睡觉，有的点亮了煤油灯。天气也真怪，堤破之后雨竟慢慢小了、停了。第二天阳光火辣，面对被水围困的堤坝，我们竟找不到一碗干净的水解渴。我的任务开始了，一家一家、一个帐篷一个帐篷地询问居民的身体情况，给他们量体温。

骤雨初歇，蚊蝇四起。白天苍蝇缠身，夜里蚊虫叮咬。应了王场长"灾后多事"的那句话：腹泻、发热、中暑、呕吐、患气管炎的病人都有。一个叫小敏的六岁女孩高热打寒战，她奶奶很急，托人给孩子妈带信，要她回来照看一下。这是妇女主任小刘的女儿。我守着她，细细观察，热辣辣的天，她却要盖被子。她不是感冒，是疟疾。我让她口服了喹啉。刘主任喘着粗气，跑来焦急地问："要紧吗？是什么病？"我说："打摆子，不要紧。"小敏喜欢思考，喜欢提问，热一退就问我："我长大当医师可以吗？"

我回答："当然可以！"

"我要给我妈妈治病。"

"你妈妈身体很好哇。"我说。

"我要她给我生个弟弟，她说她有病，不能生了。"小敏真的好可爱，她当医师的目的很明确，就是治好妈妈不能生弟弟的病。她妈妈在生她时，子宫大出血，急诊做了子宫切除手术。小敏是她的掌上明珠，对小敏自然是疼爱有加。

水在慢慢退，小敏在慢慢好。不知谁家在帐篷上插了一面国旗，大家才知道国庆节到了。地面沟沟洼洼里还有浅浅的积水。王场长组织员工有序地返回原驻地，提出"安全第一，重建家园；紧抓生产，确保丰收"的目标。堤上还住着几户人家，是靠湖外内堤脚下的农工。我们将药品小设备搬回了卫生所，小陈去总场添加了新药品、注射器、急救包，我建议要一个氧气包，因为病人在增多。

有一天，几个队干部拥着一副用倒过来的竹床做的担架走进门，竹床上躺着的竟是王场长。秋日中午，跟夏天一样炎热，他毫无遮挡地在湖堤上巡视调查，准备带领技术员拟定修筑堤坝的调查报告，要确保大堤百年再不决口。走着走着，他竟倒在堤上，大家急忙把他送到卫生所。我给他量了体温，测了血压，听了心脏，基本确诊是中暑。把竹床翻过来当病床，打上了吊瓶。"你们都回去工作，有小蒋医师就行。"大家不动。王场长突然站起来大声说:"是不是要我送你们? 快点回去完成调查报告。"他们走了,他也没有躺下,温和地对我说:"我很晚才知道你是军属,对不起,让你住在诊室里。我与通讯员说了,你妻子来探亲,你们就住进电话室。"我说:"没有关系,她也是医务人员。"

他坐着,双眼充血,眉头紧锁,坚韧地挺着疲惫的身躯。是责任与良知支撑着他的躯体在广袤无垠的田野里奔走,他的形象已经深深地刻在我的记忆里。"你躺下休息吧。"我说。我决定加用推拿与刮痧为他治疗。为了疏通经络,我选择了印堂、肺门、大椎、曲池、委中等穴位,我用一点素油涂抹后,用刮痧器刮动这些穴位,达到活血化瘀透痧的作用与排毒的效果。拔掉输液管后,他皮肤肌肉轻松多了,又跑上了内堤。55年后,融入了千百人的汗水的沿湖大堤再也没有出现过缺口,也没有一个人可以取代我心中的他。随着时代的变迁,他的形象更清晰、感人。

分场的洪水还没有退尽,我便搬回了卫生所。妻子要来探亲,我拿出了中秋节那夜她写给我的信。她不知那夜,我跳入水中护堤,她不知我从卫生所搬到了堤上,住在帐篷里。她把《船长与大尉》那本小说的一段话抄给了我:"冬夜,在饥饿的城市里,在一间寒冷的屋子里,在一盏光线很弱,正在同来自屋角落的暗影作斗争的,小煤油灯的黄色灯光微微照亮的小厨房里,这是心儿在叩击,这是心儿在祈祷。愿我的爱情拯救你! 愿我的希望保佑你! 让爱情和希望飞到你的身旁,看看你的眼睛,把生命送入你那僵硬的嘴唇里! 把脸紧贴在你腿上沾满了血污的绷带上。告诉你:这是我,是你的卡佳! 无论你是在天涯,还是在海角,我都要来到你身旁。不论你发生了什么意外,我都要和你相守在一起。"这是卡佳被围困在列宁格勒时思念着萨尼亚的心情。书中诗一样的语言，就像我们梦幻般的少年恋情我相信会引起她的共鸣。

国庆节后，她如期来了。我们住在电话室。中午，她在睡觉。突然，她披着军衣爬了出来呼喊着："我们卧室的瓦上有人把头伸进了天窗！"我走进房间，抬头一看，还真是！天窗边上有几个孩子，还有女孩，是小敏。我吼向他们，要他们下来。妻子拉了我一下，说："别吓着他们，怕摔下来。"妻子微笑着对他们说："慢慢下来吧。"

我问孩子们："你们爬上房顶，是想看什么？"

小敏说："我们想看看女解放军打赤膊是什么样子的。"

妻子说："女解放军是不许打赤膊的。"

小敏辩驳道："堵堤的人不都是打赤膊吗？"

妻子笑了："女兵堵堤也是要穿军装、扎腰带的。"

小敏似乎不服气，哼了一声，噘着嘴走了。

晚饭后我陪妻子在场部附近散步，整个分场都没有路灯，只听见路边行渠水潺潺的声音，我们就这样牵着手默默地走着。好在十五后的月亮还很亮。"我如果转业了，就跟你一起累，一起忙。"妻子回应我。

我马上回答："我争取早点调到总场。"她没再说什么，我们继续默默地走着。我补充了一句："如果我没有离开这里，你就离开我，真的，我不愿意你与我一起过这样的生活。"

"这里生活还是充满了诗情画意的，我喜欢。"稍顿，她把脸转向我，问，"如果我们部队到了西北，或者到了黑龙江反修最前沿，你打算离婚喽？"

"你怎么这样看我？"我有点生气地回答。

"你不是告诉我，要我这样做吗？"

"没有没有。"我慌忙解释。她笑了："我知道你没有。穿军装在这里陪你散步，脱了军装，我一样在这里陪你散步。你锲而不舍的精神，是我的希望与寄托，也是我幸福的所在。"

秋风习习，十五的月亮，十六、十七一样圆。我高兴地唱起了一支歌："美丽的夜色多沉静，草原上只留下我的琴声……等到那草原上送来春风……姑娘就会来伴我的琴声……"

三分场灾后建设进行得热火朝天。中午，我刚刚端上饭碗，一个女孩冲锋式地进了卫生所。大声喊着："蒋医师，快去救人！快！小敏出事了！"我一震，放下碗就跟着她跑。在三队的堤上，她掉进池塘了，从呼喊到救上岸，再来叫我，他们花了近一小时的时间。他们忘了时间就是生命的警言。我以百米冲刺的速度冲到围观的人堆，分开人群，扑向小敏，跪在她身边口对口地吸痰，插上氧气包，做人工呼吸。可是小敏的嘴唇没有变红，而是由紫变黑。看来，没有一点希望了。还有半年，她就该上学了，她的未来，花开可待。几小时前还是一个活蹦乱跳、爱笑爱问的孩子，眨眼的工夫就告别了人间，她妈妈如何面对这个事实？

面对生老病死，是医师的日常。这次小敏的离去让我心痛了。我想起梅老师的妻子，想到永远也不能享受父爱的他们的儿子，想到为了工作不惜牺牲自己健康的王场长，想到那些患了小儿麻痹症的孩子们，想到了我接生的四个男孩子，家庭、亲情、生命，是那么可贵。医师是受人尊重的职业，我深感医师职业的崇高，我只能用热爱来表达我对这份职业的敬意。

那时我还没爱上文学，写不出也想不到这充满诗意与哲理的句子：医院是医路上生命的驿站，是解除病痛之处，又是令人产生痛苦之处。行医的核心理念是"敬畏生命，热爱生命"，医师的任务是

"呵护生命，救护生命"，一生都在为生命服务。生命从医院开始，也常在医院结束。我们期待健康，却不得不为治疗、抢救而牺牲人性的尊严；我们热爱生命，珍惜生命，却想远离医院，有时甚至咒骂医师。这是一组矛盾。到我步入医路60年后的今天，我完全明白，医路上永远走着一对"有情人"——医者与患者，这二者之间的关系应该是医情如亲、亲如暖春。

12天探亲假结束了，妻子归队了。夜深人静，我又哼起了《草原之夜》："来来来来来来来来来来……"每个人都知道自己从哪里来，每个人都难以知道生命的明天会到哪里去。我们的未来在何方？为了活着、活好，每个人都在努力前进。我含泪望着渐行渐远的黄军装。我只能在梦里思恋我初婚的妻子。

50多年后，我回到三分场，想寻找当年诞生的四个小生命，想知道老中医、王场长、钟医师他们的去向。三个男孩考取了大学，携父母去了远方，一个在农场经商；两位女性都离开了伤心地；老人们都已去世；小陈搬到了总场居住，钟医师也已去世。妻子来三分场探亲时住过的老房子也找不到了。卫生所盖了新房，改名为沙湖社区卫生服务站，有10多间医用房。远处的清渠依然在田野里流淌，三合土的路已经变成汽车奔驰不断的公路。场部很多老员工拥有了自己盖的两层或三层的楼房。三分场有几个老员工曾久久唠念过，他们还记得曾有过一位青年医师的身影在三分场奔波。我保留了三分场发给我的奖状，那是患者的认可与鼓励，是医路上的第一份奖励。我深深感受到，医路上再贫瘠的青春也有美丽，展现青春的美丽是自己的责任。

第二章

医路曲折遇"新欢"
杏林望穿寻弯道

在人生路上的转折处可以有很多想法与做法。钟医师夫妇曾问我："你为什么不要休假，也不要加班费，还天天出诊？哪一天你想出去玩玩，到县城去看看，就叫小陈当班。"我笑了，我真不在意。我喜欢做的事，再多，我也不觉得累，没有好的待遇我也干。我真心告诉他们，我给自己制定了"秘密"计划，力争三年后回总场医院创建口腔科，自己能外出进修半年，一定要把口腔科办成周边医院的名科。他默默地听完后说："三分场才是你的家，我可以保证你每周有鲜鱼吃。"

（1）

几天后，在出诊的路上，一位女性叫住我："蒋医师，我们二分场的刘医师请你来卫生所坐坐。"我有点奇怪，我们很少来往，为什么叫我去坐坐？虽然惊讶，我还是去了。刘医师正好闲着，他递来一杯开水，我听王场长介绍过他，高我几届，是上海医学院儿科系64

届大学生。我客气地叫了一声："刘老师好！"

"请坐，请坐。在三分场已工作了一年多了？"

我点点头。

"难得，真是难得。你口碑特别好，还多次听到领导表扬你。"

我有点不好意思地说："这是本职工作嘛。"

"听说你还在做'流调'（流行病调查）。"

"想做，有点难度。"

他继续说："我想为你做一件事，这个地方不太适合你发挥发展，如果你进入一家市级医院，情况不一样。"

这是在与我说梦话吧？我想。

他又说："你是军属？妻子在江西？江西哪里？不保密吧？只要你愿意，我可以帮你们调到一起。"我不抱幻想，便照实说了。奇迹来了，他说："你只要开一张军方照顾夫妻关系的证明，这边就可以放，那边保证有地方医院接收，你就可以打起背包去报到。"这真是从天上掉下一块馅饼！不，不是馅饼，是面包！嗯……也不是面包，真的找不出形容词。一个月后我接到调令，到江西省委组织部去报到。刘医师说："你去江西省委，直说找组织部王部长。"

是梦吗？不是，一切是真的！王场长让办公室的工作人员为我写了一份鉴定说明。我与钟医师夫妇说了几句感谢告别的话，三分场机关的同事都真情地祝福我。我没走来时路，从三分场步行到长江边，过江，直奔火车站。到了江西省委大院门口，传达室的同志帮我联系了组织部，一位女干事把材料给我，告知我如何去办交接。我发了一封电报告知妻子：一切顺利，三天后到达。这正是人间四月天，阳光明媚，春风暖人。

离开农场后我再也没见到刘医师。现在的人肯定无法理解刘医师的思虑与做法。后来我调到江西医学院一附院，认识了一位从武汉来进修的学生，从他那儿得知武汉钢铁公司二附医院的副院长就是我要找的刘医师。我走后两年，他调往武汉，与妻子在一起。我欠他一份情，我请这位进修生带去问候。刘副院长回答："成事在己，你支援老区有功，我只是做了一次牵线的小事，不足挂齿。"我学生让我知道了能享受这"人间四月天的温暖春风"的来龙去脉。刘医师的姐夫是1914年出生的老红军，于1949年南下，解放南昌后，任江西军区第一五七师副师长，后转业到省委。那年正好出任江西省革命委员会常委、组织部部长。刘医师来看望姐姐、姐夫，顺便向他们介绍了我。他认为我工作出色，在卫生所工作是浪费人才，又因为我妻子所在的部队医院在江西，我是军属，便请他姐夫助我一臂之力。他姐夫欣然同意：这样的大学生省里每年难得接收几个，尤其是赣南老区。于是，我人生路上有了第一个转折，是刘医师给了我这个机会。他让我知道了在人生路上怎样做人，他是我的人生楷模。我当老师后，一直学他这样爱人、爱学生，怜惜人才、推荐人才、用好人才。

（2）

终于到了赣州。

50多年前的赣州山高路远，交通十分不便。我特地买了需要两天才能到达赣州的汽车票，途中可在吉安睡一晚。服了晕车药后，我像是伏在一头不断喘气的老牛身上，昏昏沉沉。遇上滚石封路、汽车抛锚，便下车候着。这里前不着村，后不着店，山野的风吹来，又冷又饿。尽管是如春风扑面的心情，但对晕车的恐惧让我不敢睁眼。猛地睁眼望去，是起伏的群山，颠簸的公路坑坑洼洼、曲曲折折的，汽车难以提速。过了遂川，歇了半小时。我至今还记得进遂川县路口的那棵大树，过了树，翻过了一座山后，道路变得平坦了，车子也加速了，车后尘土飞扬，但还是没有在中午赶到。昏昏欲睡驱不去我对未来的遐想与希望，驱不走我的满腔热情与激动。想到妻子，想到工作，我内心久久不能平静。到点无法确定，下车后我按地址寻找，医院不在市内，在赣江东部郊区水东大队的万松山下。

第二天是 4 月 28 日，妻子陪我去地委组织部报到。军代表说，省委组织部已来电话告知，作为引进人才，又有军代表推荐，有两家老牌医院请我选择。这两所医院 50 年代初就成立了口腔科，市立医院创建于 1924 年，前身是天主堂仁爱医院；地区人民医院建于 1939 年。我选择了离家近的市立医院。回家路上，妻子带我去买了一辆凤凰牌自行车，并做了简单的调查：赣南医专、中医院都没有口腔科，她们医院准备成立口腔科，定了一名卫生员学口腔，待我上班后来进修。我笑着说："我自己还要进修，毕业后，我还没有正式从事专业工作呢。"

下午我一个人去了医院，怀着期望与兴奋的心情骑着自行车，像被分配到农场医院时的心情一样，计划着如何融入集体、如何向新同事学习。人事处要我参加了五一节游行后再上班，请我在家多休息两天。

这两天，妻子都陪我上街散步。

走出医院大门，过了乡间公路是一条黄泥小路，小路弯弯曲曲延伸到贡江边，两边是农田与菜地，时不时传来鸟叫声。老乡说，那是斑鸠。我心里一喜，这里竟是大学里唱过的那首赣南民歌《斑鸠调》的故乡。我自豪地对妻子说："我唱一段给你听听：'你在那边唱哟喂，我在这边唱哟喂，斑鸠里格唱得实耶实在好哟喂咿呀咿子哟……'"我还没唱完就走到了浮桥边，这座长长的浮桥连着赣州城区，江边立着古老的宋城，往北的城头叫八境台，贡、章两江在台下合流。合流后的江段叫"赣江"，一直向北注入鄱阳湖。浮桥由 100 只木舟搭建，每三舟为一组，共 33 节，长 400 余米，一天开放两次——上午 9 点与下午 4 点，让南北航船通行。医院大门地势高，小路弯曲，无法望见江流、浮桥与江对面的城池。

初来乍到，我对古城的印象是：遥远、封闭、古老、安静，繁华与喧嚣被拒于千里之外。唐阁宋城、孔庙静庵、骑墙牌楼、会馆商号，麻石条铺就的小巷九曲之路，明砖清瓦盖的三进大院，让时光滞留，让外乡人仿佛置身于清末民初的年代。

这里的古城、古桥都有近千年历史。浮桥始建于 1165 年，沿用至今已有 800 余年。站在桥上听不见城内喧嚣，看不见市区繁华，即使城内华灯初上，江上也见不到五彩缤纷的倒影，城墙外只有星星点点的灯光。把闹市围得严严实实的是一圈千年古城墙。城墙初建于五代后梁时期，完工于北宋嘉祐年间。城墙周长十三里，有西津、镇南、百胜、建春、涌金五座城门。城墙建成后，多次经历刀枪炮火的磨砺。咸丰四年（1854），为防止太平军攻城，清政府在城墙一侧又添造炮楼。这以后，不管是冷兵器还是热兵器，城墙都如堡垒一般守卫着这座古城。城墙下的赣江，在苏东坡笔下是"涛头寂寞打城还，章贡台前暮霭寒""山为翠浪涌，水作玉虹流""赣石三百里，寒江尺五流"；在辛弃疾笔下是"郁孤台下清江水，中间多少行人泪""青山遮不住，毕竟东流去"。时至今日，城门大开，人们进进出出，自由自在。

当年这脚下的土地是赤白交界区，城里是白区，沿江往南是苏区。太阳落山时正是红军活动的好时候，城里的地下工作者或下水洗澡，或放筏打鱼，从江的西边把盐巴、西药偷偷地运过来。红军常到下游储潭镇江东边接货，从旱路挑货走回苏区。入职后的我参加了几次扩展水东公路的义务劳动，在万松山向东延伸的山麓挖出来一具具尸骨，政府有关部门很快派了专家进行鉴定，这是当年红军战士的遗骨，初步判断都是20岁左右的青年人。这些遗骨没有棺木，衣物几近腐烂，有三个战士手掌骨弯着，分别还握着子弹、手榴弹和刺刀。他们的体型有屈有伸，这说明下葬时是匆忙的。

妻子告诉我，这两年来，一批批在京的部队老干部下岗退休，离京南下。他们都出生于19世纪末20世纪初，此时已步入花甲之年。他们都经历了长征、抗日战争、渡江战役，以及南下诸多战争与战役。夏天，老首长们与医院的伤病员喜欢在浮桥上散步小歇，踏舟望江，忆岁月峥嵘，叹世态万千。他们不会去念古诗，而是看年轻人到中流击水，激流勇进；看百舸争流，浪遏飞舟。谈笑间，江水北去，夕阳悄然渐落，告别暮晚；余晖明灭中，在返回途中，老首长们有时会高兴地谈起当年的各种事迹。水东乡坝上村和东门外等地有当年红军官兵书写在墙上的标语"打倒国民党""实行土地革命""活捉马崐"等。这些红色标语和"弹洞前村壁"的茅房泥屋见证了老首长们所讲述的故事。

没长眼睛的子弹在老首长们身边飞过无数次。他们伤过，饿过，病过，被汗水泡过，被血水浸过，用他们的话说，阎王的生死簿上就是没留下他们的姓名。他们自称是幸存者。他们能幸存，除了子弹"有眼无珠"外，更多的是医师的救护。金秋的黄昏，倦鸟早归。老首长们总是伴着归巢小鸟的聒噪声和带点寒意的晚风匆匆回到医院。

在这里，我知道并渐渐了解了中国红军医院的诞生与成长。1931年11月创建的中国工农红军军医学校就是今天中国医科大学的前身。在中国红军医院的医师身上，我看见了一条红色医路，这条医路影响了我一辈子，我追寻、收集、采写、记录了一辈子。知道这条红色的医路，于我，是接受一次洗礼，记录这条红色医路上发生的故事应是我的责任。我愿做一个探寻记录红色医路的志愿者。

在青春飞扬的时光里，我有幸来到史书上记载的、在历史上有影响力的一座古城居住，有幸认识了许多老前辈，与他们在一起，听见了他们与山水的对话，在他们身上看见了历史的再现，感受了他们回忆青春时的激情，方知红色医路也是中国医路的一条主干道。

年过花甲后，我向中国作家协会申报了历史报告文学"中国红军医院"的选题。没有在赣州的那段生活、那段交往就不可能有今天这样记录他们生命闪光点的文字。更主要的是，我发现，它是我人生医路上的财富，是一块魔力极大的"镇邪石"。在资本充斥的今天，我们医师走在医路上，怎样继承那些呵护生命、舍生忘死的红军医务工作者的精神，是我心中的结。青春时期的我，曾在那年墙报上为老首长们写过一首小诗，还记得其中的几句：

眼前飘动的是山谷的雾还是当年的战火？持枪的手可摘下历史天空中的小星一颗？今夜入梦的是天安门广场的笑语，还是赣南的山歌？跨过千山万水的双脚可曾两次蹚过历史的河？记下他们青春的故事，能否打开通往人道之门的山山水水的锁？

（3）

我参加全市的五一劳动节庆祝大会游行后就上班了。我被安排在市公费医疗门诊部口腔科，这里只有一张牙椅和一位姓李的年近60岁的家传牙医。这里的病人都是机关干部，工作简单，闲时多，忙时少。若有病人牙痛需要上药，开一包包好了的磺胺片就可以，必要时才会拔牙。聊天时，老李医师告诉我，他在等待退休。公费医疗门诊部业务与市立医院相联系，为了方便干部看牙，增设了口腔科，其实医师就是他一人。医院那边的口腔科医师由三个家庭组成。一对夫妻，丈夫是大专医疗专业毕业，修复技术不错，妻子是护士。领导缺牙的问题全由他们夫妇解决，他们50年代初就参加工作了，是科室负责人。其他医师没学历，都是祖传的医术，一对兄弟，一对父子，还有一个徒弟。我报到后，去科室门口看过一次，说是口腔科，实际是牙科，技工用的是脚踏钻机。看见被淘汰的旧物，我觉得这是努力的机遇，暗下决心要以工作业绩报答知遇与接纳之恩。

一个多月后我接到通知，去市郊长红大队协办合作医疗，这是重要的工作，我欣然去了。这里有两个赤脚医师，年龄相差10余岁，还有一个护士。农民在这里看病是免费的，治病全是用中草药，草药靠医师自己采集。这次采药的路线是去赣南西部的大余县、崇义县，再从上犹县返回赣州。我来是协助他们工作，行动听他们调动。我对大余不熟悉，但是读过陈毅元帅的《梅岭三章》，篇篇都有感人肺腑的名句："断头今日意如何？创业艰难百战多""南国烽烟正十年，此头须向国门悬""取义成仁今日事，人间遍种自由花"。梅岭就在大余。我高兴地随着两名赤脚医师出发，既能认识中草药，又可以感受老一辈当年在山里打游击时的艰苦。很可惜，我们的目的是采草药，没有时间去看梅关，一到地方就直奔生产队，睡一晚就上山。

进了山里，真有点恐怖，山雨山风，雷响水急。山里蛇多，要防路滑摔倒，又要注意脚下是否有蛇。我穿的是解放鞋，把裤腿扎紧，一步一步地跟着他们。这时我想起陈毅被敌人围困在梅岭时是否也遇到过这样的风雨，如果是，那真是"创业艰难百战多"啊！好在是阵雨，雨小一点我们就在林中行走。两位赤脚医师工作努力认真，边采集边告诉我："这是龙葵，具有清热、解毒、活血、消肿的功效；苍耳子是有毒的，一般路边能看到，主要治疗感冒、头晕、目赤、风湿麻痹，赣州有，我们在这儿就不采了。"突然，他们惊喜地叫起来："七叶一枝花！"据说这药很难遇见，是清热解毒、消肿止痛的良药，其作用很多，能治疗乙脑、阑尾炎、扁桃体炎、腮腺炎、乳腺炎，以及各种毒虫咬伤、疮疡肿毒，还能治肿瘤。他们带了四个麻袋，每个袋子都装得满满的，好多药我已记不起名字。这是我人生中第一次接触草药，第一次知道了野生中草药采集的艰难。这些草药的功效能胜过人工培养种植的药物，因为环境、土壤不一样啊。雨停后，我们慢慢下山，回到旅馆洗了澡，倒头就睡了。

回到长红大队合作医疗站我又接到医院通知，立即到三中报到，做三中学生下乡支农的随队医师，为期7~10天。三中领导告诉我："明晚9点出发，你跟在学生队伍的最后面，穿好鞋，穿好衣裤，步行翻过峰山，到大埠公社。不能迟到，注意安全。"我到医院领了出诊箱，回家向妻子告知此事。她担心我走夜路会挨饿，煎了几块油饼，放在急诊箱里。也说了那句话：注意安全。我换了一双合脚的解放鞋，绑紧鞋带，赶到学校时，学生快到齐了。我自觉地站在校门口，跟在队伍的最后面。当时已是夏天，走到山脚下的时候，我们已经大汗淋漓。开始爬山了，队伍从前面一个一个往后传消息：右手要摸着山壁行走，谁也不能松。大概走了两小时，又传话来：注意脚下，路不平了。学生们都知道峰山是赣州南边的一座高山，主峰有上千米，平均海拔有四百多米，真可谓是翻山越岭啊！

第二天中午11点我们才到大埠公社，烈日炎炎，山路滚烫，我到了大埠卫生院，吃了两口饼，躺下就睡。学校通知我，上午巡诊，下午坐诊，我照办。第三天，卫生院院长知道我是口腔科医师，希望我能到最偏远的一个大队去出诊，那里有一位知青，牙龈出血几天了，赤脚医师止不住。我答应了他的请求，请他们向校领导请示一下，一早我就出发了。那个大队在桃花江对岸，卫生院的护士送我摆渡过江。她告诉我沿着这条小路走到底，两小时可以到达，之后她便撑船返回了。

下船后我加快了步伐，提前到了大队，检查了这位知青的口腔，血止不住，也难凝固。可能是出血太多，他已表现出贫血症状。我首先怀疑是血液病，建议他去赣州治疗，询问病史时，知道他患过肝炎。我请他躺下，进行腹部触诊。啊！肝、脾都肿大！会不会是脾功能亢进？！不管是哪一种，都可以下病危通知单了，不走就是等死。没有车，怎么送？谁送？他一步也不能走，随时都有倒下的可能。在这里，我与谁商量？他要是在路上死了谁来承担责任？

当时没有时间细想。这些年来，医患关系恶化，我才进行了回顾性思考与分析：医师的人生就是与患者相处的一生。反之，无术的医师则伤害健康与生命。当年，如果医患关系似今天这样，我也许会采用电话会诊，请县乡医院的医师去会诊，因为我的任务是对下乡支农学生的健康负责，为他们治病才是我的责任，去了，就犯了随意离岗的错误。

那时，知道这位18岁的知青的病情后，我想的是，他只有18岁，如果这样死去就太可惜了。两年前我毕业分配时，他落户在这里，家中父母期待他健康回家，妹妹盼望哥哥带回甜甜的山梨。想到这里，我立即决定：我送！我找来队长与同队的知青，告诉他们病情的危急情况与目前的急需用品，请他们临时扎一副担架，到周边寻找车辆，马车、牛车都行。苍天有眼，一位同学遇见了一辆运煤的解放牌卡车。同学们扶他上车，让他躺平。我晕车，就坐在了驾驶室里司机身边。开车，出了山，我请司机停一停，翻上车一看，糟了！病人满嘴是血，处在半昏迷状态。我用收缩血管的药水纱布贴在他的牙龈上，这药可以升血压，又可以使血管收缩，减少出血，给他灌了半瓶葡萄糖水。看样子，我要陪着他了。我说："师傅，请开快一点，我在这里陪着他。"车进城了，我来不及高兴。突然，他脖子支撑不住他的头，头耷拉下来，我听不见他心跳了！我敲窗户要司机停车，来不及规范消毒，擦了一下碘酒，直接做了心内强心药物注射。"快，继续开！"终于到了医院门口，我直接冲进急诊科，自报山门，请医师协助我抬下病人。小青年躺到了急诊科的抢救床上，输上了液，又输上了血，我心中的石头才落下地。

学生支农还没返回赣州，第二天我又带上妻子为我做的油煎饼去了大埠。不过，这次没翻山，而是沿江步行。据说，白天走山路会胆战心惊，有出事的危险。

几个月后，我家来了客人，居然是小青年一家来感谢我对他的救命之恩，礼物是小青年在赣江钓的一条大鱼。他知道我喜欢藏书，书都放在纸盒里，他和他一起下乡的同学在山里找了木材，为我做了一个简易书架，至今我还保留着这个书架。他高兴地告诉我，领导已经同意他返城，户口迁回赣州。临别时，他竟然跪下给我磕了一个头。那一瞬间，我突然想到去世不到两年的梅老师，如果那天有人愿意相助，有卡车的话，我踏上医路的第一天就可以救活一条生命，那么人世间就少了一对孤儿寡母。

（4）

回医院后我明白了整件事的前因后果。市卫生局要求医院临时安排一名医师去学校，医务处想到我已经在基层支农，只要离开大队几天时间，不必再抽医护人员，于是点名让我去，这便成全了我能护送这个18岁的青年的机会。如果不是口腔科医师，不是我，会是什么样的结果？我暗自为自己救活了一个年轻的生命而高兴。

我又回到了长红大队卫生所。平常门诊，用不上两个医师，我似乎是闲人。我想向他们学习中草药知识，于是想到了农场那位热情教我的老中医。在这儿，他们竟忌讳这事。他们的本事不外传，偷学都不行。采药时，他可以热情地讲述药性，治病开方时，却是守口如瓶，药名与剂量绝对保密，处方上的字如符文，文字无法辨认。大队长对他们的这种做法已司空见惯，他说："这是他们的饭碗，当然要端紧。"我背上药箱出诊，队长担心我不认识路，还派了一名女知青给我做向导。长红大队是江西省先进单位，队部墙上挂满了锦旗和先进分子与领导的合影。其中有一位先进模范人物是一位养猪的姑娘，她是江西省劳模、三八红旗手、先进标兵。省市曾多次组织记者、作家来采访，她的事迹已发表在《江西日报》头版。现任领导希望把她的故事写成剧本，搬上舞台，扩大宣传面。一位宣传干事带领文化站的几个人在这里蹲点生活，准备创作。女知青问我："愿意去看看养猪场与养猪姑娘吗？"我说："好。"这个"好"字使我人生路上多了一条支路：科室再次安排我下乡时，出现"弹性改道"。在10年后，我的人生又出现了一个转折，这个"好"字出乎意料地给我的人生增加了一点助力，像离开农场一样迅速地离开了市立医院。

我们不知道人生舞台上的戏剧的编剧是谁，某件事或某个人往往偶然出现在某个瞬间，变成了我们人生的一条支路。几十年后，我的这条支路的末端竟是一本书——《医路一生》。

那天来了领导，队长安排了午餐，在大队食堂，顺便也请我一起用餐。这顿饭安排得比较随便，连椅子都不够。市革委会宣传组组长、队长与我三人坐在桌边，其他人都站着吃，气氛融洽温馨。组长主动与我聊开了："你们这代大学生都喜爱文艺啊？你是文艺爱好者吗？"这不是逼着我套近乎吹牛吗？我告诉他，在大学里，我当过宣传队队长，参加过话剧《年轻的一代》排练的全过程，话剧导演是湖北省话剧团副团长，我们都是跟着他学。饭饱菜光时，我牛皮吹大了，组长把文化馆馆长叫过来说："这位蒋医师算你们创作组当中的一员，以后你们多沟通。"

文化馆一直停留在"唱"的创作上，宣传部门希望表演形式新颖点、格局大点。我狂言道："可以写剧本！"文化馆真把任务交给了我，并交代大队，卫生所事情不多，我可以不去上班，与文化馆的同志一起工作。我应诺了。养猪的姑娘姓赖，她从学习养猪，到热爱养猪、科学养猪，还希望全市人民都能吃上她养的猪。市里点名招她进工厂，她却把指标给了下乡青年，自己安心养猪，我还真有一点感动。一个月后话剧剧本完成，剧名为"红沙崖上"，主题内容很快就通过了，市里决定组织排演。赣州市有京剧团和越剧团，越剧团四年前解散了，大多数演员分散在市里的八家商业公司，有餐饮、蔬菜、肉食、卷烟、酒类、糖类、盐业、茶叶副食品，他们都在门店当营业员、采购员、保管员，有机会演出，他们自然高兴。演员们不请自来，大都是越剧团的原班人马，包括导演。彩排那天在工人文化宫，我与妻子去了，负责人请我们坐在第一排，妻子说："我们坐在后面吧！"后来"永远不要坐在第一排"成了督促我的人生格言。

演出结束后，馆长说："蒋医师，我们请示了领导，我们赣南人不喜欢也不懂话剧，你能不能改成歌剧？我们能作曲。"他介绍了作曲家袁大位。我知道，他是赣南民歌的行家。入乡随俗，我照办了。宣传部领导指示，要用群众喜闻乐见的形式以达到宣传的目的。30天后歌剧剧本《红沙崖上》的本子改好了，对白改为唱词，结构上也做了调整。我偶尔会参加排演工作，没想到一个偶然又带来了另一个偶然。

有一天，一位女演员问我："听说你是医师？"我微笑地点点头。

"我嗓子哑，想请你看看。"这是我的本职工作，我自然不推辞。她是慢性咽喉炎，这几天排演，累了，嗓子充血。我开了中药，麦冬、天冬、金银花、菊花、甘草，要她煎水漱饮，四天后她就好了。我突然想到，是不是可以帮工作人员做一次口咽检查，以防演出时出现急性咽炎，临时组团的团长非常同意我的提议。

那位好了的慢性咽炎患者还带了朋友的父亲来找我看病。这回还真是碰上了大病，她朋友父亲的舌缘烂了，打了两周消炎针都未好，问我有什么好的清火药。我给他进行触诊，心一惊，舌头基底很硬，是菜花样溃疡，界线不清，这是典型的癌样病变。我是直说，还是委婉告知？赣州人特别相信中草药，果然，他妻子反复说要我用好的降火药，说他们是慕名而来的。天哪，我直说的话，怕他们难以接受，反而贻误了治疗时间。委婉告知？如何委婉？片刻后，我说："七叶一枝花清火效果很好，崇义那边有很多。既然你们打了半个月的针，那就暂停几天，我帮你切一点点组织放到显微镜下看看，看是什么病，再针对性用药会更好。"妻子虽然反对，但丈夫同意了。事不宜迟，我下午就给他做了活检小手术。几天后病理报告出来了，果然是口腔癌。我建议他们去外地做手术，因为当时赣南还没有口腔颌面外科。早发现，早做手术，效果很好。

他们家很感谢我，我调离赣州后，我们还有往来。病人妻子告诉我，她是副食品商店的工作人员，我要购买副食品的话可以找她。那是物资匮乏的年代，我们都是凭票购物，有时会出现有票无物的情况。这些商界的新朋友无形中都成了我的患者。当我回口腔科上班后，同诊室的李医师没有想到，我的病人怎么会比他还多？除了新朋友外，还有城郊的农民。每次下乡，只要有农民问我是哪家医院的医师，我都会留下地址、姓名，方便他们找寻。

有次下班前，来了一名有外伤的病人。因医院里床位已满，护士要病人等，护士不收是履行责任。家属找到我，我问清了病情，直接找到医务科来帮忙。因家里房屋漏水，病人在屋顶铺稻草时，脚踏空了，滚落下来摔伤了。初步检查后发现他腿部有骨折，腹部伤情还有待观察，我知道"观察"两字的分量。医务科干事陪我来到外科，找到护士长，请她告知主任，医院同意加床。

歌剧终于上演了，得到了领导称赞，连续上演了一个月，准备参加省里汇演。没想到在协助建立合作医疗工作中，我结交了文化"新欢"。

在结交"新欢"的日子里，妻子告诉我更惊喜的"新欢"——骨肉新欢："你要做爸爸了！"我立马伏桌给父母写信："你们要当爷爷奶奶了。"七天后，我收到了爸爸的电报："泽先要多做事，学会照顾人。"我给自己立下规矩：下班后要抢先做家务。

谁知医院又安排我下乡，理由十分"动听"：医院这次抽调各科技术最好、能力最强的医师组织一支医疗队去老区石城县大由公社为农民服务。外科张连惠主任、内科李家驹主任，还有小儿科、妇产科的医师，口腔科非你莫属。"我知道他们都是赣南名医，所以我不好拒绝。作为军人的妻子自然支持我下乡："去吧！战友会照顾我，这是你学习的好机会。"

我们先到石城县与卫生局领导见了面，后经龙岗公社，向北进入大由公社，住在公社卫生所二楼。我们到卫生所的第一件事就是规划建立手术室。卫生所原本有一间治疗室，但是不规范，主要是无菌消毒不达标。我们对墙壁进行了粉刷，将所有手术用品都重新进行消毒。

经过几天门诊，我接触到了不少病人，有人患良性肿瘤，有人得了胆结石，有人患长期慢性阑尾炎。张连惠医师除了脑外科手术，其他手术都有涉及。他人品极好，技术精湛。他扩大自己的技术范围是想下乡时能多为农民就地手术，减少农民负担。他从不叫累，他说："为病人多做是病人的信任，提高手术技巧是回报病人的信任。"这才是我要学习的榜样，这才是我要追求的工作环境，能做他的助手我深感荣幸。

已是初夏时节，黄昏时刻还有点热。我们坐在长板凳上，暮色苍茫中看见远处来了一副担架，肯定是急诊。一位护士跑上前去问情况，之后马上转身大声地说："老师们，难产！"可能是要剖腹，我们几乎同时起身进了卫生所，忙碌起来。妇产科主任已出诊，由张医师接诊。是初产妇，没有超声波，完全靠触诊、听诊，张医师怀疑胎儿体位异常，应及时进行剖宫产手术。产妇被送上手术台，建立输液道，上麻醉，张医师主刀，我与护士洗手，快速消毒铺巾，切开皮肤、肌肉，逐层进入宫腔，拉开，将胎儿取出，交给助产士为新生儿吸痰、输氧、结扎脐带。之后张医师逐层关腹，最后一层照例交给我缝合。手术结束后，产妇由麻醉师送进临时病房。

几天后又来了一位急诊病人，腹腔脏器破裂出血，经过我们的救治，这位病人最终转危为安。今天如果没有医疗队，这个人是死是活一样难说。给张医师做助手时，我又想起了梅老师，他是我医路上遇见的第一个病人，30岁的生命就那样消逝了。医师多下基层，多培养基层医师，很难！加强县一级的力量、提升急救速度是非常重要的。我没有因再次下乡而感到委屈，反因自己的付出让生命获得新生而感到愉快。妻子十分理解我，给我写信说："仁心仁术不是写出来的，是把生命从死神手里拉回后彰显出来的。我坚信你会成为一名好医师，奋斗探求，不达目的，誓不罢休。永远是你的卡佳。"

三个月的医疗队工作结束之后，我们回院了。虽然来赣州后一直没有从事口腔医疗工作，我像阿 Q 一样安慰自己：内科、外科、妇科、儿科的病人几乎都接触过了，也算是读了一次没有文凭的"全科硕士"了。即使在不悦之时，我还是会鼓舞自己。这里没有正宗口腔系毕业的医师，科里医师编制只有两个半：科室主任与我一人一个编制，李医师算半个编制。我依然与李医师共用一个诊室，我准备逐步好好地开展口腔科各项工作。我以为大家会乐于开展新项目，比如给科室介绍要镶牙的病人，可是科里的同事竟不高兴，他们找各种理由推脱，或说没材料，或说赣州不能加工假牙。根管治疗基本不开展。他们喜欢这样的现状，他们的病人大都是跟他们有往来的熟人，不喜欢我介入工作。他们每月拿工资，做与不做、多做少做一个样，没有积极性。大外科的一位主任，竟然一早就泡一碗茶，端在手上，来口腔科唠一上午。每次他来我都会问："主任，今天没手术？"他摇摇头，笑眯眯地进门，坐下，毫无拘束地开始了天南地北的瞎扯。其实，我完全可以"入乡随俗"，也端着一杯水，融入他们当中。那时，我刚刚踏上工作岗位，不懂人生，理想有点浪漫，不清楚现实。上午一位年轻干部约了我拔阻生牙（就是 18 岁后长的最后一颗大牙，因为生长空间过小，有阻力，医学上叫阻生牙）。他下颌骨侧位片显示牙齿为水平阻生。等到十一点半还未见到患者，我以为他在开会，忙哩。老李医师告诉我："不要等了，主任同意他转南昌治疗了。"我十分惊讶，连拔牙都转吗？初诊时，看牙的病人已经发了话，他问："你能治好这颗牙吗？"我的回答是：可以。这样回答的结果是，病人再也不会找我了。

慢慢地，我知道了，公费医疗门诊部的医护人员都是领导的家属。他们有两项权力：一是转院转诊。赣州毕竟是山里的城市，到南昌的大巴一天就只有四趟，清晨与中午各两次。干部一年四季无假，转诊外出查病是最好的休假，他们一般是去南昌、上海、北京与广州，而且路费全部可以报销。虽然医院严格执行"划片包干医疗制"，但是病人可以由接诊医师开具转诊单，凭转诊单就能在上一级医院挂号就医。这位年轻干部是省里下基层锻炼的后备干部，转诊南昌，看病回家，一举两得。二是一人医疗公费，全家医药免费。回乡下探亲时，带几包免费的药作为礼物。一般无权的机关工作人员，与医师没有任何关系就享受不到这样的优惠。如果哪位医师给一位重要领导看病，尤其是计委、财政与主管医院的卫生部门的领导，要及时汇报，因为他们可以批准医院购买设备与仪器的申请。院长没有重大器材购买权，这是医院领导难以受贿的原因之一。

有位从口腔科转入外科的医师，姓陈，上海人。他原是解放军173医院口腔颌面的外科医师。1958年173医院集体转业时，他被下放到赣州锻炼改造。他喜欢说一句话：医师没有治病救人的本领就不要说为人民服务。这句话成了他被下放的理由——鼓吹白专道路。我们都是口腔系毕业的，他理解我，诚恳地对我说："有需要手术的病人，你把他收到我病房我管的床上，手术一起做。"我收了一位腮腺肿瘤患者，因为肿瘤部位深，我们决定给患者做全麻。工宣队队长提出要针麻，他亲自"督战"。他是理发师，拿的是剃头刀，他懂腮腺手术吗？队长说："我也是拿刀子的，我懂。我国的针麻享誉世界，你这个年轻的臭老九，不要抵制新鲜事物。"这是我人生中第一次见理发师给病人麻醉。队长要病人与他一起念语录："下定决心，不怕牺牲，排除万难，去争取胜利。"我趁队长不注意时，给病人打了一点局部麻药，然后迅速藏起注射器。两天后，新闻报道稿出来了：市立医院针麻成功。陈老师叫我别理，一笑了之。我在想：如果他要进一步管理指导我们怎么做手术，那，怎么办呢？

妻子所在医院的卫生员来进修了，为期半年。赣南医专也决定成立口腔科，派了70级的凌医师来我科进修，时间是半年。半年后凌医师又去了江西医学院第一附属医院口腔科进修，回来之后自己建立了科室。部队的卫生员是山东人，害怕拔牙，尤其是害怕阻生牙断根，看见患者牙龈出血，牙根不得出来，自己先紧张到发晕，所以他要求改换去普通内科进修。不久之后，他退伍回老家，去了基层医院。他的一进一退，让我更明白一个道理：当一名医师还应具备良好的心理素质，医师这个职业不是人人都可为之。尤其是一名好的外科医师，日日夜夜在手术室里，面对生死，苦累交加，没有节假日，很少休息。德高术精才是救命的真经，怕苦怕累是绝对不行的。

新的一场戏剧又拉开序幕了。元旦刚过，医院又要安排医师下乡，可能又是我。我有点想不通了，调进医院的新职工，报到后，两年都没有被安排在科里上班，却连续两次下乡，院领导、科领导该作何解释？但是科里似乎没有年轻医师可派，我又释然。两天后，下乡的医师名单出来了，果然还是我。我去医务科问了缘由，哇，理由是那么理所当然。医务科干事说："是你们科主任推荐的，你年轻能干，是从知名医学院毕业的。第一次下乡，市里领导都表扬了你，说明没选错。第二次下乡的医师全是医院精英，会错吗？这次是与第二次一样，是跟医疗队一起下乡。不一样的是这次去的时间更长，根据文件要求，每人都要去待一年。首选你，是希望你能为科室、为医院做出表率。"帽子一戴压死人，人生戏剧竟然这样多彩曲折，开幕后只有登台。遗憾的是孩子出生后我没有尽到一个好爸爸应尽的义务，妻子承担了一切。孩子一天天长大，我担心他们读书的问题，因为浮桥东只有一所公社办的小学。

这次下乡的地点是赣县阳埠乡，在峰山脚下，离市区有40公里山路。这一年我能在乡下做什么？会有什么收获？这次没有采中草药，没有平诊、急诊和手术，只是单纯地背着药箱出诊。这样的医疗队对基层无益，对农民无用。不去不行；去了，一事无成。我还是去了，按自己的思路，为乡民做了点实事：在乡卫生所办了一个宣传栏，每两周办一期；到乡村学校给师生讲卫生课；办了赤脚医师学习班，专门讲开放性外伤的应急处理办法。我开办的学习班有点影响力，县里也支持，邻近几个乡也派了人来学习。医疗队转到了赣县最大的乡——老母渡乡，在桃花江边，江边有浮桥。黄昏时分，医护人员可以在桥上散步。我不想过这样的生活，于是给赣州市委宣传部写了信，说我下半年闲着。市委宣传部正好要组织一个市级文化观摩团，就把我调过去了。从赣州出发，经韶关、武汉到上海，沿路参观学习。20世纪70年代末，宣传部发给了我一张红色宣传员的证书，让我随文化工作者去西部各市参观。这次外出，我第一次听到了几个台湾歌手的名字：罗大佑、李宗盛、齐秦、邓丽君。我给妻子带回一首歌，一首我们以前从未听过的歌，歌词是这样的："不要问我从哪里来，我的故乡在远方，为什么流浪，流浪远方。流浪……"在那个相对封闭的年月里，我们不知这歌是谁写的、谁唱的。后来我才知道歌词的作者叫三毛，三毛是谁？我还是不知道。但是我想到了《三毛流浪记》。这就是那个年月。

接着，我以红色宣传员的名义请求去模范县兴国乡、红都瑞金县、长征第一渡于都县、红军第一部无线电侦察台诞生地宁都，采访收集红色经典。宣传部同意了，认为这是好事，要鼓励，要支持。领导留下我继续协助工作，凡开大会，都让我为领导写工作报告、开幕词、闭幕词、年终总结等。领导希望我改行，从事行政工作，我拒绝了，我自责自愧，没有贴近领导的能力。那年月，改行者不少，很多人于 20 世纪 60 年代末文科毕业后留在学校工作，老师多数转调到省市的行政机关干行政，个别人级别越做越高，到外省任一把手，当上省委常委、赴京任职的都有。我不羡慕他们，和他们也少有往来。文化工作就这样与我紧紧地系在一起。进入"八零后"，这个"新欢"居然再来纠缠我。

在医文交叉的时光里，一年就这样过去了。有趣的是，我院医疗队竟获得了市优秀集体荣誉奖。理由是，除了为农民圆满完成医疗任务外，还主动做了很多宣传疾病预防的工作。材料是医疗队队长汇报的，医院却推我去宣讲，又给我戴"帽子"："不是你去，能获奖吗？"这让我不由得想起，一开始提出普及健康知识的建议时，队长批评我工作"越轨"，说我"不务正业"，要我立足本职工作。难道普及健康知识不是本职工作吗？

三年下乡的生活都结束了，我想象的那种医疗工作依然没有开始。后来我慢慢知道了，不会开始。科室主任把我视为竞争对手，他担心我的努力会使他失去权力，所以尽量让我远离口腔科，希望我改行。我十分珍惜我母校的品牌与自己所学的专业，还想在专业领域内有点建树。我绕道而行，避免与他发生冲突，努力开出自己的一亩三分地，以此证明无意与他竞争，从而达到相安无事的状态。后来我作为支农医师，又下乡了两次。我相信我在医路上会迎来艳阳天，岁月不饶人，我也不会饶过岁月。

在踏实做好门诊工作之余，我努力为自己寻找需要做手术的病人。奇怪的是，门诊病人都是牙病，竟无一例其他口腔疾病患者，我只好去住院部各科中寻觅。外科有颌面良性肿瘤、间隙感染患者；内科心血管组与内分泌组有高血压伴牙痛患者与糖尿病的口腔感染者；

孕妇牙痛住产科；小儿牙病住小儿科；口腔黏膜病患者大都在中医科；口腔肿瘤患者自然去了肿瘤科。口腔科有意让这类病人远离自己，或者说与当下牙科诊所一样，只治牙病。我仔细想想，这样做也没错，几十年前旧中国的拔牙匠与理发匠没有多大区别。我只能请各科把适合口腔科治疗的病人交给我。我不敢说低三下四，但至少是满面笑容、百般耐心地在住院部寻找患者，在流逝的时光中见缝插针、平心静气地向同行"乞讨"病人，抓住任何可以进行手术操作的机遇。在"乞讨"的时光里，我不自觉地哼起了"流浪远方，流浪……"我在医学知识的海洋里流浪，眼中不是橄榄树，是知识的山峰。我"流浪"时的伴随者是患者，治疗成功时与他们共享欢乐，治疗前后向他们宣讲口腔疾病知识。在"乞讨"中，我也认识了人生的多面性。

有天早晨，急诊科叫我去会诊。抢救床上、椅子上都是抱着头、捂着嘴的伤员，个个面孔血肉模糊，都是农民，我主动开始清创、缝合伤口、贴敷料、包扎。事后我才知道，是两个生产队的农民为了抢肥料发生了斗殴。医院厕所原包给了郊区三队，四队农民仗着年轻人多，早早来到医院厕所先行"偷抢"了几桶粪肥，出门撞见了三队农民，三队农民不许他们挑走。肥料是个宝，"抢宝"斗殴开始了。最后人受伤了，医院大门口满地是粪便，臭气熏天。为了抢粪便而斗殴，我是第一次见到。后来，我值夜班了才知道，每天一早门口闹哄哄的是来挑粪的农民，因为过了六点城区不许有挑粪的农民行走。为防止类似的事再发生，主管部门发了"粪票"，农民凭票才能进厕所挑粪。

依然是我值急诊班时发生的事。医院要我出诊，却不告知我病人是什么病，只通知出诊地点是在地委招待所。我找到房间，推开门，见一桌人在打扑克。我以为走错了房间，转身走人。他们看见了我肩上的出诊箱，问道："你是医师？""对不起，我走错了门。""没错，进来，给我们领导换换药。"四个人里面谁是领导？一中年男子伸出他的光脚丫，开了口："我脚趾缝间有湿疹，你帮我上上药。"他头都没有转，在激动地甩牌。我感到心腻、无语、恶心，但还是忍住内心的不满给他上了药。据说，这是位新提拔的领导。

赣南是革命老区，"二万五"老革命多。有位"二万五"一直住在医院的一间普通病房里，因他牙龈发炎，我去看过他几次。当初他住院，医院领导想为他请个护工，老人家坚决反对："我们都是好手好脚，为啥要别人照顾？"他说，妻子就是护工。有次，护士在给他打针，护士长通知她放下手中的工作去开会。他问："是工作重要，还是开会重要？当我冲到敌人碉堡前，能回来开会吗？什么叫忠诚？全心全意为人民服务就叫忠诚！"后来，他成了植物人，领导又说请人照顾他，他妻子也反对："还是按老人家的意思做吧，让孩子们轮流来值夜。"后来我与他的三个孩子都成了朋友。我知道了"红二代"为什么自豪，"官二代"为什么可以做到没有傲气。

我逐渐融入了市立医院大家庭。我加入了两个"群"：一是传达室看报的群。那时想获得外界信息只有五种途径：听中央人民广播电台广播、看《江西日报》、看《新闻简报》、听小道消息和听领导作形势报告。小道消息不足信，简报一月难得看两次，对于没钱或不愿买收音机的人来说，《江西日报》是关心国家大事的唯一的途径。我们第二天中午才能收到头天的报纸，中午下班前，传达室门口站满了望眼欲穿的等报人。

同事都知道我这个陌生人的原因是，我连续下乡三年没有消息；本要调市委宣传部却不愿去。大家都为此感到奇怪。一位领导的女儿就这样认识了我，在我调离赣州时，她助了我一臂之力。二是聊中医的群。与针灸、推拿、药剂师等几位医术祖传的中医成了朋友。刘立芬医师教我把脉，带我认识了两位长期服中药的本院职工。一位是中药房的老药剂师，他患了肝炎并且有腹水，吃了一辈子中药来治疗腹水，没请过一天病假。用他自己的话说：以药当饭、当茶，虚时扶正，邪时活血行气。还有一位是在机关工作的中年人，他在武斗时被人打伤，痴迷于中药。他用活血化瘀的药泡酒，经年不断饮用，致药物性肝炎并导致腹水。他们痴迷中药，一个是为了治疗调理；一个是沉湎自恋。老药剂师有两句话：药对方，一碗汤；用错药，用船装。我坚信中医扶正祛邪与活血化瘀的作用，院领导知道我喜欢中医，特选送我进中医班脱产学习一年，结业后在安远县中医院实习半年。上课时我记笔记、读专著、勤思考，顺利结业，得到了证书。

这年冬天，内科李主任的孩子找我看牙，他衣服穿得很厚，我还是闻到一股狐臭味。我找到李主任悄悄地跟他说："我给你孩子提供一个药方，能治好这病。"他有点惊讶，知道不用手术，药也不用口服，只外用，制作简单，便同意了。开春后，他孩子又介绍了几个亲朋好友来治疗。我坚信，疗效是对患者最大的吸引力，也是对中医学传承、传播的最大推动力。

在医学科研上，我有三个中医药的省级课题都获得了批准。2000年得知刘立芬医师被评为"江西名中医"，我为他庆贺。在此期间，我右上腹总隐隐作痛，内科主任触诊了多次，初步诊断为肝硬化。肝硬化是什么原因引起的？有一天，内科李主任特地来告诉我，省里有家部队医院买了一台进口超声波（那时基层医院没有超声波）。他开了证明，叫我去南昌检查。内科李主任让我享受了一周的干部待遇。当超声波报告无异后，我立马去武汉看望父亲，60小时后返回江西。

我想，受挫时点亮自己的希望，应该也是一门学问。

1976 年 10 月举国大游行，市立医院游行队伍第一鼓手是我。一个直径近一米的中国红鼓被搬上三轮车，工会主席把鼓槌交给我，大锣、小钹、水钹、云锣一应俱全。锣鼓一响，红旗高举，喜庆的日子，群情振奋。我写了三首歌词表达自己的感情——《我们赶上了好时代》（李承道曲）、《斑鸠声声叫》与《四化好比一朵花》（唐平曲），都获了省级一等奖与二等奖。

医学高峰不可怕，可怕的是没有攀登的平台，更可怕的是，一点希望之火被某些人"理所当然"地吹灭。医路上医师的无奈、无为、无助，甚至无情，往往都是源于权力的泛滥，包括小小的权力。

（5）

在赣南，我第一次与作曲家们合作，第一次在《江西日报》《百花洲》《心声》上发表作品。与赣州市文化人的来往让我在工作之余享受了灿烂阳光，听到了欢声笑语。他们都是外来人，与他们交往、交流的过程是交友的过程，也是文化互动的过程。赣南歌舞团作曲家唐平与我是武汉老乡，他学校在我母校武昌一附院隔壁。学生时代，我们会在周末的时候翻墙看他们的演出。在赣州某年的大年三十，他请我一家人去他家吃年夜饭，晚上看歌剧《长冈红旗》，他是作曲者。我俩合作写歌较多，获奖也多。我们合作的第一首歌是《姑娘落户到井冈》。原歌词写好后，他不满意，请我按原曲填新词。我哼唱了几遍，新歌词就出来了。后来他出任歌舞团团长，20 世纪 80 年代末被调回武汉。他将谱写得较好的歌曲结集出版，名为《山里的传说》，以纪念在赣州的青春时光。抗疫时，我俩又合作了一首《戴上口罩就出发》。与我合作的还有原赣南作曲家李承道、陈述刘。陈述刘南调时对我说："有好歌词寄到广州哈。"江西音乐家协会创办《心声》杂志之初，邀请我为创刊号写歌词，我写了《你的歌是我的心声》，由郝士达作曲。我院的院歌也是由我作词，我请省歌舞团原团长刘安华作曲，我与他合作过多次，如《哪有青年、哪里有雷锋》《我们是革命青年》等。我与副团长解励策也有过合作，她是响遍全国的独唱歌曲《请茶歌》的作曲者。

京剧团有一名怪才也是我朋友，上海人，姓裘，是中国著名数学家苏步青教授的研究生。他被下放到江西，在一所村小学当老师。他不安现状，深感人生之路不能到此为止，便来到赣州市京剧团毛遂自荐。原因是，他的京胡拉得非同一般，《打渔杀家》《借东风》唱得很专业。刁德一由他来演，没有二选。让外人惊讶叫绝的是，他不是专业的，却胜似专业的。于是，市京剧团决定当场录用他。他编的剧获得了全省戏剧汇演奖。他教我唱《打渔杀家》【西皮散板】"父女打鱼在河下，家贫哪怕人笑咱"，那可是正宗的京腔。在他指导下我自然也会唱《打虎上山》，会唱几段《红灯记》《沙家浜》，这就成了我偶尔出头唱的原因。20 世纪 70 年代末，他调进江西大学数学系，回归"正路"。他是我们这批"外来户"中最早离开赣州的"臭老九"。从讲师到教授，一路顺畅。可惜他嗜酒如命，两次因血压升高住进我院，未到退休，便离我而去。每当我哼唱京腔之时，都能想起他为我纠错的场景，他拉的京胡仿佛还在为我伴奏。

京剧团还有一位作曲家叫曾思中，广东人。我们合作的歌曲《赣江船歌》《手捧甘泉想救星》被制成了唱片，在中央人民广播电台播放。在当时，这是难能可贵的事。他也早早南下去了中山市。

赣南知名作家罗旋文，我称其为兄长。他每一篇小说都充满赣南特色，都有感人肺腑的红色故事。出于敬佩之情，我为他写过一篇

《在他年轻的时候》，发表在 1982 年 12 月 11 日的《江西青年报》上。他曾在南昌工作，参加了一个农村工作团才来到赣南，首次接触客家文化，对客家人的淳朴厚道、亲和好客有深刻印象。1954 年，他主动申请调到赣南盘古山钨矿厂，在那里工作了 8 年，既熟悉了客家生活，也为其文学创作汲取了营养乳汁。他著有长篇小说《南国烽烟》《梅》，纪实文学《蒋经国传奇》。其中《梅》获得了江西省人民政府优秀文艺作品一等奖，短篇小说《红线记》获得了全国优秀短篇小说奖，《缺男户》获江西省首届谷雨文学奖。1979 年，我与罗旋文一起参加了"文革"后的第一届江西文代会，他是作协代表，我是音协代表。

另一位好友周书文的外貌形象、动作语言、待人接物都透露出一股书生意气，他亲和力特别强。《主导面·发展性·时代性》是他首篇红学论文，其后又写了《红楼梦配角塑造艺术》《红楼梦的艺术世界》《红楼艺术形象的完整美》《红楼梦人物塑造的辩证艺术》。他送了我一本合集。罗旋文是我俩之间的牵线人。我离开赣州的前一天，他以赣州地区文联的名义（那时周书文任赣州地区文艺站副主任、赣州地区文联副主席）请我吃饭，作陪的有罗旋文、市文化站的袁大位。年代已久，其他人我已记不清了。

还有一位好友是赣州市（今章贡区）党校的黄校长。他住在大公路与沿江路交界处，这里是我回家的必经之路。只要天气好，我都会去他家小坐片刻，目的是听他讲赣州苏区革命史。他讲得头头是道，我听得津津有味。

在赣州还有一位值得一提的文友。他是养路工，他所管的路段是水东桥头到部队医院大门拐向东北方向的一小段。养路工小歇，一般不会引起什么人注意，这位工人常常会坐下来靠着墙根看书。有次他看的是世界名著——1862 年问世的雨果的长篇小说《悲惨世界》。别说看，那年代能找到这本书都难。这个养路工痴迷这本书，我不能不惊讶。我下班时特意走近他，提醒了他一句："师傅，这本书你最好包一张书皮。"他笑了："真正的文人是不会告密的。"我们之间的交谈就此开始了。我知道他叫郑春刚，这让我想起了我读过的1957年《少年文艺》杂志上的一篇散文叫《山那边的孩子》，其作者是"春刚"。我问："你是那个春刚吗？""是，那年我17岁。"一个13岁的孩子读过比他大4岁的少年的文章，两人竟于15年后在少年的故乡相遇了。这叫不叫缘分？后来他分到赣州市（今章贡区）文化馆工作。我离开赣州后，我们一直保持着联系。如今，我在江西省档案馆的官网上查到了一点关于他的公开信息：

阳春，江西上犹人，出生于20世纪40年代。上犹县陡水风景区"阳春草堂"堂主，客家乡绅。在海外出版的著作主要有《客家人传》《客家长歌行》《勿忘村记事》《蒋经国记事》和《蒋经国三部曲》，在国内出版的著作主要有《水年牯》《客家歌王》《蒋经国外传》《南赣风骨》和艺术摄影集10余部。

他的每部作品都会签上名送我一两本。不久前，赣州朋友告诉我，他去世了。对此，我只有祈祷。

赣州地区文联曾推荐我参加他们与上海电影制片厂在宁都联合举办的电影创作学习班。主讲人是著名编剧、上海电影制片厂导演严励先生（知名电影演员张瑞芳的丈夫），他讲课的内容使我对编剧、导演、摄录有了新的认识。

赣州文医交替的生活增添了我的人生色彩，我认识了身外的更大的世界。在医学方面，这样的生活可以说是开拓了学习内外妇儿科的新天地，提高了我对医学全系统的认识与整体实力。在文学方面，也为我关注关爱生命的创作积累了厚实的资料。

我多次下乡，有次院里派我下乡去农民家收所欠的住院费。走进欠费的农民家中，见四壁透风、屋顶漏雨，病人躺在用棍子撑着的铺满稻草的床上，我怎么开口？已到中午，只能在农民家中就餐，几乎每家农民都是靠白水泡白饭、腌菜咸萝卜度过每一天。有一年，赣州连降暴雨，我去赣州市郊湖边公社出诊，救护车开进去后，场面惨不忍睹。倒塌的泥土房下，是一个个被压着的孩子，脸、鼻子、嘴都是黄泥，早已没有了呼吸，我把他们抱出来，一个个清洗干净，他们的父母早已泣不成声。在这里，我认识、理解了中国农民。他们一生不看病，病重了来医院只为提前知道自己死去的缘由。"医师，我的病会死吗？"医师回答不会，他们转头就走："不死我治什么！"医师说："会死，很危险。""会死还治什么，白花钱！"他们一样转头就走。他们没有钱，空空的口袋里除了手中汗珠留下的斑迹外，一无所有。

在赣南的11年，我没有获得医院的专业奖励，却获得了市委宣传部的一张"优秀红色宣传员"的证书。这张证书，改变不了我当医师的决心与仁心，动摇不了我追求仁术的理念。市委宣传部孟部长十分支持我，走的那年，他调任地委宣传部，他给我的临别赠言是：文学是你医路上的加油站。文化局汪局长是一个乐观的人，他说："服务他人，快乐自己。一生从医很好，希望你走到底！"

当下人说，人生有五件大事：生儿女、见世面、交朋友、学本事、多挣钱。这五件大事在赣南我做了四件，按照我爸的要求，我养育了一对军营里人见人爱的儿女。唯一遗憾的是第五件事我没有做到。我这个有12年工龄的大学本科生，带着一家四口和每个月48.95元的工资来到了南昌。回望赣州岁月，十一年如一日，甘苦寸心知。

第三章

赣鄱口腔谱新篇
后浪扬帆争入海

一切源于偶然，或说是缘。

要向未来行，应知来时路。蓦然回首，我才知道，中国每年本科毕业的口腔医师少之又少，20世纪60年代之前，每年本科毕业的口腔医师只有百余人。江西基层口腔医师大都是由大、中医专毕业换专业进修后执业。从北部九江市到南部赣州市，口腔科的口腔医师大都来自上海二医、北京医学院、华西医院，人数总共不过半百。江西自力更生，要创办自己的口腔系，那解决江西口腔医师短缺的难题就迫在眉睫。于是，我加入了这支队伍。

（1）

妻子上夜班，我照例去看她。我突然肚子痛，要去卫生间。那时的男人都有一个习惯，上卫生间必带书或报纸，且以带报纸为主。我这次带的是一张过期的残缺的《江西日报》，这张报纸只有一半，幸运的是，有一块不到巴掌大范围的文字没有撕脱。这段文字我读了三遍，激动不已，其内容是：江西省教委批准于 1980 年成立江西医学院口腔医学系，并成立筹备小组。我冲出来对妻子说："我等你回来睡。"那夜我们商量了很久。第二天我去市委找领导，请他们看了报纸。他们大力支持，最让我受到鼓舞的话是："有了这条信息，你的调动内涵变了。此前，你是毛遂自荐，希望专业对口，现在是引进人才，被动变互动。"

依然是偶然。省里各部门在调整领导岗位，省军区后勤部长转业到省卫生厅任新职，我院一位女医师的爸爸原是赣南一家钨矿的党委书记，调到省人事厅任厅长。这两条小道消息让我振奋的原因是：省军区后勤部长是妻子 10 余年前所在部队医院的院长，人事厅厅长的女儿是我的读者，她读了我写的小说《两代人的血》后，又成了我的敬佩者。用现代的话说是"粉丝"。我送上一本签名的《百花洲》杂志给她，她居然说："我以为你不需要找我啊。"她二话没说，陪我到街上给她爸打电话。那时老百姓打电话都在街边的店里，我清楚地记得她跟她爸打电话时严肃的神色："爸，听说江西医学院要成立口腔系，我向你推荐一位名校毕业的医师。他在我们医院工作了 11 年，口碑很好，医院不肯放人。你看看怎么调动，为省里多增加一个人才。爸，这事你要记得啊！他们医学院分到江西的只他一人耶！"真不愧是领导的女儿，我原以为她会说我是她的好朋友，跟她爸爸撒撒娇，请爸爸帮忙。她居然上升到引进人才的高度，不得不让人佩服。打完电话后，我说："中午一起吃饭吧！""开什么玩笑？办这点事吃饭？你委屈了这么多年，我们要为你庆贺，下次有新作品记得寄给我。"

这句话触发了我的敏感神经，是啊，如果 11 年来一直老老实实在科里上班，也许不会成为"知名人物"，不会让人同情，也不会多一条文学岔道。我问自己：如果从政，我会是腐败分子吗？如果从医，选择与他们一起喝喝茶、看看牙，这辈子会是个好的口腔科医师吗？

从启动调离到办成前后共计 10 余天，那是不需要"烟酒"（研究）的时代。妻子为我买好了中午的飞机票，部队医院政委对我说："你安定好后，来赣州接她。"告别的那天，市医院新上任的蔡院长真诚地说了一句希望我能留下来的话："对不起，这些年来委屈你了。如果你愿意留下来，一切可以从头开始。"在医院大门口，我们握手分别。

11 年前我走进赣州市医院的大门与如今我走出大门的心情是怎样的呢？彼时与此时我都对未来充满了期待。失望时，我们该怎么办？人生处处是课堂，朋友个个是老师。赣南的经历加固与完善了我行医的整体理念和仁心仁术的思想基础。进入医学院后，我常跟学生说，对那些穿着一双破解放鞋、被农药染黄了的大脚趾露在外面的农民要怀有同情心。

（2）

江西医学院人事处对我的到来有点意外。江西的口腔医师主要是来自上海第二医学院、成都华西医学院，少有北京医学院的，我是唯一一个来自武汉医学院的医师。这三所学校都有校友在一附院、二附院工作，筹备组通过他们向基层的校友发出了联系信件。全省可以来的也就只有两个上海第二医学院和两个华西医院的医师，没有北京与武汉分来的医师。我当时处在相对闭锁的环境之中，不在他们计划之列。他们原工作单位所在地都不同意放人，我成了第一个来报到的医师，这也是医学院人事处对我的到来感到意外的原因。来者他们都欢迎，因为在江西工作的本科口腔医师太少了。

人事处告诉我，我是医学院口腔系的编制，由医学院分住房，工作在附属医院。由于我刚来，只能享受青年教师与青年医师的待遇，通过考核才能升为助教与住院医师，再通过考试升主治医师。往后，就看个人的水平与能力了。这正是我想走的路，不管给我降低多少级，我都坚信自己一定会追上。我选择了一附院。一附院原是解放军 173 医院，听说，我姑姑的同学就在这儿。妻子当兵时是在解放军 175 医院，工作在解放军 171 医院。从这天开始，我就决定要在一附院工作一辈子。

一附院口腔科在门诊部三楼，有口内科、口外科和修复科三个二级分科，正畸被划在修复科。每科一间治疗室，各有四张椅位，口腔科门诊负责人在口腔内科。我去科室报到时，只有两位上海二医毕业的女医师在埋头给病人治牙病。我自荐道："老师，你们好！我是新来的。"没有人抬头。我又叫了一声老师，她们才说："对不起，你下午来找常主任，我们在工作，不能与你交谈。"

下午我见到了门诊部书记兼口腔科主任常教授，她一口东北口音，问我选择哪科，我选择颌面外科。她说修复科缺人，建议我学修复，如果我愿意，立马送我外出进修，可是我不愿意。读书时，我修复课程勉强够分数线。修复俗称镶牙，我总感觉像工匠。那些年颌面外科炙手可热，愿学愿干的青年医师很多。资本风险增大的今天，口腔系毕业生大都选择种植、正畸、修复，其次是牙体牙髓。今天，颌面外科掉进了冰窟窿里，我愿意继续在"冰窟窿"里游泳。

我上半年在门诊，下半年在住院部。颌面外科有华姓与张姓两位老师，他们在住院部与门诊轮转，一人半年。门诊的日常医务工作大都是由进修生接诊处理，两位老师"放手不放眼"给进修生做指导。他们主要是在门诊手术室完成门诊病人预约的手术，如舌下、颌下、面部小肿瘤的手术均在局部麻醉下进行。

牙槽外科是中国百姓心中的口腔科，是颌面外科的三级分科，主要研究口腔硬组织和软组织，包括牙、牙槽骨、口腔软组织以及相关疾病防治。根据世界卫生组织（WHO）的标准，牙槽外科的治疗领域包括拔牙、外伤、感染、修复前外科、口腔小肿物等各个方面，是口腔颌面外科最常见、最基本、应用最广的临床专业学科。

　　口腔科每天 8 点准时开诊。这里没有护士，助手就由进修生担任，每天都有拔不完的烂牙与"火牙"。肿瘤、关节病、黏膜病大都是从肿瘤科、耳鼻喉科、皮肤科执原号转来我科。我科不推病人，也不抢病人。我初来乍到，医院就让我负责门诊口腔外科的医疗工作，我深知省级医院与市级医院的管理制度与医师所担责任的区别，深感常主任襟怀的坦荡，没有计较我拒绝她对我的安排。

　　今天的患者与口腔医师难以相信的事是，那时需要补牙的病人太多，要半夜三更在挂号窗前排队，可见当时挂号的艰难，尤其是在寒暑假，夏天炎热，冬天寒冷，排队挂号就更加艰辛。但是病人依然会坚持排队，最早的是凌晨三点，口腔科医师太少了，能取得一个号，那就能确保自己的牙齿不痛了。医师十分理解病人的艰难与痛苦，尽管每天每个医师有 6 个号，但是如果根管治疗少，她们也会主动加号。我想说明的是，加不加号与她们收入无关，那时没有绩效，没有奖金，收入只有一份工资。忙时，她们没有时间上卫生间，没有时间喝一口水，几乎是"机器人"。她们同情理解病人，病人花费了很多时间与精力排队才坐在她们的治疗椅上，面对补不完的"虫牙"，她们没有怨言，而是用耐心与细心为这些患者接诊。她们毕业之后，十几年如一日地埋头为人治牙。从青春美女到两鬓斑白的半老之人，无一例病人投诉。是因为制度？是医德？还是患者的配合？真值得我们思考。

　　夏天，治疗室没有电扇，没有空调，靠从防空洞里抽出的冷空气降点温，已够惬意了。住院部手术室没有午餐，医师值班室、医师办公室与主任办公室是一间房，我戏称为"三室一床"。冬天很冷，得自己生火盆。我们在门诊各科轮班时依然每周要在住院部当班，虽然很累很苦，但是没有怨言，不会偷懒，不会对患者失去笑脸，在治疗上始终强调"三基三严"。"三基"是基础知识、基本理论、基本操作；"三严"是严格、严谨、严肃。现在的年轻医师，有多少人知道什么叫"三基三严"？

（3）

农民来一附院看病很困难，尤其是山区农民。有一天临近中午，一位农民手拿一张纸条来找我，是一位进修生写的，这位农民，舌缘中部有一个紫色肿块，老出血。患者认为是牙出血，不愿治疗，进修生诊断是血管瘤，希望我能为患者手术切除。这个农民与其他农民看病时的提问完全一样："医师，这瘤子会死人吗？"我回答不会。他要打道回府："不死我治什么？"我说："出血很危险。""牙齿出血有什么危险？要我白花钱。"他还是想打道回府，我给他做了解释，最终他同意做手术。但他只带了50块钱，我帮他计划着用，麻药、器材消耗、手术费只象征性收了点，还给他留好了回家的路费。做完手术，已经很晚了，没有回家的车票了，他喝着白开水，吃了两个馒头，在候诊室里躺了一夜，第二天才返回。

又一天，上午十一点半钟接到一位要求拔阻生牙的患者，给他拍了一张牙片，是水平阻生牙。我建议他下午来，他回答不行。他顿了顿，轻轻地说："我是犯人，必须午饭前赶回去。拔这牙有点难度，能即刻拔除吗？"为了照顾他，我决定拔。或是技术不过关，或是心态不好，牙根断了。时间已经过了中午，他问我还需要多少时间。我说："难说，可能要30分钟，可能还要多点。"他要求我给监狱管理员打个电话，告知是出于医疗的需要。我问他："肚子饿了吗？"他说有点饿。我建议他先吃碗面再拔。电话打了，面吃了，他重新坐在治疗椅上，牙齿顺利拔除了，他可以回监狱了。他十分感谢我，说："这颗牙痛得让我三天没睡个安稳觉，没有吃一餐饱饭。人人都说拔牙痛，今天你拔得一点都不痛。"我不知他犯了什么罪进监狱，既然能放他出来治病，总不会是杀人犯或政治犯。我说："不用谢。我帮你检查了一下口腔，好好注意口腔卫生，以后会少得牙病。"我们握了握手，他满意地走了。

正是我要下班的时候，我正在洗手，一位穿着外院工作服的年轻医师带着一位患者来找我。他自报家门："我姓周，周医师。"他认识我，直接向我说明缘由："他（病人）牙根断了，请你帮助他拔出来。"他是兄弟医院的医师。病人笑着说："给你添麻烦了。"我也客气地回答："让你受苦了。"那时没有全景片，更没有 CBCT（口腔颌面锥形束 CT）。我给他看了伤口，让他拍了一张牙片，看看断根的深度与个数。牙片足可以协助我判断，分根，近远中根分开，我将其逐个取出。那时病人的治疗费用没有与科室总收入及个人收入挂钩。拔完后，我们三人感到很轻松。那时的制度与多数医师心怀仁心仁术相吻合，都记得"患者至上"这四个字，患者与医师之间和谐如水，交融无缝。

我的诊断能力与手术技巧也在提高。一位作协领导发现颌下有肿块，在外院诊断是颌下腺瘤，需要做手术。我摸了一下，不是瘤，是淋巴结反应增生。一位老师的女儿，暑假回家，请我看看颊部的一个小肿块，当地医院诊断是血管瘤，我同样否定了。尽管肿块周边有点紫，但穿刺无血，这是我否定他们当地医院诊断的理由。经细胞学检查后，报告显示是腺瘤，定期复查即可。

在华主任与张主任的指导下,我开始独立做颈清扫术。取得患者的信任不是靠广告与自夸,靠的是责任、手术质量与患者的口碑,口碑就是信任的口口相传。我的口碑好起来后,找我的病人日渐增多。

真正考验口腔颌面外科医师的是抢救复杂危重的外伤病人,那时才会懂什么叫"德高术精",什么叫"时间就是生命"。

当年医院没有设急诊科,只设了急诊门诊,由各科医师轮流当班。华主任已经调离,张主任年近花甲。我当科主任后,建议不给口内女医师安排夜班。只要常主任不叫我跑省政府,急诊二线班就由我一人值守。我想多学点知识,妻子非常支持我的决定,从不计较。何况,我调进医学院是想圆在武汉东湖母校读书时的梦:戴顶教授的"帽子"。我心中的教授都是闪光的,那时,这顶"帽子"还没贬值。

只要有大急诊,不管夜多深,总值班室都会迅速组织会诊。有次零点,外面抬来一位农民,几乎全院的外科医师都到了手术室。这位农民挖井时违反了操作规定,他最后一个上井,上井前他把铲子插在了井底中间(按规定是靠着井壁放置)。结果,人在快出井时,绳子断了,他垂直落下,铲子的柄从肛门插入,经盆腔、腹腔,穿过胸腔,直抵下颌骨,头倒在井壁上。肛门处的铁铲影响护送,来医院前已经请木工锯掉了。患者一到医院直接被送进了手术室。专家们对他的伤情进行了评估,一起商量着最佳治疗方案,是分段取出,还是完整取出?先打开腹腔,还是盆腔?最后专家们一致同意先从腹腔进入。幸好,铲柄没有伤及肝、脾,长柄斜斜地插进右肺,大家决定分段取出。但问题是,锯木柄时粉末状的碎屑会污染体内脏器,甚至进入血管,导致感染。步步深入吧!打开盆腔、胸腔。各科各自做自己负责范围内的手术,我开始清洗口腔,结扎固定下颌骨,病人被安全送回病房。

平时爆炸伤不多见，口腔颌面部爆炸伤更罕见。行医多年，我总共收治了 5 例，都是青年男性，最小的 17 岁，最大的 30 岁。17 岁的孩子不懂事，用嘴咬雷管致其爆炸，经抢救，活下来了。有一位打猎者，瞄准猎物时猎枪管炸裂，伤及一侧颌面。还有两个工人在井下作业时被炸伤。猎人和工人经抢救都活下来了，但留下了后遗症与不同程度的组织缺损，要做二期修复。最后一位是偷运炸药者，运输途中炸药爆炸，致眼球穿通伤、颅底骨折、前臂骨折、肠穿孔，最后死于中毒性休克。有的口腔科急诊病例真的不常见。

一个农村的孩子，吃饭时筷子从颚部穿到颅底，最多有三双；还有瓦片、铁器、玻璃嵌入颌面部的。如果说，在赣州我感受了农民患病后治疗的艰苦，在省里我感受了来就医时，农民疾病的严重。在提高抢救与治疗水平的同时，无疑也提高了我对农民生活艰苦的认识，对他们给予了更多同情与关爱。

因为罕见，随访一年后，我写了两篇学术短文：《口腔颌面部爆炸伤及其处理》《23 例颌面部异物摘除体会》，都发表在 80 年代的院刊上。在教学医院，要医、教、研同步进行。我查阅了文献，申报了几个课题，写了多本专业书。两次获得了省科研技术进步奖。带了研究生后，医教研工作进入了常态。

（4）

入职医学院一年后我知道了编制的重要性。编制涉及两个生计问题：收入与住房。医院编制员工的收入远远高于医学院员工的收入，住房分配更是略胜一筹。第一年我暂住在医学院北院的研究生集体宿舍里。研究生睡上铺，我睡下铺。第二年，妻子调来，学院安排我们一家人住进北院的一间旧教室里。教学楼有两层，其西侧与常主任所在的楼仅有一路之隔，这样的距离无形给她提供了叫我做事的方便。到了 1982 年，口腔系连办公室都没有，口腔系图章在她手提包里。她还时常要在一附院上班。闲暇时间我随她四处奔走汇报请示，跑省政府，为申请口腔系编写、传递文件。

这段时间里，又发生了医学院希望我转行做行政的事，常主任已调离一附院，被任命为口腔系筹备组负责人。她推荐我代表口腔系进医学院房管委员会。医学院领导要我兼任常务副组长，给我的权利是医学院党委讨论分房问题时会邀请我列席，有发言权，但没有表决权。医学院住房紧，知识分子住房问题成为让领导最头疼的问题。会议上，我提出了几条建议，其中一条是对全院可供住房做一次摸底调查。我做了一个表，请他们按表的内容逐一进行调查。这可是要主管人"脱裤子"的事。领导要我主持调查工作，我没同意。下午领导找我谈话，希望我改行从事行政工作，给我承诺的职务是总务处副职，妻子反对我去做行政工作，我便回绝了。干事，何必要安一个职务呢？多少年后，我才发现，这些行政领导的专业技术职称几乎是随后跟进，即使专业技术不行，专业头衔帽子照戴。

在住房调查中，我发现院外有很多住房。几十年后，我写一附医院院史时才清楚，这是当年中正医学院王子玕院长为引进人才买的住房（包括黎鳌一家的）。医学院的这栋办公楼是 1937 年秋天破土动工的，叫"中正楼"，楼后北面有湖，有桥。工作条件好，生活条件自然也不能差，王子玕院长在当年老省政府二纬路与墩子塘交叉处给知名教授买了专用住房。院领导换过好几轮，所以领导们不知道有这些房。我也"腐败"了一回，搬到二纬路上一栋有小院子的住房里。这年，妻子40 岁。

小院子原供一家或两家人用，现在安排了 13 家。一家两小间，总面积为 24~26 平方米，有单独的厨房与公用卫生间，比武汉七医院的一间宿舍要强一点点。姑姑与爸爸在这个低矮窄的小厨房里度过了晚年，孩子们在这里度过了小学、中学、大学时光，直到参加工作；我与妻子年轻时的浪漫也留在了这里。尽管这里听不到歌声，难闻笑语，我们还是把"笑意写在脸上，哼一曲乡居小唱，任思绪在晚风中飞扬，多少落寞惆怅，都随晚风飘散，遗忘在乡间的小路上"。我们迈过了"活着"的门槛，向着"活好"的路走去。

那段时光，最难熬的是《渴望》播出的日子。我与爸爸当年一样"三无"：无电视、无收音机、无电话。每当"悠悠岁月，欲说当年好困惑"的歌声响起，几乎院子里的所有人都无心吃饭，孩子无心看书。大人该怎么做？是读书？还是看电视？我们也曾想："亦真亦幻难取舍，悲欢离合都曾经有过。这样执着究竟为什么？"有时也就陪着孩子，站在或坐在邻居的门口，看着一台小小的黑白电视机，一直看到电视剧结束。我也在想：我们"心中渴望真诚的生活"究竟是什么？

高兴的是在医学院的第一场考试之后，我脱了"青年教师"的帽子，又一场考试之后我升了主治医师。在成都进修那年，一位行政领导特地打电话告诉我，医院给我加了一级工资。四年后我被评为省卫生界学白求恩学雷锋先进工作者，奖励加一级工资，到 60.5 元。我的工资总算跟上了时代步伐。十余年后，我回首往事，发现这院子还真是块福地：江西医学院魏院长及其两个附属医院的一把手岳院长（女）与王院长，共三人，我们都同住在这院子里。

说一句题外话。一附院口腔科虽然小，但也是块福地，这里走出了七位副院长。口腔医院的首任与两位继任院长与一位省医院的副院长均来自一附院。我任科主任后，一附院、中医药大学附属医院各一位任副院长。最近被任命为口腔医院副院长的是我科调过去的青年医师。

我尽管放弃了行政岗位，但行政工作没少做。由口腔医院书记廖岚、院长朱洪水任主编的《江西医学院附属口腔医院院史》里提到了我："1981年春由赣州市医院调入江西医学院参加筹备江西医学院口腔系。""1985年春节在成都华西口腔医院进修颌面外科后回南昌参加筹建江西医学院附属口腔医院。"这是关于我创建江西"两口"的真实记录。

1982年春，我就开始跟常主任一起跑省政府。常主任与我妈年纪一样大，她是南下的老革命，不会骑自行车，每次去省政府她都是步行，没有体力天天跑。她对我说："小蒋，你去吧。"后来就是我独自跑。应诺成立口腔系还只是教育厅与医学院的文件，省政府办公室与机构编制办公室都没有发文，系院还只是一个"空架子"。我的工作一是找省政府办公室与编制办公室发文，明确认可多少人的编制、在什么地方建医院等问题；二是到财政厅要钱。年轻人不知道，当时处在时代转折点上，省级单位买一台电扇都要找省政府批文。常主任反感这样求人办事，她的想法是："我这是为江西老百姓建系办院，凭什么要对你们点头哈腰？"这位组长手下只有我这个兵，其他几位还没有调来。建系办院还要起草报告，有时要立等可取。这又要吹个牛，起草报告这事儿，可能非我莫属。记忆最深刻的一个场景是，夏天，正值高温，报告交了快一个月了，常主任叫我去省政府问问。两点不到，我就骑上自行车，直奔省政府大院省机构编制办公室，跑上三楼，找到接收报告的那位男同志。他穿了一条短内裤，上身着旧背心，面朝大门背对窗，两腿叉开高跷着横在正对门口的办公桌上，手上握着一把扇子，摇晃着。那天是热，没有电风扇，但那姿态也太不雅观了，让女性不敢路过。我估计这边可能没有女性进出，但面对我们来办事的人也不文明哪！我不敢说看见了什么，只能说不忍直视。

我开口道："请问，我们送来的文件批了吗？"

"什么文件？"他有点不耐烦。

"成立医学院附属口腔医院的。"我说。

"你再写一份送来。"

"文件在你桌上。"

"早不见了。快去吧，你下班前送来。"

冒着火辣辣的太阳，我又骑车回到医学院，在常主任家中起草了报告，盖上章，骑车返回省政府，赶在下班前送到。

这期间，不愿求人的常主任做了几件不用求人的事：

第一件事：又送人又招人。1982 年夏，她选送了 12 名 79 级医疗系学生去上海九院口腔系学习 3 年，招收了 20 名新生，这是医学院口腔系第一批本科生。1985 年夏，又送了 4 名 82 级医疗系学生去成都华西口腔系学习 3 年。这三批学生分别于 1985 年、1987 年、1988 年夏天走上工作岗位，承担江西医学院口腔系的医学教研任务。

第二件事：创办江西省口腔医学最早的实习基地。87 届口腔系学生基础课与医疗系同步，口腔临床大课老师都是由一附院和二附院的医师来讲授。1986 年夏，口腔系第一届本科生要上临床课并开始实习了，但不能全在一附院和二附院实习。常主任便向医学院领导汇报，落实地址，落实房子。我是医学院房管委员会负责人之一，熟悉医学院的房子。我告诉她，南院门口有一处三层的旧宿舍（即现在的眼科医院）可以腾空，这儿就是最早的口腔医院。一楼面积不大，共 8 间房，在此开设了门诊部，设口腔内科、外科、手术室，修复科与正畸科共用一间房。将辅助科室一隔为二，设有检验室、放射室、药房、供应室，留有一间会议室与办公室。医护行政编制暂定 20 余人，其规模相当于现在的民营口腔门诊，设备、设置则远不如现在的南昌泰康拜博口腔医院、九江中山口腔医院和赣州卫华口腔医院。刚从上海二医口腔系毕业回南昌的 11 名年轻的医师在这里行医，有 1 名女同学未回，当年出国了。这 11 名年轻的医师是江西口腔界老一辈的寄托与希望，他们见证了创业的艰苦，前辈都期待他们成为江西省口腔界的精英骨干。87 届、88 届、89 届、90 届口腔系学生在口腔门诊部按科轮转实习了半年，颌面外科的学生都在一附院和二附院的口腔科实习。去华西学习的 4 名 82 级学生在 1988 年夏天也回到了这个小小的门诊部。

1985 年 9 月，系里送我去华西口腔医院颌面外科进修半年。随我同乘绿皮火车去成都继续读口腔系的有廖、张、熊、陈 4 名学生，他们表示愿意与我一起奋斗到底。我笑了："能共事三五年就不错了。"现实是我们只共事了三年。

1986 年 4 月 10 日，省里下达了由卫生厅转去的批准成立江西医学院附属口腔医院的文件。进入 80 岁的当下，我在整理旧物的时候，找到了留在我这里的复印件。1986 年 8 月 5 日，省机构编制委员会下文，暂定编制 300 人，1987 年前进人控制在 150 人以内。编制下来后，大家都是口腔医院编制。令人感慨的是，当时口腔系编制只有我一人。医院的编制福利有差异，口腔系的编制福利相对没有那么好，好在一附院厚待我，给我补齐了工资差额，并按医院编制给我分了房。

时间到了 1987 年的夏天，江西医学院口腔系第一届学生毕业了。毕业的只有 19 人，留校的 9 人：口腔医院 5 人、一附院和二附院各两人。江西医院及南昌市级医院平均不到 1 人。88 届留下了 11 人：口腔医院 7 人，一附院、二附院各两人。江西口腔队伍壮大就是从这两届口腔系毕业生走向全省各地开始。这样的结果，口腔界人士当然高兴。但事与愿违，正当老一辈高兴时，从上海回来的11人，只留下两位医师，从成都回来的87届的4名医师全部南下不归了。本省培养的被分到市县医院的口腔医师，随时间的流逝越来越少。比我晚来的4位老师，走了两位，留下的两位的专业是口腔内科。如何留住人才是江西一个重大的课题。我参与了创办口腔系的全过程，酸甜苦辣、喜愁哀乐全留在腹中给自己消化品味。

（5）

1986年，阳春四月的一天，在南昌市的八一大道的一侧，江西医学院南院大门口的一栋旧房门前，江西省第一块"口腔医院"的牌子挂了出来。那天，省教育厅、省卫生厅、江西医学院的领导都来参加了挂牌仪式。口腔系唯一的资产是一部照相机，大家在门口留下了一张有意义的照片。遗憾的是，照片上没有常主任与我。这年，常主任已正式退休，照相机在我手中，我是摄影者。38年后再看这张照片，只剩一声叹息，照片上的人所剩无几。

1982年由西藏拉萨调入江西医学院二附院的朱医师任口腔系副主任，常主任退休后，她接任系主任，不久任江西医学院副院长，专职从事行政工作。一附院的华主任已61岁，在这儿工作一阵子过渡，我暂时留在这里继续协助口腔系的创建工作。还有两位专职行政干部。

82级学生马上进入实习阶段了，口腔系成立了三个临床教研组。基层调来的那位是口内医师，负责口腔内科教研组的工作。老师有从上海回来的79级的3人，修复教研组有79级的4人。常主任退休后，跑省政府的领导是朱副院长。颌面外科按理是华主任负责，我没有任何职务，可以不管行政上的工作。我留下的目的是协助创建口腔系，自然要挑点担子。外科有 4 个年轻医师：小廖、小杨、小黄、小周。小廖想报考本省研究生；小杨准备考去北京；小黄要考去广州；小周原在二附院，自己要求到门诊部与我一起工作，我热情欢迎。现实是，留下来工作的只有小周医师一人，几年后他也去了深圳。三年后，接任这刚刚成立的口腔医院的医教研工作的主要是我们培养的第一届毕业生。87 届、88 届的王予江、伍军、杨健、杨英，与一附院和二附院的黄辉、孙光、邵益森、钟庐云、程庐堂等，他们是 89 届、90 届的老师。十几年后，他们都成了硕导、博导与医院领导。第一、二批出去学习的 15 个年轻医师与 3 位老师在这个小小的空间里共同度过了创办口腔系的艰辛年月。我是他们与二三十年代出生的专家之间的衔接者。

没有宣传，颌面外科病人来自何处？医疗上不去，临床教学怎么开展？这年，我也做了几件力所能及的事。

第一件事是建好供应室与抢救室。

第二件事是做好"营销"工作。我写了三篇"营销"短稿：《情倾病人，心育桃李——口腔门诊部巡礼》《上口腔医院如何挂号？》《口腔医院可以看哪些病？》分别发表在《家庭医师报》《江西卫生报》《江西医学院报》。做了几期有关口腔疾病的介绍：口腔癌、颌面其他肿瘤、颌面外伤、颞颌关节病等的照片与文字。这些资料让患者难以把恶性肿瘤与街头巷尾的口腔牙科诊所系在一起。

宣传效果是有的。有一天，来了一位患口底溃疡的工人，在厂卫生所诊断为淋巴结炎，医师给肌肉注射了消炎针，后静脉给药。一周后病症未见好转，转服清火药。服药一周后颌下淋巴结继续肿大，遂来就诊。经我院视诊，溃疡呈菜花状；触诊，肿块质地坚硬，颌下淋巴结肿大，不活动，坚硬。最终诊断为口底癌，由实习生转送到一附院治疗。

一位奶奶牵着一个 10 岁左右的孩子来拔牙。奶奶说孩子患有癫痫，很多医院担心有风险，不愿拔。我进行了仔细的检查，孩子牙齿已经 2 度松动，拔牙没问题。估计之前的医院都是担心拔牙会诱发癫痫。首先口腔医师要对癫痫病有所了解并能对发作时可能发生的并发症做出相应处理，即预防患儿紧咬牙，导致咬伤唇舌软组织，或出血导致窒息。

我牵着孩子说："叔叔为你照一张相好吗？看看你牙齿痛不痛。"孩子智商很高，我与孩子说了句笑话："我可以把你嘴巴里的牙齿变到我手里，你相信吗？"他摇摇头。我要他张开嘴，左手用反光的口镜，不让他看到让他紧张的拔牙钳，给他涂抹上局部麻药，一秒钟就把牙齿拔除了。我让学生隐蔽地把拔牙钳拿走，开玩笑地对孩子说："你数一二三。"他刚动嘴，我就把手心里的牙齿展现在他眼前。他笑了："叔叔，你好会变魔术。"观察半小时后，孩子无异常，平安离开医院。

我对学生们讲，癫痫俗称"羊角风"或"羊癫风"，是一种短暂的大脑功能障碍慢性疾病，每次发作持续时间一般小于 5 分钟，常伴有舌咬伤、尿失禁等，易致窒息。牙痛、拔牙均可诱发癫痫，拔牙时要准备好开口器、氧气、吸引器。我带过的 82 级、83 级同学不知有几位还记得这个病例。

第三件事是 86 级同学入校时，学校为他们进校开了一个短小的欢迎会。由此，我比较全面地认识了 86 级的同学。小姑娘宋莉穿了一套新的色彩艳红的套装裙，我开玩笑地说："这套衣服你穿上像高中生。"她说，这是妈妈庆贺她考取了大学送她的礼物。这年她 17 岁。这年系里开新年晚会，我请她做主持人。10 年后她考取了我的研究生，接着又考取了武汉大学博士生，我们从师生变成了校友。

第四件事是举办了一场晚会，也是口腔系成立以来第一次办晚会。1987年要到来了，再过几个月87届的同学就要毕业了，他们是第一届口腔系毕业生。我建议系里举办晚会，既是对新年的欢迎又是对毕业生的送往。系里行政领导说："没有钱。"我有点生气，大声地说："需要多少钱？我找人赞助。"实际上只要烟茶的钱，茶叶我可以自带。我知道，系里账上还有200余元，买几包烟就可以了。我去医学院落实晚会地点，请了常主任与一附院和二附院的全体老师。主持人是83级的赵豫、86级的宋莉；83级与86级学生为主要参与者，83级兼负责晚会的准备与演出的杂务工作。节目全部由我组织编排，我由此认识了83级的大部分同学。晚会是成功的。我建议，晚会要年年都办。

第五件事是以口腔医学会的名义办了一本口腔专业的杂志，名《江西口腔通讯》，只出了两期。南昌电厂卫生所所长邓新洲是口腔科医师，写了一篇关于口腔医学专业的文稿，先登在我们的《江西口腔通讯》上，不久又在《中华口腔医学杂志》刊登了。可惜，我回一附院后，办杂志的事就画了句号。

第六件事是举办了一场全国性的学术会，主题是颞下颌关节病（TMD）与口内疾病诊断治疗。我请朱副院长邀请了她的同学——华西医院的易新竹老师。她是颞颌关节病专家，是我国口腔殆学开创者。她讲殆学；我讲颞颌关节病诊断与外科治疗。那时这种病还少为口腔医师所知，教科书中讲述得也不多，论文也少，办一个学习班很有必要。全国第一次颞下颌关节紊乱综合征座谈会是1983年在南宁召开的，由中华医学会口腔科学分会主任委员、著名口腔医学专家朱希涛教授（已故）主持。1986年我们也大胆地举办了一次，几年后，我申报了中西结合课题"颞下颌关节病的穴位药物注射治疗"。从1989

年起先后发表了数篇这方面的论文:《颞颌关节紊乱综合征 211 病报告》、《颞颌关节紊乱综合征病因与治疗关系研究》（1996 年）、《复方丹参穴位注射治疗肌筋膜疼痛功能紊乱综合症》（2000 年）、《四种方法治疗功能型颞颌关节紊乱综合症疗效比较研究》（2001 年）。我与我的学生们一起翻译了《颞下颌紊乱病手册》，2010 年由世界图书出版公司出版，我请易新竹教授为该书写了序。

我们还与九江口腔医学分会在庐山共同举办了全国口腔颌面部创伤学习班。这一次国内口腔颌面外科知名专家都来了：华西医院的王翰章、王大章、李声伟等教授，上海的邱蔚六教授（后被选为中国工程院院士），母校的东耀峻教授等。用别人的照相机，与名家合影留念。邱蔚六教授为人低调、谦虚坦诚。我是晚辈，他是我导师辈的专家，诚心实意与我为友，给了我联系电话。之后，我写了多本医学专著，都离不开他的大力支持。

不做事就不可能认识这些名家并与他们交往，不做好事、不把事做好就不会有人信任。由此，我慢慢地形成了做人做事的准则：勤做事、会做事、做好事、不惹事。

1987 年 8 月底，江西第一届口腔系学生毕业了，一切都很平静。1988 年、1989 年，第二届、第三届学生毕业，刚毕业，他们就是下一级学生的带教老师。30 余年后的今天，他们渐渐步入了退休年龄。被送往上海、成都的学生与自己医院培养的年轻医师应该是同时代的精英，由于各自志向不一样，结果也不一样。他们分别在北京、上海、广州、深圳、珠海、东莞工作，尽展风采。79 级的杨杰考取了北京医学院口腔系研究生后，又出国留学深造，毕业后先任美国口腔颌面外科放射医学会主席，后升任北美主席，最后任世界口腔颌面外科放射医学会主席，是江西医学院口腔系走出去的佼佼者之一。79 级的廖健兴是上海复旦附属医院口腔科教授。去成都的廖贵清考取华西医大口腔系读完硕博之后，去了南方，现任中山大学附属口腔医院颌面外科主任，参加过教育部本科教材《口腔颌面外科学》的编写工作。张江恒任教于北京协和医院口腔科。83级的杨健与82级的王予江现任南昌大学附属口腔医院的正、副院长。88级的廖岚现任南昌大学一附院党委书记。她的丈夫王军也曾是我的学生，现在是口腔颌面外科专家，任二附院口腔科副主任。

在一附院实习的84级黄晓斌、陈林林和85级的李志华，我多次找过他们，希望他们留在一附院。他们"一点面子也不给"，要去建设口腔医院。后来他们成了口腔医院的领导、科主任。82级、83级、84级的留校医师也是江西口腔医疗界的创业者与基本团队，没有他们的接班，江西口腔事业就难以得到良好的传承。

医学会应该是学术之花开放的沃土，是学者展现风姿的舞台，是为了仁心仁术的拓展与传承的台阶。那些年，医学会基本没有举行任何学术活动，我自动远离了学会，决定不担任学会的任何行政职务。

第四章

牙科溯源千年史
医海牙舟一路新

　　每个口腔医师都应该知道世界口腔历史行进的脉络，每个医师的医路都是人类医学发展史的重要组成部分。中国的牙病与中国的牙科发展及牙医的成长密切相关。江西医学院口腔系的成立一样与牙科发展史密切相关。口腔系的教师在课堂上，不能忘记讲述这段历史。

　　中国牙医不会想到，"虫牙"的危害会被推到人类三大疾病的第三位。世界卫生组织（WHO）把龋病排在肿瘤、心血管病之后，列为第三大疾病。中国人对此的知晓率约为10%，于牙医，这是羞耻之事。每个人都或多或少地有牙病，中国人却对牙病知之甚少。

　　医疗是一级学科，内、外、妇、儿是二级学科。外科再分神经、耳鼻喉、胸外、普外、泌尿、骨科、烧伤等；内科再分神经、心血管、呼吸、消化、肾内、内分泌。

　　口腔专业已升为一级学科。二级临床学科有口腔内科、外科、正畸、修复、种植修复等。口内再分牙体牙髓、牙周、口腔黏膜；口外分口腔肿瘤、创伤，颞颌关节病，牙槽外科。有多少人知道口腔专业已是一级学科？诚如不知 WHO 把龋齿列为世界人类三大疾病之一一样。

（1）

我想利用创建口腔系的便利，调查江西口腔发展概况，制定江西口腔发展实施计划、学生与青年教师培养计划，还想写本新教材。30年后，我旧梦再萌。2022年，我通过微信向江西同仁发了一份调查表，请同行协助编写江西口腔发展概况，并附有模板。我对收回来的资料进行了归纳整理，准备出书。但是遇到了两个问题，一是审批较难，二是经费未筹足，便没有继续推动。这次将部分材料融入本章中。完成《江西口腔事业发展史》一书的心未死，我请叶平跟我一起整理。如果经费足够，审批无碍，再重新启动出版计划。

南昌市最早的正规的治疗牙病的牙医在江西省人民医院。江西省人民医院创建于1897年，前身是美国卫理公会创办的教会医院，于1909年开设牙科，医师是美国人。1924年后南昌有了专门的中国现代牙医。

真正由中国人自办的正规牙科是在中正附属医院。1937年江西南昌创办了中正医学院，1939年创办了中正附属医院，那时就设有牙科。中正附属医院一直在西迁东归的奔波途中。1946年江西省立专科学校附属医院建立了口腔科，即现在的南昌大学第二附属医院，这应该是江西省公立医院最早的规范性的牙科之一。此外，在南昌，由法国人创办的三医院也有牙科；九江、赣州、吉安的教会医院都有来自日本或在日本留学过的牙医。

1949年5月22日，中国人民解放军二野四兵团第十三军第三十七师接管了南昌。6月，军管会接管了江西中正医学院及其附属医院，于8月1日转交四野。四野医师接管牙科，并改建为口腔科，负责人是常主任。她曾就读于哈尔滨齿科大学，后留学日本东京齿科大学。1948 年，她随军南下，四野将医院更名为华中军区医学院附属医院，她兼任附属医院口腔科主任。继而有南下的留学日本牙科医师进入了赣州地区人民医院，她们均出生在 20 世纪 20 年代前后，常主任是她们当中最大的，刚刚 30 岁。

20 世纪 50 年代初期，南京牙学院毕业的华医师早年在省人民医院，中期调入一附院。华西口腔系毕业的宋医师、刘医师夫妇是 53 届，张医师与李医师是 54 届，前者被分在二附院，后者在南昌市第一医院。吴医师是 55 届，被分在省人民医院，贺医师被分去了景德镇。1956 年，四军医大口腔系毕业的陈医师（56 届）进一附院，1958 年下放到赣州。严医师、谢医师夫妇（56 届）被分在庐山人民医院与株洲市医院，于 20 世纪 70 年代调入南昌市第一医院，80 年代中期调入一附院。上海二院口腔系的徐医师（60 届）、徐医师（56 届）被分在一附院。高医师（59 届）在省人民医院。他们均生于 30 年代。60 年代来赣的医师均出生在 40 年代。

20 世纪 60 年代初期与中期，北医的黄医师、华西的苏医师被分在江西省医院；上医的方医师先是在一附院，于 1968 年下放，后到省医院；上海第二军医大学的任医师被分配到宜春；上海第二医学院口腔系的何医师被分配至南昌市第三医院；朱医师被分在吉安市人民医院；金医师被分在大余县医院；李医师被分在宁都县医院，1985 年后调到赣南医专任主任。景德镇市与赣州市分来上海二医口腔系毕业的本科生各一名；黎医师在吉安人民医院任主任医师。崇仁县有一名。有的医师是白手起家，在当地创办了口腔科。60 年代末，华西毕业的两位周医师分别在永修与吉安，于 80 年代中期调入口腔系。江西口腔医师专业队伍的建立从 50 年代起步，到 60 年代画了一个逗号。

20 世纪 60 年代末，全国高校停止招生。江西送出了一批工农子弟到上海各大学读书，后来称为"工农兵学员"，其中有几位学口腔专业。他们成了当时江西的口腔骨干。其中，让那个时代的同行难忘的是一位叫焦怀远的青年人。

焦怀远曾是一附院手术室的护理员，凭自己的好学、勤奋被推荐去了上海二医就读口腔系专业，回南昌后，凭自己的努力考入了华西医学院攻读硕士和博士学位，读完后留学美国。他是早年江西口腔界名不虚传的先进人物，不管在哪里、在什么岗位上，他总是以他人为先、奉献自己。举一个小例子，他在从江西去成都求学的路上，坐火车、转火车，每次买的都是坐票，遇见老弱病残还会让座，在绿皮火车上总是为乘客送水，帮服务员打扫车厢卫生。春夏秋冬，来来去去，总是这样。他到了美国后也像这样在社区做志愿者。他不幸死于心梗。后来者不知道他，为了寄托江西口腔界老朋友的思念与哀悼，我还是写出来。

分来的医师都不是江西本地人，以四川、上海、江浙籍为多。我们应该感谢老一辈的专家们，在江西结婚生子，他们把一生都献给了江西的口腔事业。留下来的他们的后代都成了外籍江西人。

10 年后大学复招，第一批来报到的 77 级学生是从上海二医毕业的朱医师与徐医师。前者后来任江西省口腔医院院长，后者于 80 年代末出国深造未归。往后这 5 家医学院零零落落分来六七人，走了一半。江西第一个口腔硕士研究生点在一附院，批复的时间是 1986 年；第一个研究生是 79 级医疗系廖健兴，他现在任职于同济大学附属口腔医院颌面外科，曾出国留学，导师是张永福。

口腔系专业医师分配来江西的很少，难以满足江西口腔疾病患者的需求。一些医院口腔科的医师大多数由医疗专业改行而来，如赣南医学院附属医院口腔科第一任主任凌家宏是 70 级医疗系，南昌市第一医院口腔科主任邓丽医师是 77 级医疗系。50 年代至 70 年代基层医院的牙科医师几乎都是大专或中专医疗专业毕业生，在一附院、二附院、省人民医院或上海口腔医院进修后加入口腔医疗行列。有的人是出于热爱，也有少数人出于分配的无奈，从事了口腔专业后再度改行。

江西最早对口腔科医师进行分科工作的医院是一附院和二附院，这两家医院少有全科医师。从事口腔颌面外科工作的，一附院较多，有华主任、张主任、严主任与我。二附院有宋、蒋两位主任，年轻医师有唐维平。他们是江西口腔颌面外科的奠基者、开拓者。一附院有 14 张床，可加床到 20 张；二附院有 6 张床位，忙时会加到 10 张；市级医院口腔颌面外科基本无床，一般挂靠在五官科，无专职外科医师；江西省医院以整形为主。这是一附院口腔颌面外科一直领先的客观原因。镶牙大都由修复技师承担。所以，第一批下海的牙医，以口腔技师与大、中专生为主，从事修复的本科老医师很少，仅二附院一位主任。

资本是市场的有力杠杆。现在几乎没有人愿意从事颌面外科专业了。当年一些大厂也设有口腔科，有些口腔科医师还兼任卫生所所长。南昌造纸厂、南昌电厂的卫生所均如此。当进行改革时，他们又是最早走出来创办民营口腔诊所的领头者。1949 年到 1989 年，历经 40 年，从全国 5 所有口腔系的医学院毕业来江西工作的医师，总人数不到 40，平均一年不到 1 个。江西有 99 个县市，平均下来拥有口腔系本科生的县市不到半个。江西人民口腔健康怎么办？于是，有了常主任带领江西口腔专家向省政府建议创办江西自己的口腔系的请求。于是，我直奔她手下工作。

（2）

先让大家了解一组病人的数据。《第二次全国口腔健康流行病学调查统计资料》显示，我国约有 50% 的人口患龋病，平均每人有 2 颗龋齿；5 岁儿童乳牙龋齿占比高达 80%；7 岁以上人口 80% 患有各种口腔疾病；65 岁以上老年人平均缺牙 11 颗；错牙合畸形患病率为 50%，94.8% 的患者没有接受良好治疗。按这种比例计算，中国内地有 25 亿颗龋齿、6 亿颗错牙合畸形牙、10 亿牙周病患者。中华口腔医学会全国第三次口腔流行病学调查结果显示，中国人的龋病、牙周病等口腔疾病患病率高达 97.6%。也就是说，几乎人人都有牙病。

牙齿与其他器官既有相同点，又有不同点。牙齿是人体中最普通、数量最多的保障生命质量的器官。心、肝、脾、肺、肾都只有 1 个，手脚成双，手指有 10 个，唯独牙齿有 28 到 32 颗，因多而受到忽视。而牙齿因数量多，患病率也高。牙病是困扰人类的一种常见、多发的疾病。

再看第二组医学数据。2021 年世界卫生组织制定的《口腔卫生全球战略计划》提出，一个国家口腔医师与人口的比例至少应该达到 1∶5000。实际上，一些发达国家的这一比例为 1∶2000 至 1∶4000。内地口腔医师与人口比约为 1∶30000；香港地区口腔科医师与人口比约为 1∶4000；台湾地区是 1∶3500。现在国家又有新规定，从理论上说，到 2030 年，我国需要口腔科医师约 48 万。

第三组数据是江西有多少牙科医师。除了西藏、新疆外，江西应该是牙科医师最少的省份之一。

当年医院里口腔病人不多的原因是：患者无知与无钱。口腔医疗两头少：口腔医师少，口腔病人少。口腔疾病患者的就诊率明显偏低，还不足十分之一。农村、城市贫民口腔疾病基本不就诊，肿瘤直到晚期才来就医，来了还不相信口腔会有癌，又瞧不起牙医。省里某大学的一位教授有文化，有公费医疗，不愿排队，在路边找牙医拔了牙，后来发生的事情一波三折：先是出血不止，当夜进急诊；二是血压过高，住院；三是因破伤风再次住院。结果是，没省事，没省钱，还险些丧命。

因群众对口腔疾病的不重视，就诊率低，口腔医师短缺矛盾在中、小城市中不明显。我在基层医院工作时，医师每天大多数时候都在闲聊。反之，省医院口腔科人满为患。一附院一个口内医师每天6个号，补牙治疗周期长，一般四周才能完成，一周就累计36个号，口外与修复不限号。口腔内科治疗龋齿（补牙）要夜半三点挂号，患者都要用砖头、小板凳排队。这些患者都是知识分子、大学教授、政府干部、报社记者，无形就与医师交上了朋友。

农民来院看牙百分之百是要拔除的，他们不想花钱治牙，拔了也不会想镶牙，普通工人也是如此。这种情况全省各地几乎一样。全民生活水平提高，口腔健康知识普及开来，来看病的口腔疾病患者才会多起来。世界卫生组织曾把牙齿健康视为健康文明的标志之一。在我国，1989年由卫生部、全国爱卫会、国家教委、文化部、广电部、全国总工会、全国妇联、共青团中央、全国老龄委九个部委联合签署，确定每年9月20日为"全国爱牙日"。保护人民的牙齿健康是中国每个口腔科医师在医路上的重任。

如今，牙科的治疗范围不只局限在拔、补、镶、整四个项目，已扩大到预防、美容、种植保健等领域，新开展的项目深受消费者欢迎。几乎没有人不得牙病，尤其是老年人，"老掉牙"就是出于此。牙一旦生病，会影响咀嚼、进食、语言、容貌。牙长在口腔里，口腔疾病都归牙医治疗，牙医也更名为口腔医师。现代人已经知道会危及生命的口腔癌，包括舌癌、牙龈癌，颚癌、颊癌、口底癌、唇癌，还有口腔三大腺体的各类腺癌，以及颞下颌关节病、口腔黏膜病、颌面创伤骨折。老百姓对口腔健康认识越来越深、越来越广，"口腔健康，全身健康"才会越来越为百姓知晓、接受。

从 20 世纪初我国第一批口腔专科院校成立以来，到 20 世纪后期我国各大口腔专科院校建立独立的牙槽外科诊疗科室，再到 2011 年成立专门的牙槽外科专业学术组织，牙槽外科治疗的患者有 3000 万以上。我国基层医院、民营口腔医院的医师是中国牙槽外科的主力军。

1982 年江西医学院口腔系招收第一届学生后，20 年间，江西有了赣州、井冈山、抚州五年制的口腔系与九江等多个口腔大专班的学生。由于学生都能找到接收单位，每所学校都进行了扩招。全国口腔医学院逐渐增多，现在每年有口腔专业本科毕业生、大专毕业生约一万人。这是好事。但是，老师不够，水平不高，实习基地缺少，对于不好学的学生，他们乐得自在；对于好学的学生，则是一件让人苦闷的事。我院接收过江西各家有口腔专业的学校的实习生。我想说一句专业人士不爱听的话：扩招后的二本学生，无论是操作水平，还是学习态度，与 30 年前南昌卫生学校口腔技工班的实习生相比都差一截。当年这些学生在我科实习后都成长为市县级医院的口腔科主任，少数成了副院长、副局长。

（3）

中医有无牙医？我相信中医，应用中医，宣传中医，但不相信中医牙医。如果非要说中医牙科强，可以从几千年前说起。

在殷商卜辞中是可以找到关于牙病的记载的，相关专家说，卜辞里记录了 22 种疾病：有口病、牙病、舌病等。《黄帝内经》对口齿科疾病的生理、病理结构也有所论述："肾主骨，齿为骨之余。"拔牙伤肾，中医不主张拔牙就是源于此说。《黄帝内经》还记录了一味治疗牙痛的药物：花椒。因花椒药力不够，后人又加了细辛。《战国策》《史记》中均有扁鹊、仓公治疗口齿疾病的记载。《史记·扁鹊仓公列传》载"齐中大夫病龋齿"，从记载看，扁鹊可以称得上是中国牙医的"鼻祖"。华佗用了麻沸散镇痛。《汉书·艺文志》称张仲景曾著《口齿论》一卷，惜已亡佚。《抱朴子》中提到叩齿健齿法。《大唐西域记》有"馔食既讫，嚼杨枝而为净"的记载。宋、元、明三代将口齿科列为医学十三科之一，有关资料也已散佚，仅存明代薛己的《口齿类要》。古代所有的医师都可以看牙，中医牙医理论里的"虫牙"与"火牙"之说流行千年至今。中医相信牙痛之源是"虫"与"火"，两者均可用药物治疗。中医里的"虫"与"火"即西医里的龋齿与牙周病。在中医学上，牙痛、牙龈出血都用"上火"来解释，口腔溃疡更是要以清"火"为主，疼痛到失眠要清"心火"，口臭要清"胃火"；治"虫牙"是从患者眼睛里捉"牙虫"。最近，有人趁中西医争执之机又推出治疗降火牙周病的中药，治疗范围涵盖了"虫牙""火牙"，这是 70 年代治牙周病中药的翻版。中医中的"虫""火"两字，早应该用现代医学术语"牙松动""牙周病""牙龋坏"之类代替。

中国牙医没有发展，也就没有供养"牙神"之说。西方则供奉了"牙神"。7000 多年前，在幼发拉底河和底格里斯河中下游的苏美尔人（有音译为苏默人或苏曼人）就有与牙痛做斗争的故事。人类斗不过牙痛，就供起了"牙痛之神"，希望神能助人战胜或免去牙痛，或把牙痛转嫁给"牙神"，让疼痛折磨"牙神"。西方一些文人曾感叹：人类历史是一部牙痛史。征服牙痛成了人类的重要任务之一。18 世纪中期，一位叫莫顿的牙医把一种药用于拔牙。这药，叫乙醚。莫顿在美国波士顿一家牙医诊所工作。他在一次晚会上发现一个朋友吸了乙醚后摔倒感觉不到疼痛，这位牙科医师便有所触动。他想，他为什么感觉不到疼痛？是不是乙醚有止痛作用？于是，他向化学家朋友杰克逊请教并进行合作试验，让牙痛病人吸入乙醚后，拔除坏牙，病人无痛感。莫顿去世后，其墓志铭上写着：在他以前，手术是一种酷刑，从他以后，科学战胜了疼痛。在美国华盛顿纪念碑不远处，有一个很高的纪念碑，纪念的是一种药品——乙醚，碑上写着：疼痛不会再有。

牙痛困扰了世界上的许多名人，拿破仑、华盛顿、安徒生、丘吉尔、斯大林、希特勒都有过牙痛史。1817年拿破仑流放圣赫勒拿岛时，因牙痛拔除了痛牙。这颗牙几经辗转流到了英国斯温顿市一家拍卖行里拍卖，卖价达8000英镑。同样，牛顿和一些名人的病牙拔除后亦被高价出售。反之，活着的名人为自己的牙高价投保，请保险公司标价。看来名人的牙齿也"高"我辈一等。希特勒死后，人们就是将他口腔里的龋齿与他曾治牙时拍过的牙片对比一致后才得出"死的就是他"的结论。

没有"牙神"并不是没有牙病。受牙病困扰的中国古代名人也不少：曹操、杜甫、白居易、韩愈、陆游。现代的朱德、杨虎城、蒋介石都有过牙痛、治牙、拔牙、镶牙的经历。

韩愈作诗："羡君齿牙牢且洁，大肉硬饼如刀截。我今呀豁落者多，所存十余皆兀臲。"（《赠刘师服》）白居易作诗痛陈其牙痛曰："头痛牙疼三日卧，妻看煎药婢来扶。"又叹："齿虽无情，吾岂无情？老与齿别，齿随涕零。"（《齿落辞》）。杜甫语："当期塞雨干，宿昔齿疾瘳。"（《寄赞上人》）牙痛不曾饶过任何伟人与名人。

南宋著名诗人陆游在他的诗作《龋齿》中，是这样描述患龋齿的

痛苦:

> 人生天地间，本非金石坚，况复历岁久，蠹坏无复全。
>
> 龋齿虽小疾，颇解妨食眠，昨暮作尤剧，颊辅相钩联。
>
> 欲起懒衣裳，欲睡目了然，恨不弃残骸，蜕去如蛇蝉。
>
> 或当学金丹，挥手凌云烟，逢师定悠悠，丹成在何年?

除此之外，还有不少宋代诗词家用龋齿入诗词，如词人刘辰翁《念奴娇·枯寒生晚》的"满眼啼妆龋齿"；另一个诗人蒲寿宬《送林城山归上饶》的"傍人龋齿看痴狂"；诗人方回《次韵邓善之论诗》的"龋齿亦嫣然"；诗人张耒《梁冀》的"不悟折腰同龋齿"；诗人朱槔《次韵梅花》的"泣露真成愁龋齿"。陆游用诗记录其牙齿在不同阶段的状态，从"龋齿虽小疾"到"头痛涔涔齿动摇"(《贫病戏书》)，又到"齿摇徐自定"(《识喜》)、"当堕未堕齿难留"(《病齿》)、"牙齿漂浮欲半空"(《秋思十首》其五)，最后发展到"三齿堕矣吾生休"(《三齿堕歌》)、"齿牙欲脱更堪悲"(《齿痛有感》)。不能不感叹，大诗人陆游这样关注牙齿，经常用诗句来描述其龋齿带来的苦痛，以及自己想医好龋齿的迫切心情，这在诗词文化史上是少见的。如果活在当代，陆游先生会不会弃文从医，做一名出色的牙科医师?

中国大文豪鲁迅坦诚地称自己"从小就是牙痛党之一"。他并非故意和牙齿不痛的人区别开来，他实在不能忍受。牙痛，终身与鲁迅相伴。1925年10月30日，鲁迅在《从胡须说到牙齿》中用"歪着嘴角吸风"的形象，勾勒出牙痛人的表情。这种牙痛是由牙髓炎所致，用嘴吸气可以降低口腔内的温度，低温可以止痛。

1926年7月3日，鲁迅前往伊东牙医寓所拔牙3颗。10日，补牙完毕，付费15元。关于鲁迅的牙症，他的日记里一直记录到了1935年年底。1936年10月19日凌晨，鲁迅逝世。从鲁迅的照片看，他两颊下陷，此为削瘦之故。然而，未戴假牙应为颊部下陷的原因之一。

如他的日记未漏记的话，鲁迅总共失牙应为22颗，其中医师拔除17颗，意外脱落5颗。以28颗标准牙计算，鲁迅逝世前，口内属于自己的牙只有6颗，他口内一大半已是假牙。根据其日记，他治牙的总花费为231元。此花费肯定偏低。以20世纪50年代收费标准算，拔牙2~3元/颗，阻生牙5元/颗，那么拔牙费为17×3=51；修复半口约100元，上下牙至少为200元。用现代收费标准推算，如果选种植牙则需花费1.2万×22=26.4万。因剩余牙齿不健康，难以固位，所以，在当时鲁迅口内只能是活动义齿。当时中国无正规牙医，给鲁迅治牙病的都是日本牙医。

明清时期，给中国百姓治牙的民间医师大致有三种：一是"大蓬伞"类的游医；二是专门从事缺牙修复的金银匠；三是中医里懂治牙的医师。澡堂洗脚、推拿、按摩与拔牙医均属同类职业人员，理发匠出身的工宣队队长要干涉口腔科工作可能源于此。在上海，一把伞便撑起一家"牙科诊所"——诊椅上放几把牙钳，地上铺一张床单，床单上放的是拔下的烂牙。牙痛病人来了问几句，坐上靠椅即可行拔牙术。患牙病的人多，牙医却很少，这是中国人治牙病的现实。直到1898年，中国才在清宫太医院设牙医室，医师叫陈镜容，只为皇族服务。

2020年，在我做微信调查时，瑞金市人民医院口腔科主任钟胜频给我提供了一个红色故事。朱德在中央苏区瑞金县的一家祖传牙科诊所治过牙病。口说无凭，有"齿"为证，给朱德看病的这位牙医的后代熊道保讲述道："我父亲熊梅生从小跟着我爷爷学会了拔牙、补牙、镶牙技术，还兼修钟表、钢笔和手电筒等，在瑞金县城西门口开了一间牙科诊所维持生计。""大约在1932年的一天，一位身材高大、身穿红军衣服的军官，因牙痛来到我父亲的牙科诊所。我父亲一看此人，威武雄壮，气度非凡，身边还跟随着一位身背驳壳枪的红军战士，父亲心想这位肯定是大官。于是一边为他治牙，一边与他攀谈起来，后来得知他就是大名鼎鼎的朱德总司令。我父亲非常惊讶，高兴地挽留他在家吃饭，并拒收他的治牙费用，但朱总司令坚决不同意。并说：'红军是为广大穷苦人民服务的，不拿群众一针一线，你帮我治牙，我一定要付钱。'此后，朱总司令又来过多次，治牙、修钢笔等。他每次来都和我父亲聊天，这样一来二去，彼此已经很熟了，他们成了好朋友。大约在1934年9月底，朱总司令又一次来到我父亲的店铺里修手电筒。他看到我家晾晒在门口的一床破旧被子，已经千疮百孔，像一张渔网。朱总司令语气凝重地说：'老百姓的生活真苦啊！'过了几天，朱总司令又一次来到我父亲的店铺里，亲手把他自己用过的一条军绿色、印有五角星的军用毛毯送给了我父亲，并告诉我父亲说：'这条毛毯是苏联造的，送给你做个纪念吧！'当时我父亲收下了朱总司令这份沉甸甸而又十分珍贵的礼物。那时我们家穷得叮当响，这是我们家里最高档、最贵重的一件物品了。在我父母离世后，我于1992年将这床珍贵的传家之宝捐赠给了瑞金市博物馆，便于永久珍藏。"熊氏牙科诊所至今还在瑞金街上，熊梅生的后代还在用祖传的手艺为瑞金牙病患者服务。

（4）

1907年以前，中国没有名正言顺的牙医，城市的牙医主要是外籍的。中国正规的口腔医学创始人也是老外，他叫艾西理·渥华德·林则（Ashley W. Lindsay）。他是加拿大魁北克人，于1884年2月出生，是多伦多大学牙科学学士、牙科理学硕士，皇家牙科科学院博士和口腔外科教授，医学教育家。我国口腔医学界公认他为"中国现代牙医之父"，是中国现代口腔医学的先驱。

1906 年秋，艾西理·渥华德·林则在多伦多大学学习牙科学，毕业时即向加拿大美英会传教团委员会提出去中国西部开展牙医事业的申请，传教团委员会要求林则提供医学专业毕业证书才能通过申请。当时牙学被认为不属于医学，且教会认为中国更多的是需要全科医师而不是专科医师，因此，林则的申请被拒绝了。这年林则 22 岁。在家乡教会的担保下，他再次提出申请，接受传教团委员会的安排学习了麻醉学，也做过了小手术，于 1907 年初得到批准，成为第一名来中国的牙科医学传教士。

1907 年 5 月 18 日是林则抵达成都的第二天，他替一位传教士修复了快要裂成两半的义齿。这年，他在成都首创了牙科诊所。林则在成都定居，他的心愿是为中国的每一个县培养一位口腔医师。1892 年，有一位叫启尔德的医师在成都四圣祠建立了成都仁济医院，林则来后，他分出一间房给林则做牙科诊所——中国的第一家牙科诊所诞生了。成都四圣祠北街仁济牙科诊所是中国现代牙科的发源地。

诊所开诊第一天接诊的是一位女性牙痛病人，她脸肿，口腔流脓。用现在的专业术语解释，她患的是严重的牙周病，全口牙周溢脓。她要求拔牙，可是满嘴脓血，无人敢拔。她这样的症状已持续多年，林则知道这是慢性病，清洗脓液后，可以分次拔除病牙。不久，林则就为她拔除了全口坏牙，并对她进行了义齿修复，恢复了她青春的面容和正常的咀嚼功能。林则的名声传出后，有牙痛、牙洞的病人接踵而至，一时间门庭若市。1911 年，成都四圣祠北街仁济牙科诊所扩建为牙症医院，专门医治有牙病的患者。1917 年，林则又创办了华西协合大学牙医学科，后扩充为牙医学院，成为中国现代口腔医学的发源地。

林则的诊所并不"高大上"，用他的话说，不及加拿大的三流柴房。林则是这样描绘的："地板是泥泞的，雨后更甚，房子的椽被长年开放式火炉产生的油烟熏成了黑色。房顶杂乱地铺着烧制的陶瓷瓦片，其上已经有不少的漏缝了。前屋的窗子是中国古式的带格子的纸窗户，后屋是潮湿破旧的泥土墙，这墙未达到屋顶，只是把这屋和那个吵闹的中式出租复合房分隔开来，租房的人像是一直在大声的家庭争吵中生活。小屋的一头堆放着家用的煤、木头和木屑，另一头堆放着已经损坏不能使用的中式家具。"他最初开诊所，与中国现在的创业者一样艰苦。在他工作的华西医院曾有这样一幅治牙病的广告：一个面黄肌瘦的人，手捧饭碗，开口大笑，露出口中唯一的一颗虫牙。广告名为"无齿之图"，与现代的健康"从齿开始"有异曲同工之妙。

华西协合大学医疗系也设有口腔科课程，牙医学则以口腔专业为重点。不久，牙医系扩展为牙医学院，1928年建立新的专科医院，取名为"华西协合大学口腔病院"，英文名字用的是Stomatological Clinic，来此授课的都是当时世界各地的知名牙医。这些国际知名牙医博士也参与治疗与管理，对学生采取淘汰制，其教育理念是"选英才、高标准、严要求、淘汰制"。不培养"匠人"是林则的理念，他反复强调："保证学术质量，而不是数量，造就合格毕业生，要求学生真正造福于社会。"一般20人一班，毕业时一般只剩一半学生。当时一次只招20~30人，这一理念一直保持到20世纪80年代，高分招录则一直保持到今天。1983年江西的本科录取分数线是450分，重点大学分数线是470分，而江西口腔系的学生成绩都高于重点大学分数线——480分。湖北医学院60年代招20人；江西医学院口腔系80年代第一届也招了20人。所以，口腔系招生比其他专业高20分是有根有源的。当年的口腔系学生有"天之骄子"之感，工作也特别好分配。

　　林则曾在 20 世纪 40 年代写过一篇文章，专门阐述他创办牙医学教育的指导思想。他认为，中国牙医学所制定的教育方针和设置的课程要超越西方牙医学校，学生要学习与医科学生同样的基础生物学和医学课程，使学生认识到口腔卫生的重要性与全身的关系，培养出来的学生首先是医学家，然后才是专科医师，而不是匠人。他说："这项工作，提出了一个新的教育计划，奠定了一个高的标准：以第一流牙医学教育为目的，成为一个示范的中心。"他说这个示范可以推广到全中国，甚至全世界。林则 1928 年建立华西协合大学口腔医（病）院，历任华西协合大学校务长、牙医学院院长，他认为这里的毕业生，完全可以和美国、加拿大等国家的牙医学院的毕业生相比，从这里去国外进修的学生跟国外的同专业领域的学生在业务上的同等竞争可以证实这一点。从他第一个学生的身上可以看出他的教育理念。

　　他的第一个弟子叫黄天启（1891—1985），四川眉山市人。1921 年进入华西医科大学，是第一个从高等口腔学专业毕业的中国人。1926 年和 1937 年，他两次赴加拿大进修，获博士学位，回国后任牙症医院副院长。

　　北京大学口腔医学院的创建人毛燮均博士，第四军医大学口腔医学院的创建人陈华教授，上海第二医科大学口腔医学院创建人席应忠博士，湖北医学院口腔系（现武汉大学口腔医学院）的创始人夏良才、廖韫玉夫妇，口腔颌面外科开拓者王翰章教授，修复学邹海帆博士、魏治统教授，中国口腔预防与牙周病学开拓者戴述古博士，正畸学的先驱者罗宗赉、邓述高、周肇梧，中国儿童牙科创始人王巧璋教授，中国整形外科的开拓者宋儒耀博士等都是林则的嫡系弟子。林则是中国口腔医学创始人、教育家，他带的第一批学生都是中国人。

　　1950 年，林则离开成都，离开了他生活了 44 年的中国，回到了加拿大，时年 66 岁。从 1907 年 5 月 18 日算起，林则在中国行医 43 年，被誉为"中国现代牙医学之父"。他离开时，华西已经是集口腔医学院、口腔医院、口腔医学研究所三位一体的口腔医院，其规模、技术、师资、设备已达先进水平。于右任先生曾评价道："林则博士推广牙医教育之宏绩，敝国人士每饭不忘。"著名国际友人文幼章（J. G. Endicott）评价道："他（林则）的名字作为科学的牙科学之父受到占世界人口四分之一民众们的尊敬。"

1968 年，国际口腔医学界颇有名望的安大略牙医协会在年会上授予林则终身会员资格，并在致辞中表彰道："此人从不宣扬自己做过什么、要做什么、能做什么，但只要需要或责任召唤，他就会以勇气、决心和罕见的睿智担起责任，然后毫不做作退居幕后，安宁而享受，因为他的工作为人所需。他没有为自己工作，他为事业工作，为同仁工作，为职业工作，为他生活的世界工作。"也是这年，林则去世，享年 84 岁。很多中国牙医称他是加拿大派往中国最早的白求恩式的医师。1999 年，四川大学华西口腔医学院在华西口腔科教学大楼前为林则铸造了一座铜像，以纪念他对中国现代口腔医院的创立与发展做出的杰出贡献。

1932 年，震旦大学建立了牙医系，是全国最早设立的口腔院系之一，即今上海交通大学口腔医学院。1952 年院系调整时，建立了上海第二医学院口腔医学系，1987 年成立上海第二医科大学口腔医学院。

1935 年，国立中央大学牙医专科学校在南京成立了，这是中国人自己创办的最早的口腔医学院，现已发展成为中国人民解放军唯一集教、医、研为一体的口腔医学高等学府。

1941 年，北京大学口腔医院建立，现在是集医疗、教学、科研、预防、保健为一体，全面发展的大型口腔医院、口腔医学院和口腔医学研究机构。

湖北医学院口腔系创建于 1960 年。这是新中国依靠自己力量建立的第一所口腔系与附属口腔医院，即现在的武汉大学口腔医院。

（本章节有关内容参阅了郑麟蕃、吴少鹏、李辉奉主编：《中国口腔医学发展史》，北京医科大学、中国协和医科大学联合出版社 1998 年版；周大成：《中国口腔医学史考》，人民卫生出版社 1991 年版）

第五章

血浓于水医者爱
德高术精团队心

1984 年 5 月 24 日，一附院口腔科完成了一例右髂骨游离瓣移植术。患者 12 岁，我们用邻近带蒂的肌皮瓣、游离皮瓣修复了缺损。

与兄弟省相比，江西口腔科肿瘤切除后修复工作开展较早。当时一附院口腔科依然是 14 张床，每周一、三、五为手术日，每年手术病例与口腔外科工作量位列江西榜首。1988 年底，一附院颌面外科医师减少，只剩我和 77 级口腔系徐医师与 81 级医疗系女医师以及 83 级口腔系邵医师四人。一年后，女医师南下广州，77 级徐医师当年留学日本。岁末时的一附院口腔颌面外科队伍仅有我和刚毕业的邵医师。

这是我人生中一条新的起跑线。口腔外科住院部与门诊部工作如何开展？我自己问自己，我该做什么？怎么做？

（1）

第二年岁末，一附院党委关书记找我谈话，告知我院里任命我为口腔科副主任，兼口腔科教研室主任，负责住院部与门诊颌面外科的业务与教学工作。他希望我接任后，口腔颌面外科越办越好。要人给人，要物给物，全力支持。

我提出，门诊外科治疗室增加一个护士，并要求每年每届留一名口腔外科医师。眼下口腔外科医师不够，我想去普外科选择一名合适者，确保一附院颌面外科处在省内领先地位。顺便说一句，那时科主任岗位津贴是每月 20 元。没想到，我是科主任任期最久的一位，62 岁才停止拿岗位津贴。

颌面外科只有我一个高年资医师，院里的决定对我来说是喜事，也是挑战，我要鼓足勇气，挑起担子往前走。我想要确保一附院的口腔颌面外科处在江西第一的位置。后来经过努力，我又想要我们跻身全国前 10 的位置。要做事，不能出事，生命大于天，组建团队不能马虎！有 88 届留校的邵医师、89 届的曹医师，我从普外择优选了医疗系 86 届的邱医师，又留下了从研究生班（1.5 年制）毕业的刘医师，小小团队组建起来了。邱与邵两位医师可以单独带教本科生与进修生。他们都是在我进校时或我毕业时出生的年轻人，我与他们在一起像同辈一样相处，既砥砺德行，又亲如手足。制定制度时，我是科主任；工作时，我们是朋友、是同事。我们实行制度管人，流程管事。制定制度时要考虑全面，制度制定完毕后，大家都是执行者。若是出现了什么问题，我们以制度与流程为依据，谁都可以直言批评。我希望他们在升主治医师前都能主刀，循序渐进地带好年轻医师是我的责任。手术分级管理制规定每级医师的级别，不能越级，即复杂手术不能由低年资医师去完成。每项制度都是为了呵护患者生命，提高医疗质量，我要做的是给年轻医师创造条件，适当放手。什么时候放手最合适？制度会限制我们吗？

我想到自己青春时期在乡下采草药，办合作医疗的相关事宜，不禁叹息往事，珍惜今天。我一定要做好年轻医师攀登的阶梯！德高术精是标准，也是目的。每天执行三级医师早晚查房制就是达到这个目的的方法之一。住院的病人不是由一个医师管理，而是由一组三个级别的医师共管，这更能让病人放心。教学查房、定期疑难病查房是教学医院的惯例。科里有口腔系、卫校口腔班的实习生，还有进修生，每组各带两名学生。

每次查房我都会问问病人早餐、中餐吃了什么。我通常是问完用餐这个问题后才开始查房，但是这与查房、治疗疾病无关啊，进修生、学生就感到有点奇怪。其实有关，有些住院的患者与家属用餐只买饭，不买菜，他们的床头挂着或放着一个装满腌菜的瓶子，这就是他们整个住院期间的下饭菜。我科住院手术的患者一般有几个特点：基本是从县、乡、村来的穷困农民，大都是恶性肿瘤晚期患者。这三点给我科开检查单、收手术费带来了难度，不能多开检查单、多收费，更不能收红包。哪个医师有"勇气与胆量"接收他们的红包？仁术是呵护生命的底线，仁心是做一名好医师的底线。

为了尽快提高我们团队的手术质量，让年轻医师提前站到主刀位置上，我想了一个办法：在手术日增加两台或三台手术。这有几个好处：提高床位使用率，每人独立锻炼的机会增多，他们都是主刀。三台我都是一助，每台手术的关键点都由我操刀，切开、分离、关闭都由年轻医师做。有趣的是，我在《头条》读到一篇短文，称赞美国高级医师用这种方法为病人做手术，既保证了质量，又缩短了年轻医师的培养周期，值得我们学习。事实是，30年前我们就这样做了。我们的一切努力都是为了病人能获得安全、快速、有效的治疗。

一天下午，我去医学院，在解剖室门口遇见了邱医师。他刚下手术台就来到了解剖教研室。从普外科到颌面外科属于改专业，手术刀下不再是肝、胃、脾、胆，而是口、颊、舌、唇，是颅底经过颈部进出胸腔的各大动脉、静脉和 12 对脑神经。这些知识虽然曾经在基础课上都学过，但是未经巩固和实践就会淡忘、会模糊。现在他每天面对的是各类颌面肿瘤病人，要重温面部解剖知识，只有做到旧知新识、理念更新，医术才会有长进。他希望每台手术我都能让他洗手、穿手术衣，他的目的不是参加手术，而是要用手感知头颈部的解剖结构。他是普外科医师，解剖熟了，手术操作自然也就熟了。到解剖室去是温故，上手术台是知新。他有外科手术的扎实基本功，又有这样认真的态度，我十分放心。我放手让他做腮腺肿瘤手术，手术成功；后来他写了几篇关于腮腺手术的论文，并申报了课题。对此，我十分欣慰。

一年后，他晋升主治医师，我给他做一助，放手让他做颈清扫术。该手术是颌面外科大四级手术，是治疗恶性肿瘤必须进行的一种手术。口腔各类恶性肿瘤容易在早期出现淋巴结转移，术中要进行相关区域的淋巴结廓清清扫。手术操作中必须避免出现面神经、副神经损伤，要进行淋巴管结扎，避免术后出现淋巴瘘、乳糜胸或者继发的积液。这些他都能一一完成。现在医院都是用电子病历，有些年轻医师很少自己手写病历，邱医师尽管手下有进修生、本科生，但每次手术记录他都是自己动笔。他 27 岁那年与我一起抢救一位心脏骤停的患者，切开患者胸腔进行心脏复苏术的手术记录，还在病案室，一行行笔迹记录着我们的抢救过程。行走在医路上一辈子，救死扶伤是他恪守的信条。

人生似乎漫漫，其实就在眨眼之间。在邱医师诞生的那年，我踏上医路；我历经医路一甲子，他从普通医师到科主任，再到副院长，主管医学教育，荣获"全国师德标兵""全国知识型职工先进个人"荣誉称号。他现在是医学与管理学双博士、二级教授、主任医师、博士生导师。在我踏上医路的甲子之年，他从副院长的位置上退下来，他对我说："您老人家放心，我们口腔科只会一代比一代强。"他的几个博士生挑起了口腔科的重担。现在一附院东湖院区口腔科已有 42 张床位，象湖院区口腔科与眼科共病区，医护人员共 49 人，其中本院培养的博士有 7 人。各亚分科的学术带头人都是硕士或博士。象湖院区口腔科负责人是唐博士，科秘书是周博士。这些精英让一附院口腔医师队伍的学历上了更高的台阶。我问邱医师："这就是你要我放心的理由吧？"他来了句暖心的话："都是您老人家当年基础打得好！"我自惭，我未能与时俱进，游离皮瓣手术，我与他们差一截。同时又高兴，青出于蓝而胜于蓝啊！

章杰博士是现任口腔科主任。他读完了硕士，考取了第二军医大学博士，回校后在邱医师的指导下完成了博士后研究，又作为访问学者出国访学，获得了美国哈佛大学麻省总院口腔颌面外科奖学金。他是当时江西口腔界学历最高的年轻医师。他主持过国家 4 项自然科学基金项目、8 项省部级课题，获"江西青年五四奖章"提名奖，入选江西省杰出青年人才、江西省委组织部"百人远航工程"人才、赣江青年学者。他的专业是颌面外科，又学过整形专业，这让他在肿瘤手术切除修复上更有美学理念。

一个 17 岁的男孩下颌骨影像诊断为恶性肿瘤，应按常规切除。章杰博士很心痛，患者是一个青春阳光的小帅哥，他还要考大学、谈恋爱。于是，他去病理科找主任，请他们协助术前分型进一步明确肿瘤的恶性程度。然后制定既能保住外形又能保住功能的手术方案，以期让患者的病即使复发，也是在他成为老帅哥以后。相反，有一位老人患了口底癌，章医师首先考虑的是让老人多活几年，于是他完整切除了肿瘤，做了游离皮瓣修复。我曾建议他，对这类有损颌面容貌与功能的肿瘤手术，要认真记录手术过程，做好术前评估与设计及术后总结与探讨，可以写一本专著。他谦虚回答："功夫还没到。"

任副主任的潘淑婷博士先后在哈尔滨医科大学、海军军医大学（原第二军医大学）攻读学士学位和硕士学位，回家乡读了邱医师的博士，又去美国南佛罗里达大学做了访问学者。她曾在四川大学华西口腔医院及广东省口腔医院进修牙种植专业。获批中央组织部"西部之光"和江西省委组织部"远航工程"访学计划，主持并参与国家级及省级课题17项，发表SCI论文20余篇，获江西省自然科学奖1项、国家发明专利1项。

邵医师于1988年7月毕业，以高分考进口腔系，又以高分留在一附院口腔科。他出生在江西大茅山综合垦殖场一个普通的职工家庭，毫无背景，一路走来，靠的就是努力学习。他的入校成绩是494分，高出医学院录取分数线44分。他参加工作后的第三年的最后半个月悄悄问我，能不能让他主刀做一次手术，我同意了。他负责的病人患的是右侧腮腺肿瘤。这次手术一助是我，二助、三助分别是实习生宗娟娟（85级学生，现任口腔医院黏膜科主任）与进修生王海生（现宁都县一乡医院院长）。这例手术要用到的技术是面神经解剖，翻瓣层次要准确到位，面神经解剖不能有微小伤害，否则会出现暂时的医源性面瘫。这刀所到之处的解剖分层，恰到好处，面神经正好在这个层面上，下颌角上0.5cm显出了下颌缘支，往上是颊下支，我们几乎同时发出了感叹。接下来，他找出导管，结扎，向上解剖颧支、颞支，解剖肿瘤送去冰冻做病理检验，病理报告显示为恶性。于是我们给患者做了舌骨上淋巴清扫，至此手术结束。不过这次手术记录的主刀还是我的名字，因为责任还是要由我担。

接下来的几年，他更沉着冷静。有次手术是切除上颌骨肿瘤，他是我的一助。做到颅底、蝶骨内侧壁，缝扎颈内静脉，他结扎了，但未缝合。这档口，吸具头伸向了静脉，线脱落，颈内静脉缩进了颅内，继续出血。大家紧张了，压不到，也堵不得，颅内积血怎么止住？我也生气了："你看，怎么办？"他接过了吸具，冷静地在静脉孔处 180 度慢慢吸，我们看见了抖动的静脉出血口，他想用中弯夹住，我推开了他的手，我只夹住了二分之一，轻轻地拉，再夹住另一侧，最后夹住完整的一根，打结缝在颅外结缔组织上，总算是化险为夷了。

时代在变化，他的考虑也在增多。一个完全靠努力苦读上来的人，在资本逐渐渗透的当下，他知道要多学、多练几手以应对各种挑战。他进修过正畸，参观学习过种植牙。这几个都是最受口腔医师青睐的技术，不管你在哪里都会受欢迎。也就是说，他为自己未来可能发生的任何变化都买了"保险"。口腔科的主要技术他都掌握了，不管医路如何变道，不管是在大医院，还是在小诊所，他都有一技在身，不愁前路。我与他进校毕业相差整整 20 年，在他熟练地进行左腮腺癌手术的那个年龄，我正在赣州下乡支农。

2007 年春，我科搬进了新楼，有 20 个床位，邵医师主持口腔科工作。管理上，开始从"总收减总支"向"绩效"管理过渡；手术范围上，他们为口腔科又画了一道新的起跑线，扩大了口腔显微外科手术范围，各类游离皮瓣都能得心应手地开展。几年后邵医师取得了硕士生导师的资格。他的第一个硕士生严医师三年后升为副高，取得硕士导师的资格。不久，邵医师被派往西部援疆，他的"第三代"研究生跟着我留在了一附院颌面外科。

2013 年，邵医师调到江西中医药大学附属医院任口腔科主任，不久，就任副院长，取得了博导资格。他组建了一个小团队，开展颌面整形外科事业。我开玩笑地说："你开辟了第四战场，江西的颌面外科会更壮观了。"严医师去援疆时，他的"第三代"研究生也跟着我，我真有点"四代同堂"的感觉。一个无背景、无资本、无人脉的基层青年，从学生走到副院长的位置，他有许多经验值得当下年轻人思考借鉴。

再来说说我与曹医师的故事。曹医师与邵医师同时任科主任，邵是正职，曹是副职。

放手让曹医师做颈清扫是一件偶然的事。那是一位口腔恶性肿瘤的男性患者。肿瘤病灶切除后，我突然感到心慌冒汗，人站立不住，有要倒的感觉，巡回护士见状立即扶我靠墙坐下，又给我递上一杯热开水。我眼前还是晃晃悠悠的，我决定闭上眼睛休息一会儿，但休息之后还是没有缓解的迹象。曹医师问："我们继续做吧？"此时只有一个二助，是永丰县中医院来进修的王志高医师。我还是挣扎着站起来，看了一眼说："做吧。解剖颈鞘时慢一点。"曹医师盼望的就是这句话。我也是过来人，每个有理想、有志气的外科医师都会想象哪一天可以由自己主刀做一台大手术。这是机会，曹医师当然不会放过。我靠着墙，努力睁开眼睛，"监视"他的动作。他的一举一动，都规规矩矩、踏踏实实。"过了颈动脉窦吗？"我问。"过了。"他说。我真想起身看看，于是叫护士为我测一次血压，因为我患高血压多年。测量结果是血压有点高，但不致命。护士扶我到了手术台边，我看了看，手术视野干净、解剖清晰，那时没有电刀，完全靠结扎，很不错。"继续！"我说。

他晋升主治医师后的第二年，完全可以单独做颌面肿瘤加颈清扫术了。他值班接诊了一个急诊患者，不是大手术。病人颈部、颌下感染，伴有败血症，局部病灶压迫气管影响了呼吸。他很冷静地处理好了才告知我。他考虑的治疗方案一是切开引流或做气管切开，二是抗感染。第一点他做得很到位，难的在后面。这个病人住院后是由他负责，他每天的任务是为病人清洗创口、换药、更换引流条。换引流条是有学问的。颈部引流条要向下；病人没有特殊症状要处在半卧位，这叫体位引流；引流条一定要固定，否则会掉落，或进入伤口。我曾看见一个现在的研究生，将颌下引流条水平状放置，这样能引流吗？而且要病人躺下，这样行吗？换引流条是细活，更换时必须认真，处理要正确，否则就换不好。一开始这个病人被安排在大房间，为避免交叉感染，便让病人"享受"了单间待遇。不久，病房里又住了一位感染病人，主管医师是博士。他没有看患者的白细胞与血糖的指标，只要求更换抗生素。我看后发现他有三点错误：血糖居高不下是难点、白细胞居低难升是重点、换药有误是错点。纠正主管医师后的第三天还是第四天，病人的感染得到了控制。

曹医师提高很快。有一次，一位医师在门诊手术室进行舌下腺囊肿摘除手术。术中舌静脉破裂出血，叫我去了。因是局麻，病人能够感受到疼痛，吞咽反应敏感，我也没有止住出血，情况危急，不能再拖了。我委托护士叫曹医师跑步过来，他冷静地看了看，叫我松手，又出血了，他迅速伸出止血钳，一钳定平安。

曹医师家在万年县，父亲是农村中学的教师。他父亲最大的愿望是他能在省城的医院找一份工作。一附院口外科只有一个留校指标，我从实习生中挑选了三个竞争者参加留校竞争演讲，他排名第三。世间事情有时无法预料，排名第一者要去当兵，第二位弃权，他只要充分表现出自己的能力就可以了，不需要跟任何人打招呼。最终，他如愿留校了，这就是那个年代年轻人奋斗的动力。

现在他是我的科主任。正因为留在这个平台上，才彰显出他在颌面外科方面的潜力。在这里，我想用一组数据对他的成长做一个说明。他现年 59 岁，我俩共事 36 年。眼下，他一周完成 10 余台手术，其中有两三台游离皮瓣修复口腔恶性肿瘤切除后缺损的手术，大都是口底、口咽、舌根部的肿瘤。他与他的研究生刘建伟进行这类手术已是驾轻就熟。有时一周 5 天完成 15 台手术，一天可以独立做 2 台游离皮瓣，也就是显微外科，行血管吻合术。2023 年他俩全年完成了大小手术 550 余台。2024 年手术总量 824 台，游离皮瓣 64 台、带蒂的 12 台，创历史新高。在当下的江西省颌面外科领域，他年均手术量最多。他所做的手术的特点是：类别多、难度大、患者的并存症复杂（高血压、糖尿病、心脏病、老慢支、双原发癌、血液病等。并存症越多，手术风险越大）。值得庆幸的是，他收治的病例无一例纠纷。如果当年他没有留在一附院，他脚下的医路是另一种模式，他也会是另一个样子的口腔医师。

（2）

医师的工作是治病，目的是治好病。

我曾接诊过这样一位患者：满脸疤痕，眼不能闭，口角歪斜。首诊的外科医师明确告诉他，脸上的伤拆线后去找口腔医师复位。为什么不同时复位？那个医师不懂啊！颌骨骨折的特点是，上下颌上都有牙齿，牙齿之间的关系叫"𬌗"。处理骨折时，不仅仅是要使颌骨更位，同时需使牙齿对齐。患者只要活了就可以。这位病人找到我，我说："你的情况需要再重新结扎，再把牙齿准确对好。"于是，我渐渐定下做个好医师的三个要求：1. 尽力在较短时间内明确诊断病症，为患者制定诊治方案；2. 尽心采用最有效的价格低廉的治疗方案；3. 尽量在治疗的同时给患者及其家属科普这次患病的相关知识。我希望我们团队的每个医师都能做到。

　　理解与尊重是沟通之桥，责任与质量是信任之基。对于刚踏上岗位的年轻医师来说，参加值班面对口腔科急诊，尤其是创伤急诊，的确是考验。这要把德高寓于术精之中才能解决问题。因为危急病人多，人手少。我规定大急诊必须去手术室；晚上处理急诊后，上午要继续工作，不能休息。

　　这天是周日，由医疗系毕业的女医师值班。中午时分来了急诊，受伤者是一位修路工人。她请人将病人直接抬进手术室，叫与她一起值班的84级实习生陈林林骑车来叫我。这天，是我的生日。陈林林来时，妻子刚给我端上生日面条。听说病人外伤严重，我迅速放下碗，与他一起蹬车去医院。家属与单位护送人员不理解，这应该是外科医师做的事，怎么送到牙科？会不会错了啊？他们提心吊胆，见我来了，急忙发出了问号。我只回答了三个字：没送错！

　　我询问了患者受伤的原因。伤者在离医院半里路远的地方修一条隧道，一辆吊车不小心把他吊起来，钢筋钩挂住了工人的颏颈部，司机发现后又紧张，改变挂钩角度，竟把患者甩出3米多远，摔落在地上。他被抬到我们医院门诊急诊室，输上液，就这样进了手术室。

　　这位女值班医师一人冷静地在止血缝合。她手术操作与男医师一样稳重麻利。我戴了手套，仔细检查后说："全麻。"这时，邵医师闻讯也赶来参与手术。女医师望着我，意思是问为什么要全麻。我说："你再看看，受伤面积这样大！伤口这样深！局麻患者忍受得了吗？"患者以鼻子为中线，基底到了上颌骨前壁，软组织翻开，像一本翻开的书，还在渗血；上下颌骨多处粉碎性骨折，左侧髁状突外转；上唇全层裂开，舌咽暴露在外；三处血管出血，有一处有搏动，血液潴留在口腔，病人不停地吐，医师要不停地吸。气管随时会堵塞，出现失血性休克怎么办？我真佩服她的沉着冷静。她可能对口腔颌面外伤特点不是很了解。口腔里有两个通道：消化道与呼吸道。呼吸道堵塞了，生命还能维持吗？在保证呼吸道畅通的前提下，不失时机地止血是原则。病人创伤面积大，伴有弥漫性出血，已处在休克前期的状态。全麻，心电监护是前提。接着才是清创缝合，骨折复位，结扎固定。颌面手术讲究在恢复功能的同时，不能忽略颜面的美观。四人完成这台急诊手术时，夜色已经降临。术毕，女医师主动提出她来值夜班守护伤者，陈林林表示自己愿意陪同。病人痊愈后，他们领导感叹："如果伤者有个三长两短，我们领导可能会受处分。"我完全理解。

那天，我没有吃上生日面条，陈林林给我送上了另一份值得纪念的礼物：一篇发表在《江西医学院》校报上的关于抢救这位患者的报道。那篇文章的结尾是这样写的：在手术台上连续工作 10 余个小时，中途滴水未进。这就是一个医师的生日。当病人清醒后，我们向蒋老师祝福，蒋老师说："让一个差点逝去的青春生命重新焕发青春活力，不是更幸福吗？"

陈林林有他的思考：参加了这次抢救手术，学到的不仅仅是抢救方法与医疗技术，更重要的是从蒋老师身上学到了仁心仁术的忘我精神。35 年后我找到了陈林林手写的那份病历，字迹清楚，语言通顺。他当了口腔医院外科科主任后明白了，大多数医师都有在病房与病人一起过生日或度假的经历。这对于医护人员已经习以为常。

另一位急诊患者是企图卧轨自杀的高考女生，18 岁。病人也是直接被抬到手术室门口。那时已是中午，她父亲见我来了，跪下磕头说："救救我女儿的命。"他说，女儿成绩很好，报了名校，名额只有一个，结果录取了比她分低的另一位学生，她一气之下就躺在铁轨上。被人发现后，先是送到最近的铁路医院，不行，又去了附近的市二医院，依然不行，再送往口腔医院、二附院，都被拒收。

这里是她最后一站了，是死是活就此一举。我没有多说，与我的三位同事上手术台，进行抢救。照例全麻，切开气管。这位女生，损伤面积大，有动脉出血。第一步是找出颈外动脉与其分支，逐一结扎。这位女生已处在休克状态，边输血边手术。止血时，要看神经有无断裂、缝合时有无误伤、舌体有无缺损。这叫于微小之处见德术。这位姑娘是与铁轨平行躺下的。她躯体没受伤，重伤在高于胸部的颏部、额部、咽部。面神经损伤可以使患者"破相"：口角歪斜流涎，不能闭眼。断裂的神经要缝合，缺损的舌体要修复，因为任何一种伤害都会影响她的一生。当她醒来对着镜子一看，鼻歪嘴斜，满脸疤痕，面目狰狞，她还有继续活下去的勇气吗？颌面影响着人与人交往的第一印象，颌面外科医师对患者颜面的爱护要像爱护自己的眼睛一样。她父母当时唯一的希望就只是要她活着，但医师的希望不仅是她活着，是要活好，活出她的青春魅力。每次查房我科每个医师都会鼓励她。出院后，据说她收到了她想要去的学校的录取通知书，我们也收到了她父母亲的感谢信。我祝福她飞得更高：伤情未改青春颜，路窄自有心地宽。

我们接诊的不仅有伤及颌面部的急诊患者，还有因为各种意外而受伤的人。有个老人夜间在室外上厕所，起身之时被人误当野兔用鸟铳一枪击中，子弹嵌入脸颊。因脸部受伤，理所当然被送到口腔科。他女婿在我院进修过麻醉，直接找邵医师、曹医师。病人躺的推床停在手术室门口。我见病人脸色不好，呈贫血状。我问了老人的日常状况，得到的回答是很好。我对其腹部进行触诊之后，决定请普外科医师紧急会诊。做了腹部穿刺，见血。我让他转入普外科手术室。鸟铳的子弹肯定有几粒闯进了腹腔，可能伤及了肝、脾。如果老人插管全麻了，口腔科医师在钳夹细小子弹时，腹腔内破裂的血管正在静静地流血，麻醉师告知血压突然下降，有谁会想到这是脏器出血所致？一个失误就会让一个生命逝去！好在早早发现，先行请外科医师开腹探查，果然是脾破裂，后来病人脱离了危险。这就是医师的全身系统观念与经验的重要性。若是病人或病人家属跑错了科，年轻医师看见颌面出血多，以为是主伤，忽视了内脏出血，就会误了抢救时间。战争年代常会发生因误诊不去抢救子弹进入腹腔的伤员，而去抢救因断手、断腿出血的伤员的事情。每个医师都既要记住急诊手术时间就是生命，又要清楚人是一个整体。术后，那位进修的麻醉师自然找我道了一声感谢。

这是一位被郊区风景区的工作人员送来的小伙子。未婚妻给他拍照，她端着照相机，不停地叫他后退，他身后是斜坡，退着退着，一脚没站稳，滚下山了。找到他时已是黄昏，送到医院时天已经黑了。

我问他："你是几点钟摔下山的？"

"中午。"

我又问："头痛吗？记得当时是怎么滚的吗？"

"我很清醒。我紧紧抱住头，怕撞伤头，没想到脸伤成这样。医师，会留疤吗？"

"怎么这么晚才送来？"我继续问。

"他们呼喊我，我躺在草丛里似睡非睡，没有听到，他们大概找了一小时。我被抬上了担架，医师看见我满脸血肉模糊的样子后，没有一家医院愿意收治。他们怕出事，要我们赶快送往一附院。"

不理解的患者往往以为这样询问是诱导他们给医师送红包。实际上，这只是医师在排除其他部位可能出现的疾患。在没有 CT 的情况下，医师可以通过问诊，大致排除其他部位的伤害，关键是不能贻误腹腔、颅内出血的治疗时机。接诊急诊病人，又累又要担风险。那个年代没有"劝人学医，天打雷劈"的说法，病人痊愈，医师的辛苦也就随之烟消云散。在今天，其实很多学生还是愿意学医。"家有学医，皆大欢喜。""仁心代代传，仁术步步高。"一位规培生读了硕士又考博，日夜在医院里上手术台、写病历、查房换药，与患者沟通。其父母如果见状，一定会心疼。他跟着资深医师天天在手术台上救治病人。就在这天，接诊了一位被汽车撞伤颌面部的小姑娘，父母担心她会"破相"，医师从口内结扎骨折，细线缝合，恢复如初。他乐呵呵地说："老师，今天又学到一招！"如果看到病人对自己孩子的尊重，他的父母可能比他更高兴、更自豪。

（3）

基层送来一位下颌骨血管瘤患者，是一位14岁的少女，拔牙后出血。要立刻做颈外动脉结扎，切除部分下颌骨，风险很大。其父母希望我们帮助止住血，他们要去上海治疗。一路上风险如何预防？继续出血怎么办？我说："现在我们止血了，路上再出怎么办？"我没同意直接派医师护送。这不是不人道，因为要保证孩子平安抵达上海，就要先行切开气管。我给他们做了解释：老人进食时饭团有时会堵住气道，民间叫"呃死"，血块就是饭团。一老人摔伤了头部与面部。因担心颅内出血，去放射科拍摄颅脑 CT，请口腔科会诊。结果是这位老人口腔内出血堵塞气道，死在了 CT 室。女孩的父母理解了，签了字，我做了气管切开后，由曹医师护送去上海。

这算过度治疗吗？不算，这叫预防性气管切开。一旦出血，可以大胆地用纱布压迫出血处，堵住了呼吸道也没有关系，因为切开的气管能保证氧气的供给。如果不切开气管，纱布上渗血会堵住气道，患者就会死于窒息。曹医师回来告诉我，上海九院医师先问是谁给病人做的气管切开，他紧张了一下，以为做错了。那个医师微笑着说："切开了，护送才安全。"担此护送重任时，曹医师毕业刚一年。现在毕业一年的年轻医师有这样的能力与胆量吗？

2020年最后一个晚上，我感冒发热，在科里病房输液。来了一位舌出血的病人，当班医师准备给他缝合止血。他的处理原则倒是没有错，但是他问诊了吗？是什么原因出血？外伤？牙咬伤？还是血管瘤？我看他们都是年轻医师，便提醒了他们要问问出血的原因。这一问，我立马叫停了他们的操作，要他快做气管切开，赶快送ICU。这是舌癌术后放化疗的病人，放化疗后，会有局部的黏膜充血、水肿、溃烂，致局部出血。如果放疗的范围比较大，可能会导致患者出血量比较多，甚至出现大出血的情况，有时张口受限，无法缝合，要做预防性气管切开，以压迫止血为主。如果不切开，出血过急，缝合不住，患者有可能"呃死"，家属有这样的认识，立马同意了。

（4）

医院管理有了新方法，叫"总收减总支"，即科室每月的总收入，减去每月的支出（房租、工资、器具器材损耗及工作衣清洁费等，都算支出成本）。"总收减总支"后，科室收入的比例和员工收入的比例由医院制定、计算好。根据"总收减总支"的原则，医师的沟通能力与治疗都要量化。在"总收减总支"的执行过程中，发生了几件事。

一是口内科医师增加到6位，3位老医师，3位年轻医师。科室需要增加4台高速涡轮机。按惯例，这4台高速涡轮机应该直接送到科室安装，而这次，这4台机器的成本要落实到全科，科里又落实到他们6位身上。6个人对机器的验收工作就仔细了。最后退了两台，另外两台我们要试用三个月，这两台机器在半年之后才从我们科的总收入中扣除，器械科才同意签字付款。过去这种事是器械科说了算，现在从购买到质量再到付账全都暴露在阳光下。我觉得，这种公开采购是反腐的好办法，可惜几年后又换掉了这种采购模式。正因为算得精细，我这个科主任想买牙种植机被集体否定了。

为了减少成本，很多科室准备自己买洗衣机洗衣服，多数女性同意，但男性反对。我们科成本主要在设备与材料上，最后决定由科秘书邵医师管收支上的事。根据每位医师的工作量，即收费单的多少分发。半年后，材料员心中有数，每个人的工作量多少都在他心中，浪费大大地减少了。

口内一位年轻的医师早早听说消耗品从一月领一次改为一周领一次，与保管材料的护士发生了争吵。一位年轻的女医师不知为什么，月总收费竟然只有 4700 元，还不够发工资。我找她谈话，女医师竟找来老公要与我打架。我通知管材料的护士，把科秘书邵医师叫来。她这收入都不够扣成本费。我问她："如果你当科主任，你怎么办？"最后我的处理方式是这月宽大处理，工资照发，奖金为零。如果下个月依旧这样，工资和奖金都没有。

还有件好笑的事。我提出我们要看一个病人交一个朋友。一位护士，把我们做过手术的患者名字登记在册。这本没错，但她选择性登记，只留下能给我们带来便利的领导的电话号码。我们交朋友的目的是为患者看病提供方便，解决困难，同时方便医师随访，以便了解手术治疗效果。她的目的反了，只为方便。我说："谢谢您的好意，一个号码我都不要。"

"总收减总支"的这种管理模式渐渐地改变了医师与患者、科室与科室、医师与医师、医师与护士之间的关系。当经济渗入管理，病种交叉，兄弟科室就会选择性收留病人。口腔癌患者的手术做不完，也就没有什么抢病人的矛盾。

改为"绩效"管理后，医患、医师、医护之间关系的变化显而易见。在千禧之年到来之前，我把这些变化写进了我的另一本报告文学《医与患：中国世纪之交医患关系的报告》中。当时真没想到，医患关系竟会迅速地演变到如今这样的地步。

第六章

悬壶济世仁者心
妙手回春医患情

医者仁心。古代名医常免费为病人看病。急诊医师是不应该要病人先交费再看病的。如果病人还在担架上。医师应第一时间主动蹲下帮病人解开胸前衣扣听心音。我科几个爆炸伤的病人在治疗过程中都有过欠费情况，我没停过药，没停过治疗。病人与家属已经是十分痛苦了，我们只希望他们伤口尽快痊愈。病人很守信用，出院时交齐了费用。偷运炸药者欠费出院，人死了，我们也没有去追债，七八天后，家属还是来医院交了所欠的医药费，同时表达了对我们救治的感谢。挖井受伤的病人也是欠费出院的，最终还是死了，医院发函给死者村委会问过这件事，得到的回答是，他们在讨论欠费由谁出。他是为集体挖的井，家属不愿出钱，集体认为他是违规致死，应该由自己出。医院不介入他们的纠纷，几个月后治疗费用如数送到了医院。大家的体会是：生命最宝贵，救命不问费。

（1）

这是在门诊发生的一件大事。

一位 85 级实习生竟将浸泡病理标本的福尔马林错当麻药注射到患者的上颚。那时，我正在手术台上，接到电话后，不得不迅速离开手术室跑步到门诊，给病人检查上颚部，颚黏膜已经变得苍白了。我沿牙龈切开颚黏膜翻瓣，找出腭大神经与血管用盐水冲洗，希望稀释药物。病人见我十分焦急，却安慰我说："主任，别急。我是裁缝，我也带过徒弟，他帮别人剪坏了布的时候，顾客也叫我不要急。是学生嘛，学医不可能一夜成功。"多么暖人心的话啊。那个日子里医师与患者之间的理解与尊重，我一直铭记于心。我感激患者对我们医师的理解。

是什么在医师与患者之间撕开了一个难以愈合的裂口呢？对此，我们更应该反思自己，我们要对得起患者的信任，还是那句老话：尊重生命。

护理部给我科门诊外科补充了一个中年护士，她新上任，想为科里减少成本。把 2 cc 麻药（普鲁卡因）安瓿装的改为 250 cc 瓶装，浸泡固定标本的福尔马林液也是 250 cc 瓶装。这两种瓶装液体规定了要贴不同的标签，放在不同的柜子里，由护士保管。前一天下午医师取了福尔马林液做病理活检，没有放回原处，也没有告知护士，第二天早上还放在治疗桌上，这是大错！

几周后，一个进修生拔牙，断根了。用铤时力的方向不对，把断根挺入咽旁间隙里了。这是一种很麻烦的状况，如果不及时把断根取出来，会出现吞咽疼痛、进食困难、张口受限等症状，严重时可致喉头水肿、声音嘶哑、进食呛咳、呼吸困难，甚至导致肺部感染和败血症。当时是中午，我们立即安排病人进手术室。为了安全起见，我们给病人做了全麻，取出了断根，直到病人完全清醒我才离开。病人醒后的第一句话竟是问我："主任你吃了饭吗？"我被感动了。"我学生为我买了饭"，我回答说，"取出来再吃。"是我送他进入手术室的，我还真没吃，我准备待他清醒后再吃。

"对不起，让你吃苦了。"

"你这不是陪着我吃苦嘛。"

"这是我的职责啊。"

"这是你责任心强，有的主任取出来就走了。"

"一般都不会，不会。"

时代背景不同，医师与患者的关系也不同。不仅仅是服务态度，医师的高能力、高技术水平与追求卓越的奋进精神也是医师对患者负责的一种表现。

现在有了腔镜，若年轻医师在操作时不慎将小器械掉入病人口中，病人又不慎吸入或吞入呼吸道或消化道，这样的突发状况还是比较容易处理。想当年，那是十分困难的事情。所以对初习者，我们规定任何小设备都必须用线系在两头：一头在器械上，一头在指头上。就在我写这一节内容的今天，我接到两个电话，一个是种植牙操作时，小螺丝掉入患者气道，不得不请呼吸科专家取出；一个是在根管治疗时，扩髓针进入了消化道，医院给这两位患者做了应有的赔偿。现在医学技术发达，他们用腔镜操作从进气道到取出异物只用了半小时。进入消化道的，可以拍片随诊，能随肠蠕动排出体外是最理想的结果，如果挂在胃肠黏膜上，那就得用胃镜或肠镜辅助取出。这是要懂的常识。对于这种事情，现在的患者与以前的患者完全是两种态度。

医疗质量与安全，到底是管理问题还是技术问题呢？我认为是两者兼而有之，而管理应放首位。手术要确保质量，有了质量才有安全。这是病人信任医师的前提。

发生在手术室的两起意外，可以解释清楚手术分级的重要性。两例手术的主刀都是84届的医师，他们都是主治医师。一例是颌下腺囊肿摘除术。手术是在门诊手术室进行的，手术进行了大半，有人叫我过去。原来是分离到口底，舌下静脉出血，用主刀钳夹住了，因为深，他不会用手打结，用钳子打结又担心钳子脱落。这虽然是一个小动作，但操作难度大，这足以说明分级的重要性。如今，那位主刀医师已经62岁了，他还记得这次小小的紧张吗？

另一例是颌下腺良性肿瘤切除术，主刀医师有资格，技术也不错，他在病人局麻状态下完成手术后将其送回病房。不到十分钟，患者就呼吸困难。主刀医师刚刚进卫生间，我刚出手术室，值班护士找他，学生找我。可能他是第一次见到这种急症，有点紧张。问我是什么原因，该怎么办。我回答说是血肿压迫所致。我叫护士送来剪刀与止血钳，剪断两根线，一团血涌出来，压迫消除，病人长吸了一口气。"血管结扎松脱！"我立马说："回手术室！"因为伤口与口内没有交通。我们马上给患者吸入麻醉，给氧。我把患者下颌骨推向上，减缓血液流速，用纱块轻压，很快找到了松脱的血管，是动脉，上止血钳夹住，打结，缝扎固定，再重新加压包扎。术毕，回病房。这是经验，凡是面部动脉，一定要结扎后加缝扎固定，患者的无意动作都很容易导致结扎线脱落。主刀的错误是只做了结扎，可能打结手法也不正确。

如果上述任何一例医疗意外发生在今天，都可能会变成医疗纠纷，尤其是误注福尔马林那例。但是那个病人不但没有责怪，反而安慰医师。

这是邵医师负责的患者，术后第二天查房。患者的儿子说，他老爸昨夜突发脑梗，右手不能动，当夜值班医师就请神经内外科医师来会诊，及时用药，最后病情得到了控制，他们家表示非常感谢。如果这件事发生在今天，会是怎样的结果呢？我不敢想象。今天回忆起来，我与邵医师几乎同时说了一句：好在是在那个年代。

有时回想起那些年发生的各种事，我会想，人与人之间的真诚与平等相待，就是一个时代的人之间情感的表达与缩影；尊重与理解、文明与互助就是我们那个时代医师成长的环境。风和日丽，春暖花开，远去的医风远去的情，那时的医患那时的心，叫人如何不追忆与留恋呢？

（2）

省市级领导基本上都在省人民医院就医。我院一直没有在门诊设置专门诊室。一位省里的主要领导来找我看牙，医院内竟找不到一间单独诊室。这种尴尬还是由省领导一句话解决了："老百姓在哪里看病，我就在哪里看。"我们请领导坐上治疗椅，进行了仔细检查，做了治疗。我们的护士开了一张治疗单，竟交给他秘书去缴费。好在院长灵活，接过单子微笑着说："我去。"领导补充了一句："都一样。"那时省领导一般在专门设立的公费医疗医院看病，在我们医院看病照样付费。

有一次进一位老领导的家门，一股不好闻的味道扑鼻而来。警卫员解释说："首长喜欢种菜，他在浇粪肥。"我们坐下，我象征性地给首长看了一下拔牙创口，老人家与我话起了家常："我喜欢吃的农产品都是自己种、自己做。退下后，我就去当农民，种粮种菜。"

后来这两位省领导都相继调进往北京。再后来我从报纸上看到，那位老领导还真回老家当农民了。后来又有几位省领导找过我，一位是为了患牙病发热的孙子。当我接诊治疗时，他老担心我不懂小儿的用药。他要去北京开会，上飞机前特地打电话问我："我要不要回来？"我没有把他视为省里的大领导，我只视他为患者家属，反问他："领导，你回来做什么？你又不是我的上级医师！"我理解他对孙子的爱，知道他不放心之处，补充说了一句："儿科主任管用药，我管局部治疗。""那就好，那就好。"周围的同事都惊讶地望着我：你怎么这样与领导说话？他们还有点担心。其实，领导也是普通人。有一位领导是我朋友，找我看病一样排队。他司机希望我能让他优先，这位领导却说："这里一样看文件，一样。我排队，排队。"

还有一件事让我记忆犹新。

一位司机从乡下送来一位患有颌面外伤的奶奶，我们以为是母子，请他代表家属签字。当晚，来了很多家属，司机回家了，换了一位大嫂陪同。出院后一切如常。半年后司机带着这位奶奶来复查，我才知道奶奶是一位副省级干部的妈妈，她不愿在城市居住，她儿子也不勉强，一直让她留在乡镇。她跟乡镇领导有约在先，不能让左邻右舍的人知道她儿子在省里做官。事情的经过是，他妈妈在乡镇街头购物时，被一辆摩托车撞到了，肇事者逃跑了。这位司机是位老知青，见到一位老人被撞倒，便扶老人上了自己的卡车，给她送到县医院。县医院建议转省级医院，这位司机二话没说，继续送。来住院的当晚，这位领导也在病房看望妈妈。在他眼里，医护服务管理有条有理，一视同仁，没有必要与院领导打招呼，他就悄悄地走了。他唯一做的一件事就是把这位司机调到了省政府车队。几年后，这位领导调至外省，司机也调到某厅任总务处副处长。司机成了我的患者后，我才知道其中的故事。

（3）

尽力在较短时间内明确诊断，为患者制定诊治方案，这是我认为的好医师的首个标准。

有位女性患者漫长的就诊经历，医师和患者读后可能感叹良多。她的症状是右侧颞部疼痛，她怀疑自己颅内长了肿瘤。她挂了神经内科主任号。为了排除肿瘤，神经内科医师给她头部拍了 CT，报告结果排除了颅内肿瘤的可能性，医师诊断是偏头痛。用药之后，疼痛依然没有消除。患者又去了神经外科，得到同样的诊断。她朋友说自己丈夫患了鼻咽癌，也是这样的头痛，患者就又去了耳鼻喉科，经过 CT 扫描与鼻咽部的检查，也排除了鼻咽癌的可能性。她找到肿瘤科主任，尽管专家都说没有肿瘤，但症状没有缓解，她很痛苦，仍然四处求医，还请包治包好的"民间高手"看了，都收效甚微。她几乎走遍了省内各大医院与头痛相关的科室。她又去了北京与上海，把在南昌的就诊方式又重复了一遍。精力、时间、金钱花费了不知多少，焦虑一分都没少。

有一天，她看到中医针灸可以治疗偏头痛，决定去试试。扎完第一次，第二次该科发生了医疗纠纷。那位患者的症状也是头痛，被诊断为肝阳上亢。治疗后的第二天患者头还是剧痛，血压很高，CT 报告颅内血管出血。她被吓回来了。

一个十分偶然的机会，她到朋友家做客。朋友问起她头痛好了没有。她痛苦地说："一如既往。现在疼痛得不能吃饭，再香也没味。"桌上有个民营的牙科医师听罢，建议她找我看看。她十分不愿意，明明是头痛，怎么去牙科？

她最后还是找到了我。经问诊，她的主症是咀嚼时和大张口时疼痛加剧，进食时疼痛得难以忍受。前几次去医院，她都没有强调这点。她还有夜磨牙症，晚上颞部疼痛，致噩梦连连，睡眠不好，白天焦虑，便加重了颞部疼痛。经检查，颞部、右侧与口内肌肉压痛。我诊断为颞下颌关节病咬肌痉挛，她感到很惊讶，她知道有手关节、腰关节、颈关节，不知脸上、耳前也有关节，也会生病。患者凭自己的臆断到处就医，花费了时间和金钱，专家也没有有效地与之沟通。非口腔科医师对相关症状不太了解，口腔科也有少数医师不知道其中的联系。这类的病人，我几乎每天接诊时都会遇见。对这类颞下颌关节综合症的病人的治疗需要医师和患者的配合。

一个颈部长了肿块的老人自我诊断是淋巴结炎，挂了外科的号，外科医师接治之后又让他转到了肿瘤科。世界外科医师已达成一个共识：胸锁乳头肌上三分之一的肿块 80% 是恶性的，80% 是转移癌，80% 的原发灶在头颈部。肿瘤科医师初诊是鼻咽癌，CT 片排除了这个可能性，让他转到了口腔科。老人在口腔科门口看见一张张牙椅，这是牙科，能看肿瘤吗？于是他投诉了肿瘤科，指责肿瘤科医师乱转诊。好在那是位老医师，不计较，叫学生带他到住院部找我。在病房里，我接待了他。他舌根到舌腭弓处有一菜花状溃疡，触诊后考虑是口咽癌。我请他在病房里看看，他这才真诚地说："对不起，对不起。感谢你们父母心。"这就是那个年代的医患关系，患者一旦理解，就会信任医师，并主动为之前的不当行为和话语道歉。

如果遇到一位不知疾病关联的记者，写一篇责任全在医方的文章也未尝不可，会不会又为医师招来一片谩骂？

手术治疗分三种：限期手术、择期手术、急诊手术。限期手术指不宜延迟过久的手术，如恶性肿瘤；择期手术是在一段时间内可以等待手术安排，手术时间的早与晚都不影响疗效，甚至有的手术后需要观察一辈子，有的肿瘤可以不做手术，如头颈部上的没有畸形的良性肿瘤（脂肪瘤、血管瘤等）。

一个读小学的农村男孩，颌下淋巴结肿大且伴有发热，在乡里治疗了几次。他妈妈是乡村小学老师，很敬业，不愿耽误学生的课，就一直没带儿子来市里的医院，一直用消炎药没有效果，才来住院。问完病史，触诊之后，我心里不踏实了——反复发热、渐进性消瘦，完全符合淋巴瘤的症状。这不能等待，得尽快安排病理活检。好在这位老师能够理解我提前为他安排手术的原因，这就叫"父母心"。我们在给男孩全麻之后取了一个淋巴结送病理检查，一周后报告出来，显示是非霍奇金淋巴瘤，要做免疫组化。孩子天真地告诉我，妈妈要他长大之后当医师，我高兴地说："我做你的老师。"10年过去了，男孩因治疗及时，圆了进大学的梦。

早诊断，早治疗，最大限度延长患者生命，改善生活质量。儿童淋巴早期常表现为颌下颈部淋巴结肿大，应立即就诊，尽早确诊对儿童的治疗非常有益。令人感到心痛的是，很多口腔科医师不知道这病，常按淋巴结炎治疗。有一次查房，竟有两个已确诊的孩子，要取锁骨上淋巴结进行分类。每次看了病理结果，我总要悲戚几天。医师的希望是这类病越来越少，然而现实却是相反，这让我心中的悲戚常常外溢出来。当下，这样取淋巴结，"过度治疗"的大帽子就扣下来了，有些医师就此放下手不做，受害的是患儿。一个小孩疑似患了这种疾病，医师让他住院治疗。其爷爷是我院退休的中层行政领导，他竟怀疑收住院做手术是过度治疗，打电话找我咨询。我回答说处理没错。他又问了几位医师，大家回答都是一致的。他最后还是选择了吃一周抗生素，在家治疗，结果自然无效。我也没过多劝阻，劝多了我也会成为"嫌疑犯"。医患关系落到互疑失信这个地步，责任在谁啊？面对患这种疾病的孩子，我感到心痛惋惜。

一个男性颈部肿块患者挂了主任号，这位主任很认真，先为他做了超声检查，但还是不放心，又让他做了螺旋CT扫描。两者报告都显示为良性囊肿。这下该放心了吧？患者家离省城很近，听说我"摸摸"挺准，一周后又来要我"摸摸"。我否认了超声波与CT的诊断，怀疑肿块是个"坏东西"。我的理由是，肿块周边不规则，质地较硬。画了线，定好点做细胞学检查，报告是腺样囊性癌。我立马收住院，为他安排手术。在手术的头两天，他又找我问手术预后情况。我顺口问他："你发现了多久？"他说："一年。"发现不等于存在，于是我看了他的术前检查结果，无异常。但颅内未查，我不放心，与他商量，再拍一张大脑的片子，他同意了，他知道这些检查的一切费用与我无关。我要他查颅内是有原因的，这种癌的特点是容易早期转移，他已经发现一年了，转移了吗？如果转移了，就得重新制定治疗方案了。那天是周末，他以急诊的名义去拍了片子。报告显示，颅内脑膜可见肿瘤转移病灶。

（4）

每位医师都是在接诊与治疗患者的过程中不断提高自己的。一个15岁的女孩，因为颌骨肿瘤入院进行手术治疗。术前，没有一项检查提示是恶性肿瘤，术中医师发现肿瘤是绿色的，这才诊断为绿色瘤。这种恶性肿瘤因新鲜组织切面呈绿色而得名，多见于10岁以下的儿童。为此，我写了一篇短文——《原发左下颌骨非白血病型绿色瘤一例报告》。

一个患者按骨髓炎被收治入院，经过活体病理检查，发现是罕见的伯基特氏淋巴瘤。那两年我竟接诊了三例，于是，我写了短文《伯基特氏淋巴瘤三例口腔表现》。因为这种病很少见，病理科与肿瘤科又各写了一篇。前者写的是镜下所见的这种肿瘤的特征，后者写的是这种病的治疗方法。三篇文章体现了三个层面的知识，那时写文章主要是"奇病共识"，共同提高，现在写文章却只有一个目的——晋升。

一个23岁的大学生，高热不退，外科急会诊诊断为面部疖痈。我来到床前看病人，他处在昏迷状态，无法沟通。我判断小伙子已经处在颅内感染阶段，这是面部危险三角区感染所致，若是早期未能正确处理，病情就会迅速恶化。医师给他用了一般抗生素，但他已经住院三天，依然未能抑制住细菌的扩散。我找到外科主任，请脑外科急会诊，希望做最后一搏，选择用突破脑屏障的药物。第二天我去复诊，却已人去床空。23岁的大学生哪！他父母会哭成怎样？这是怎样的一个就医过程？是医师无知？患者无知？是医师未解释，还是医师解释但患者不信任？

人的颌面部有个特殊区域，叫"面部危险三角区"，是两侧口角至鼻根连线所形成的区域。这一区域内的大多数静脉没有静脉瓣，血管受到压力，血液就可以回流进入颅内的静脉窦，容易导致严重的海绵窦血栓静脉炎，严重可致颅内感染（脑脓肿），这时便会出现剧烈头痛、恶心、呕吐、昏迷等症状，严重时会危及生命。记住，危险三角区内的小疖肿、痤疮是不能挤压的！年轻人常常会用手指挤压青春痘、小疖肿，挤压时，若是血液反流，细菌进入深静脉，引起败血症、脓毒血症，这是致命的危险！这个小知识有多少人知道？有多少人相信？这不是恐吓，朋友！提醒再提醒，感染症状比较严重，若是形成脓肿，需要医师采取切开引流术进行治疗，这个医师最好是三甲综合医院的口腔科医师。

以"百度"为师，对疾病不了解，凭自己的诊断四处就医，坚持自己的观点，对医师不信任，难以与医师进行有效的沟通，当今，这类病人越来越多。个别偏执患者"四处寻医"未果，有时还会与记者配合指责医院医师无同情心。其本质是患者对疾病的恐惧，又不相信医师的判断。在患者已失去对医师的信任后，医师解释也是白费工夫。一个小伙子挂了我的号，见面第一句话就是："请你帮我开一张核磁共振，增强的。"我说："请你退号。你可以到一楼便民服务处开，不用排队，也不用挂号。"他说："我还要请你看病。""看什么病？"我问，"看是不是血管瘤？"这就是自以为是的现代病人，盲目地走在就医路上。望着他自鸣得意的背影，我心中泛起深深的无奈。

第七章

至尊至爱传承德
仁心仁术如家亲

采用最有效的、价格低廉的治疗方案是医德的主要体现。外科手术治疗都有风险，只是大小有别。医师的素质、道德、技术是预防风险发生的一道墙。

（1）

一天，已过中午，我下手术台骑自行车回家，刚端起饭碗，曹医师就到我家了。我还没有开口问他怎么来了，他就又急又有点兴奋地说："他们要我来请你上台。"

"什么手术？"我问。

"颈动脉体瘤。"

我一怔，放下了手中的饭碗："颈动脉体瘤？多大？"

"不知道。"

关于颈动脉体瘤，我只在教科书上看过，实习时没见过，工作后也没见过。偶尔翻翻文献，也是一读而过。我使劲地回忆读过的文字：颈动脉体瘤是一种较为少见的化学感受器肿瘤，发生于颈总动脉分叉部位的颈动脉体有 5%~10% 的可能属于恶性。其治疗方法是手术切除。由于瘤体血供丰富，病变部位特殊，手术风险大、出血多。术前要做颈动脉压迫训练为建立颅内侧支循环做准备，最好有造影。我估计这些都没有做，我不知道手术开始后会到几点结束。但我知道这类手术上台容易，下台难，自己不能让饥饿击倒，这不是急诊，于是我吃了两口饭后跟曹医师一起蹬车去医院。

到医院时已过中午，我们走进手术间，很安静，科里的年轻医师与进修生都来了，他们卷起了袖子，等待上台。他们当然激动，能参加这类手术的机会极少。见我来了，兄弟科室的医师开始脱手套、脱衣服了。我看了看，决定采取肿瘤剥离术。邱、邵、曹三位医师都上。

颈鞘上自颅底，下续纵隔，鞘内有颈内静脉、颈总动脉、颈内动脉和迷走神经贯穿；颈动脉鞘的浅面有胸锁乳突肌、胸骨舌骨肌、胸骨甲状肌、肩胛舌骨肌下腹；血管有甲状腺上、中动脉，鞘的后方有甲状腺下动脉横过。要切除的颈动脉体瘤在鞘内的，严格止血及避免损伤动脉是手术成功的关键。手术操作时要避免触及人体压力感受器的颈动脉窦，压迫超过 15 秒就有生命危险。

我要求，我没出手助手们就不能伸手。我轻巧仔细地开始操作，先分离周围包裹的筋膜，进而解离瘤体。先切断颈外动脉近颅端，分离颈总动脉；切断颈外动脉近心端，分离颈内动脉；最后分离颈动脉分支部。颈动脉体瘤血来自颈外动脉，为了减少术中出血，我将颈外动脉的近颅端及近心端完全切断，然后再分离肿瘤基底，粘连最紧的最后进行。一是易损伤动脉壁，二是分离时，会很容易触及颈动脉窦，这就是我不要他们轻易伸手的主要原因。

　　我们做了最坏的打算，如果术中颈总动脉真的破裂出血，只能在暂时阻断血流的情况下，进行血管破口修补，暂时阻断时间每次不超过 3 分钟。

　　我们精心合作，瘤体已经剥离了三分之二。为了不让颈动脉窦受压，我用 7 号线悬吊起要切除的这一端，再用 11 号刀片，锋刃朝上，一点一点切离粘连的筋膜，速度快多了。已是灯火通明的时分，大家屏住了气，最后一刀，瘤体全部剥离了，此时没有笑声。护士长问了一句："完了？"

　　"完了！"回答后，我说："冲洗！关。"

　　瘤体在医师、麻醉师和巡回护士手中传看，这是我们累了一天的成果。我和护士长到手术室门口向家属报平安。我突然看到了妻子，她看着我，会心地一笑，我知道她的心一直陪着我，她在担忧我。我把瘤体举起，轻轻地摇动着给妻子看，没有惊动任何人，妻子眉间的愁云也散去了。医师与患者的家人希望的都是平安，此时此刻，我们都沉浸在平安的欣喜里。共享微笑就是医患共同追求的目标。

　　几天后，急诊送来一个小伙子，颈部被人砍了两刀，刀口已经结了痂。送他来的人有男有女，亲热地叫他"二把手"。哪个单位的"二把手"这么年轻？最后留下两个女士陪同。我好奇地问了几句："你们是什么单位的？"女士十分惊讶："他你都不认识？他是我们县的'二把手'。你看看他的左手，少了一根小拇指吧？你知道他手指为什么那么短吗？"我哪有心思去听她讲"二把手"的故事，她还在唠唠叨叨地讲述是他自己砍的。我清楚了，这是一个地痞流氓团伙的头子。

　　接诊医师告诉我这是一个假性动脉瘤患者，我只知道假性动脉瘤是动脉破裂之后，血液凝固血流受阻而形成的假性瘤体。实话说，我从没有见过哪位专家做过这样的手术。这位患者的假性动脉瘤在颈部，没有做 CT 检查，皮肤已经感染，不能造影，感染的皮肤随时都有裂开的可能。我带着大家边检查边分析，病人伤口有点长，不可能是刺伤，有点像横砍出来的伤口，也就是说可能伤及的血管较多；切口在颈中部，如果刀口浅，可能只伤及静脉；触之，有脉搏，颈外与颈内动脉是否都伤及了呢？如果都伤及了，要准备多少血啊？医务科与相关科室建议我转上海九院。理由是风险太大，又是流氓团伙互殴造成的伤。我也想了，如果转院，路上出血，患者必死无疑；如果通力合作抢救，他还有活的可能。第二天是周六，不是口腔科手术日，等两天会有危险。没有想到，院领导同意把手术安排在第二天，还请手术室适当地停了几个科室的手术，重点保证这台手术，已联系好血源，安排了麻醉科副主任为病人麻醉，护士长做巡回护士，洗手护士也都做了安排。我有点受宠若惊，看了看日历，这是 1991 年的最后一天，难怪书记说："可以做，但不能有意外。"感谢大家对我的信任。

我想，最理想的情况是仅有动脉管壁被撕裂或穿破，血液自此破口流出而被主动脉邻近的组织包裹而形成血肿。这位患者的几个症状都符合：创伤导致的局部肿块，有膨胀性搏动。如果瘤内有附壁血栓形成，则有可能发生血栓迁移，引起远侧动脉栓塞，也可能因压力增加或感染而破裂出血。

第二天早上八点半，手术准点开始，我进到手术室的时候发现新上任的曾书记竟然先我进了手术室，他又一次对我说："只能成功，不能失败。"这是要求又是鼓励，这样的鼓励让我又有点"恐惧"，万一呢？上了手术台，我按计划做了锁骨上切口，向上翻瓣，暴露颈外静脉，打开颈鞘，解剖出颈总动脉、颈内静脉与神经，进一步暴露颈中部的肿块。我准备把这三支血管分离出来，做好弹性结扎的准备，再打开黑紫色的肿块。我停了几秒钟，有点胜利在望的感觉。就在这时，不知是谁捅破了假膜，血液如同决堤一样涌出，根本看不到出血的血管，三位医师上止血钳，毫无作用，下颌到锁骨统统被血淹没，既有喷射的鲜红动脉血，也有潺潺流出的静脉血。麻醉科主任大声地提出警告："蒋主任，病人的血压直线下降！"我说："输血！建立双管通道输血，快！"麻醉科又发出警告："听不到心音了！"我们的医师也在喊："蒋主任，会死在手术台上！"我没有理睬，大声说："圆针、7号线，快！"洗手护士把圆针和7号线递给了我。我从锁骨开始，快速向上缝合，只用了数秒钟的时间，血止住了，但我没有打结，就一直悬系着。危险的是，这侧供应大脑血液的动脉，从大脑出来的几根神经全部缝扎在线里。大脑缺血，神经传导受阻都会致命。人人无言，把目光投向我，似乎在问：下一步怎么办？我说了一句："开始止血！"我把锁骨上的线头交给邵医师，请他压着主血管，我提着线尾，慢慢地松出小段结扎线，邱医师与我负责止血。见到出血点，便精、准、快地上止血钳。我左手压着纱布向下拖行，右手握着止血钳。突然，鲜血染红纱布，是颈外动脉的下颌分支。此时，我心中有底了，往下必然是舌动脉、甲状腺上动脉，迅速向下找到颈动脉窦把颈外动脉、静脉一起扎了。我安全地向下移动了1厘米，打开颈鞘，颈内静脉破裂，我们认真缝合好。大家松了一口气：颈总动脉完好无损。我说："请报告生命体征。"麻醉师回答："正常！"我又问："今晚谁值班？"有三人都表示愿意值班。我说："经管医师值班。请护士长向领导汇报，病人平安。暂歇三分钟。"那时没有观察室，没有ICU，一个医师对生命包干到底，责任是让病人活下来。"二把手"活了，这次"重生"会不会给他一点教训或启示？人需珍惜自己的生命，也要珍惜他人的生命。

几年后科里又接诊了几例假性动脉瘤患者。主刀医师不是我，是邵、曹两位年轻的医师，他们一样完成得很好。在医路上，你追我赶，青出于蓝胜于蓝是必然的事。

（2）

头颈肿瘤手术做得多了，兄弟科室碰到复杂一点的头颈肿瘤手术都会请我会诊。兄弟科室的一位医师做一例甲状腺癌双侧淋巴结转移手术，做了一半，请我协助，要做双侧颈部淋巴结清扫，难度大，风险也就大。论辈分，他是我师兄，我理所当然要礼让与尊重。在手术中，他没有规范操作，也就是没有进行整体区域性清扫。颈动脉窦处有粘连，他却只是像捡黄豆一样清扫。所谓清扫，就是整体区域性横扫一切肿瘤未来可利用的组织，要完整、彻底，一点残余都不能留。我有点生气：这样做有用吗？我用止血钳拦住了他的止血钳，笑着说："我来吧。你有点老花眼了。"他懂得我的意思，也笑了，说："不然怎么请你？"医师的仁心仁术不在嘴上，在医师的手里、眼里、心里，这是外行不知道的。

妇产科要我去会诊。是一位农村来的中年女性。阴道口烧伤后留下了瘢痕。妇产科医师为难的是，把阴道口里外疤痕切除后，如何植皮？皮肤又该如何固定？一位巡回护士为他提供了人选——蒋主任。大家有点莫名其妙——一个管嘴巴的科室怎么会管阴道？

我能做阴道再造术是因为这类手术与口腔颌面外科手术的特点相似。手术切除病灶后需要修复，如唇癌，病灶切除术很简单，修复唇缺损却有点复杂。下唇还好修一点，拉拢，或接一点组织，上唇对美的要求就高了：唇弓要呈现、唇峰要对称、唇珠要隆起、唇线要连续。舌癌、颊癌、口咽癌的修复更难一点，患者不希望出现口角歪斜、缺牙瘪嘴、面部塌陷、满脸疤痕的现象。没有想到的是，有人在网上报道了我做了阴道再造手术。至今尚可查阅。

50 年前，口腔癌手术只要切除病灶再用邻近组织修复即可，对功能要求不高，后来要求恢复功能，再后来要求美观。为达到这个目的，材料也有所改变。一是人体自身材料，比如，下颌骨切除后最早用肋骨，后用髂骨，现在均是骨游离皮瓣，血管吻合；二是物理材料，如骨折固定最早用钢丝，后用钛板。什么修复材料对恢复原状最好，就选用什么材料。用人体何处组织填补与修复的缺损更完整、完美，自然选择最符合的。颜面是人重要的对外交流形象，肠子功能、尿道功能没有了，可以做尿道、肠道造口，穿上衣服裤子什么都看不见，与人交往时总不能时时刻刻戴口罩吧？于是，为了提高口腔器官功能与确保面部美观，显微外科手术进入常态，技术难度与风险也提高了数倍。口腔颌面手术就有了切除、修复、功能、美观等多层次的要求。

一个小伙子鼻部长了恶性肿瘤，侵犯了部分上颌骨，要做上颌骨部分切除与鼻再造手术。用什么做鼻子？尽管在 19 世纪我国就有了鼻子整形术，但修复的大都是先天畸形，绝大部分手术是假体隆鼻，外伤或肿瘤切除后的缺损修复还是有难度。肿瘤切除后缺损的修复应叫雪中送炭。当年我采用的是邻近皮瓣，也就是额部的皮瓣修复。病人既高兴又痛苦——鼻子起来了，额部却有了新疤痕，病人管这叫"挖疮补肉"。我还用这种方法做过外耳与鼻部再造，都需要取肋骨，做耳廓与鼻梁。直到 20 世纪 80 年代初"杨果凡皮瓣"诞生，"挖疮补肉"的现象才有所变化。

杨果凡是沈阳军区总医院整形外科主任，他发明的前臂游离皮瓣移植术是修复重建外科发展的一个里程碑。1991 年我去他那里学习。

如今前臂皮瓣移植已是修复口腔缺损的常规手术，是舌、口底、舌咽、颊部缺损修复的主要选择。手术做得越多，技术越成熟，经验越丰富，手术质量就会越高，病人就会越来越安全。这就是新医师与老医师、勤快医师与懒医师的区别，也是患者眼里好医师与坏医师的区别。选医院、选医师究竟选什么？是以医师的技术与经验为主，不是以医师的态度为主。

（3）

这例口咽癌是从肿瘤科转来的。肿瘤科医师说，已经淋巴结转移了，面积又大。家属希望医师能让他最少活三年，原因是，他三年后才能退休，他退休那天是他们家最大的男孩子能顶编的日子，否则，一家人没有一个是城镇户口。肿瘤科医师找我商量治疗方案，商量一个能让患者活比较长的时间，让他孩子实现顶编希望的方案。我对患者进行了问诊，进行了局部触诊，了解一下肿瘤的硬度、边界，淋巴结转移了多少、范围多大。最后，我看了病历与病理报告：低分化鳞癌。我决定做诱导化疗后立即动手术将病灶切除加根治性颈清扫。我计算了日子，决定让他"插队"，将手术安排在三八妇女节那天，这应该是一个吉利的日子。

那时我爸卧病在"床"，此处打了引号是因为不是真的床。他与我姑姑工作了一辈子，却无半分存款，无半块瓦片。妻子承诺，她会永远与两位老人住在一起。部队医院也一直照顾我们，专门给老人提供了一室一厨有卫生间的住房。我爸卧床后不能离人照顾，我就把他接到我身边，在我们家的厨房里安了两张卧具，姑姑睡床，爸爸睡躺椅。说来让人心酸，我家厨房是自己加盖的斜瓦矮墙，安放卧具的那处是厨房的边缘，人进去只能低头站立。我爸不能站立，只有这样委屈他了。家里请了一位钟点工，主要任务是给两位老人洗衣服。

三八妇女节这天早晨，我对我爸与姑姑说："我今天手术要拖班，一天都不在家，你们多多注意。"我有意无意地握住了我爸的手，也不知道什么原因，我心里有道不出的话语。我多次问过自己，这样执着究竟为了什么？为什么不留下时间陪妻子，陪父母，陪养我长大的姑姑，陪陪正在成长的孩子？我对爱情、亲情、友情及美好生活都无比地渴望。

我还是告别我爸蹬车走了。查房后，我就进了手术室。颈清扫是我们的常规手术，前一天我选择了背上的斜方肌修复。突然，护士长来到我身边耳语了几句，我一怔，放下了止血钳与手术剪刀，默默地跟她走到手术室门口对来人说："谢谢你，我知道了。你与我妻子说，我与平常一样，还是手术结束后再回家。"我含着泪再次走上手术台，对邱、邵、曹三位医师说："继续。"晚饭前，手术结束。我第二天请了假——我爸去世了。

我守在我爸身边，与他一起度过了最后的一夜，一夜说不完一生的话。我爸业余时间苦苦研究了一辈子中医，我也行医28年。面对命运，我们只能低头认输，一切都是上天的安排。妈妈与妹妹竟也在这天来了，这真是"心有灵犀"！

第二天，全科的人都来了。"谁上班？"我问。"你放心，都安排好了，我们向支部与工会汇报了。"邱医师与邵医师说。医院为我安排了交通车、小车，科里同事陪我全家送我爸走完告别人间的最后旅程。

我爸去世后，姑姑患了脑梗，一直瘫在床上。姑姑终身未嫁，57岁时下放到九江德安县磨溪公社，她下放的理由很奇怪：20余年的优秀护士长，市里的劳模，竟属于"臭老九"之列。她一生都不愿麻烦他人，患了脑梗后我在她床头系了一个可以响铃的开关，她从来不用。那年冬天的一个晚上，她摔倒在地，爬不起来，便把被子拉下来盖在身上。我早上去开门，发现她躺在地上，把她抱上床，我哭了，她在地上躺了一夜。这一生，我在姑姑面前哭过两次。一次是她60岁那年，我去磨溪公社生产队看她，误了班车，我步行找到大队部，看到她出诊的背影，我忍不住流下了泪水。我跟着她慢慢地走着，只到了农舍门口才呜咽着叫了一声："姑姑。"她骂我："傻子，哭什么？"现在，我爸走了，厨房只剩下她一人，她会想什么？

三年后，一位小伙子来我家要看望我爸，手里拎着两条鱼，他告诉我，这是他们家自己塘里养的。他感谢我是因为他已经顺利顶编了，有了城镇户口，在乡政府做话务员兼通信员，他还在学开车，争取去车队。他还要感谢我爸，我告诉他："我爸去世了。"我没有想到他竟在我家门口跪下了，望着蓝天说："是您老人家保佑了我们，保佑了我，您老人家在天之灵，保佑天下好人。"姑姑看见孩子跪着，叫我快点扶他起来。

下面这位患者可能是我走过的医路上仅有的病例。

他因患下颌骨良性肿瘤入院做手术。半年后恶变，再次手术。我给他做了右下颌骨切除与颈清扫术，术毕，待清醒后就可拔管回病房。我脱手术服，邱医师吸痰，之后就是等病人完全清醒。就在病人处在半醒半麻状态的时刻，监护仪上的数据突然掉到零——心脏骤停，邱医师第一时间进行胸外按压抢救，麻醉师配合给药。我们都以为患者会醒来，哪知患者嘴唇由红变白、变紫、变黑。我在更衣室，邱医师跑来问我："蒋老师，都黑了，怎么办？"

"切开！快！"我几乎是吼叫。

"切哪里？"邱医师问。

我冲进了手术间说："开胸！请胸外科万主任快点过来！"

手术室很静，也许是还没有人理解我的意思，不知怎么动手。我戴上手套，拿起手术刀说："开始！"我做过开胸取肋骨的手术，所以，很快便用双手大力拉开肋骨，暴露胸腔。胸外科万主任已经赶到，很快松解开心脏周边的结缔组织，捧出心脏，有节奏地按摩，此时生命体征数据开始正常了。"看好，学会！"我对邱、邵、曹三位医师说。我接着按摩了一会。病人的嘴唇恢复了红色。然而，当邱医师手累想换一下时，病人的嘴唇马上由红转白。邱医师问："老师，如果一直这样，那怎么办？"麻醉师小沈说："你累了，我来接。"他也许是想切身感受一下，也许真的是想帮助大家。他接过心脏，有规律地按摩。是麻醉师的魔力吗？他停止按摩时，病人的心脏自主搏动了，生命体征全部恢复正常。我们又观察了五分钟，一切正常，关胸。没有ICU，我们只好将病人送回普通病房，由我们几个人精心护理。

这位患者出院后两个月来我家表达感谢，他没有带任何礼品，只带着老婆与孩子。他的一句话让我十分激动："我上有老，下有小，你要是没有救活我，我老娘、老婆、儿子都要去喝西北风。你也是上有老，下有小，你是省里的知名专家，竟然住这样的旧房，这样忘我地工作，我不敬佩你，敬佩谁？冬天，老人家没有生病是她的福气。北风往窗户里灌，她老人家受得了吗？"他带着卷尺，一家三口走进我家厨房，我问："你们怎么知道的？"他说："你们科里同事都来为你老爷子送行。看到两个老人晚年竟住在这样的环境里，谁不感叹啊？！"

他是建筑工地上的负责人，得知我住房环境如此恶劣，马上想到要帮我改善一下居住环境。他花了三天时间，帮我增高了厨房北面的矮墙，加固并密封了木窗。妻子炒菜不用再弯腰低头，姑姑冬天也不会再感受到从窗缝里钻进来的刺骨寒风了。啊！在生命延续的过程中，活着与活好是人生的基本要求。我的患者是要让我活好啊！我感谢他！

那台手术的时间是 1991 年 10 月 24 日，病人出院时间是 11 月 19 日，他术后住了 25 天院。手术记录是由邱医师书写的，每天记录病人情况的有邵医师、曹医师。团队团结向上，才能给患者带来福音，带来健康！至今，我依然怀念与感谢他们用青春与我相伴的年月。他们伴我度过我人生最忙碌、最精彩、最难忘的日子。

我们那代人生活在一个没有奖金、没有加班费的年代，但我们依然夜以继日地在手术室抢救病人。我的年轻同事们，都是在定额奖金与极少加班费的年代成长起来的，每次手术拖班，只喝一碗开水冲的奶粉。患者没有送红包医师也没有收红包的念头，患者只会在出院后送锦旗，给医护人员送水果，大家开开心心、欢欢喜喜地庆祝康复出院。上学时他们是我的学生，留校后是我的同事。我是主任时，我是他们的上级；他们是主任时，我是他们的下级。做好上级，也要会做好下级，我们都恰如其分地处理好了这些关系。他们身在三甲医院，都是在苦与累中成长起来的专家，他们的成长过程也是其技术提高的过程。每个想成为好医师的人都想方设法缩短这个过程，争取在最短的时间内迅速提高成长。很多外科医师常以自己能力不足为耻，用不出手术室来弥补自己的不足，纠正自己的短板，加速提高自己的医术。这是患者所不知晓的。今天，他们已走进花甲之年。只要权与利不渗透到手术刀下与听筒里，医患之间的遗憾一定会越来越少。

（4）

叶平是邵医师和曹医师的学弟，是宋莉的大师兄。他于 1985 年考入江西医学院口腔医学系，是口腔系第四届学生，留校后从事颌面外科工作。1991 年春，他去北京大学口腔医学院进修影像学与颞下颌关节学，1995 年又去华西医科大学学习种植修复学，回院后规范化地完成了江西省第一例无牙颌患者的牙种植手术。那时，正是我们医院不同意购进设备的日子，是大家对种植牙不理解之时。没有患者就没有市场，但叶平始终坚守阵地，1995 年规范化地完成了一批病人的种植修复手术。同年正式建科，他是第一任科主任。2009 年，由他牵头主持，我们科承办了第六届全国口腔种植学术会议，这是江西省第一次成功地举办全国性的口腔专业学术会议。后成立种植医学专委会，他任首任主任委员、中华口腔医学会口腔种植专业委员会常委。他是我的第一个研究生，也是江西省最早的几个研究生之一。他读研究生时，我建议他的课题与论文方向选择生物力学在种植牙中的表达，可与厂家合作，证明咬合力通过金属钛种植体对骨组织应力最大的解剖点的存在意义。那时，病人依然不多，设备仪器也不全。所以他的论文最后还是选择了肿瘤方向——《口腔鳞状细胞癌不同区域的 p-53、p-21 基因蛋白表达差异及临床意义》。不久，他有了自己的研究生，默默地耕耘了 15 年后，从门庭冷落到门庭若市。2015 年春暖花开时，他受聘于泰康拜博口腔医院，担任医疗技术院长。同时，他还把我与他的硕士研究生邀请进院，组建了全国民营医院少有的"三代同堂"的硕士种植学团队，取名为"叶平教授口腔团队"。

近 30 年来，他为成千上万缺牙的患者提供了高效的种植牙方案，认真对待每一次诊疗，要求自己每一例手术都做到完美。喻先生是他 1998 年的一个患者，23 年后来复查，牙齿状况依旧非常健康。喻先生说："想要种好牙，一要选好正规的口腔医院，二要选专业的口腔医师。叶平是这样的医师，他所在的医院是这样的医院。"叶平发表了 10 多篇学术论文，我们还一起出版了专著与科普书：《口腔医学病例书写教程》与《口腔疾病与种植修复 200 问》（这两本书发行量均过万）。他第一批接受种植修复的患者至今还在使用当年种植的牙。

在缩短疗程、减少并发症，在实用、美观、长期甚至终身使用等方面不断求索。他们把追求与思考汇集在"三代同堂"团队编写的《口腔种植修复实用临床病例图谱与综述》这本书里。

我为叶平团队总结了几个特点。一是病人的特点：患者平均年龄偏大（最大的 89 岁），患者并存症多（一个老年人平均有六种慢性病），全口缺牙的多。这些特点，无疑对医师的诊治水平提出了更高的要求：要懂系统性疾病与植牙术的关系，要了解老年人的生理与心理疾病的特点，他们要针对这些问题加强学习。二是学习特点：学习不中断，建立了相关制度确保提高技术，重视学术；每周坚持业务学习，创办了公众号，每周在公众号里发文；举办了规范化提高班，每次收三个学员。他们用质量赢得了患者的信任，每天如亲人一般满足患者的要求，也赢得了同行的认可。

让叶平没有想到的是，在 2024 年换届时他居然被选为江西省口腔医学会民营口腔医学分会的主委。我竟成了民营口腔医学分会的顾问。

我与宋莉有点缘。她从入学举办晚会到成为我的硕士生都很顺利。她很努力，硕士毕业后选择了继续深造。不久，她又成为博导。我参加她的研究生毕业论文答辩时认真地对她说："我考你的博士。"她说："我哪能做你的老师？"我笑了："你当我老师，我会如期毕业。"她说："我不会给你开后门。"我说："我也考不取。"

她致力于牙周病的诊疗和研究有 30 余年。在复杂牙周病的多学科诊疗中有着丰富经验，擅长复杂牙周病的种植修复和激光、光动力治疗牙周病等，同时也积极推广牙周序列治疗，有效提升全省牙周治疗水平。她的"规范化牙周序列治疗的技术推广"于 2020 年获江西省医学会科普奖。她与她的博士生主要从事牙周病的研究，并致力于牙周病的发病机制、牙周组织再生、牙周病与全身系统性疾病相关性及于人工智能的口腔疾病诊断及预后评估等研究。由她领衔的江西省卫生健康牙周病学重点实验室和南昌大学牙周病研究所人员撰写的一系列论文在 *CEJ*、*Materials Today Bio*、*Redox Report* 等高影响因子杂志发表。荣誉方面，她不仅获得了江西省双千人才、双高人才等省级人才称号，也获得了"中国好人"、"全国巾帼建功标兵"、"江西好人"、江西省卫生健康突出贡献中青年专家、江西省最美科技工作者等荣誉。她现任南昌大学第二附属医院党委委员、副院长。她组织编写的《口腔全科医师牙周病临床诊疗手册》正待出版。

晓智临床实习期间让我最称赞又最难忘的一件事是抢救一个颈外动脉分支断裂出血未结扎的患者。那是一个周五的上午，主刀医师给病人清创缝合，经创面冲洗没见出血，于是他决定缝合伤口。我在另一间手术室忙着，没去看，只提出要他们找到完整的颈外动脉才行。主刀认为没有必要，执拗地缝合好伤口，送病人回病房。周六查房时，病人平静安好，似乎无事。周日早上，我家电话铃声突然响了，我拿起电话，听见晓智急促的声音："蒋老师，你快来，出血压不住！"我知道出事了，也急忙说："死活得压住，我跑步过来。"待我到病房，见病人情绪稳定，血已止住。晓智的工作衣上面都是血。我明白了几分，说："急推送手术室！"插管全麻，病人进入全麻状态。晓智以为我会开始手术，我没有。我请手术室护士通知我科的年轻医师与进修生全部来手术室后再开始。我要他们看看，医师错了一点点，病人就会陷入极大的危险当中，甚至搭上生命。曹医师要求主刀，他刚刚从上海九院进修回来。我笑了，说："可以。等人到齐了上台，我做一助。"曹医师掀开纱布，准备消毒，我一言不发。这一松绑，别说消毒，连解剖位置都看不清，动脉血很快漫过颈部。"蒋老师，我们换位置。"我从锁骨上找到颈总动脉，向上过颈总动脉窦，结扎颈外动脉。如果晓智没有压住，就不是这样的结果了。病人回到病房，家属还向医师表达感谢。病人的感谢让我感到羞愧。那个年代的医患关系"逼"着我们努力。

晓智要报考上海交通大学口腔医学院口腔颌面—头颈肿瘤外科博士，我大力支持。我笑着说："要多少假期都可以给你，考不取，回来后你的假要加倍还给我。"当年的杨杰、廖健兴都是如此。他的博导张陈平教授是邱蔚六院士的第二个博士生，是曹医师进修时的带教老师，是《现代手术并发症学》一书的主要作者之一。晓智打电话告诉我说，他是学术型博士。为此，我特地去了上海，找了张陈平的师兄张志愿院长（现为院士），希望能变通一下。不能改变原则，但可以多多安排临床实践。博士毕业后，晓智去了南方医科大学珠江医院任口腔科主任，偶尔也会外出"飞刀"。他们科在他的带领下已进入广州综合医院口腔科的前列。他现在已是主任医师、博导，主持国家自然科学基金及省部级课题 6 项、市厅级课题 4 项、院校级课题 6 项，总经费约 700 万。他曾在日本大阪齿科大学颌面外科和意大利 Siena（锡耶纳）大学医院侧颅底外科及颌面外科研修。

钱永毕业后考取了博士，我希望他博士毕业后就能够回来，但他去了上海做肿瘤学博士后研究。他是一个好读书、会读书的年轻人。我希望他回江西，他还真回来了，他妻子也调入我院检验科。在江西的日子总不是那么一帆风顺，他思虑再三还是离开了。一个外乡人在异地奋斗的艰难我深有体会。我希望他留下，也不反对他走。他离开之后，每次江西有会，他都会来看我。有一次，我见到他回来竟然抱着他痛哭流涕，我不知他那里的平台好不好，不知他一家人生活如何。他是一个不爱夸夸其谈的人，一路走到现在，我知道他吃了不少苦。我会常在网上查看他的信息，从主任做到主任医师、研究生导师，被评为海南省第二批"南海名家"、海南省高层次"领军人才"。其科研方向是头颈肿瘤的侵袭转移机制和术中放疗在头颈肿瘤的临床应用。

钱永读硕士时的研究方向是头颈肿瘤放疗口干的预防与中药治疗。他在肿瘤科病房工作了一年，他将病情分为三类——轻、中、重，设置治疗组、对照组两组病人，将用药后的病人的唾液成分与流量做对比研究。中药是我给的验方，分两种：口服的有党参、丹参、沙参、元参、麦冬、天冬、生地；漱口的有银花、菊花、山楂、甘草。病人自身的感受只能算疗效之一，要用几组数据来证明中药疗效：唾液流量、淀粉酶、唾液成分（Na、Cl、Mg、Ca）、唾液 pH 值。这是现代医学与传统医学证明疗效的区别。钱永于 2005 年 6 月发表了论文《中药治疗头颈肿瘤放疗后口干症的疗效观察》，2006 年 4 月发表论文《自制中药生津剂在头颈部肿瘤放疗中对涎腺流率的影响》，这两篇论文均发表在院刊上。

其他几位硕士没有读博。多一个头衔行医，医路方向不一样、目的不一样、结果不一样。

（5）

当年"进修生"是一个热门词汇。凡医学院医疗系毕业的学生，进入了录用医疗机构，都要二次分进医院相应的科室。工作一段时间后，要外出进修，以利提高医术，尤其是市县级的内外妇儿或辅助科室的医师，因为医疗系毕业生是全科医师，很难应付某一专科的复杂病例。口腔系亦如此，拔、补、镶、正畸与颌面外科，分科不同，所需要的专业知识也不同。何况那是江西没有口腔系的年代，进修医师大都毕业于医疗系，进修后保持长期联系是常态。江西有几十个县，一附院和二附院都要接收各个县市派来的进修生，承担他们的培养工作。我们科从 1980 年开始，每年要接收进修生 10 余名，中途还有托人进来的。进修生的情况分两种：一种是进修全科的，他们大都是大中专生或医疗系的学生；一种是专门进修颌面外科的。有些县的进修生没有接受卫生部门的安排，而是通过熟人找关系，选他们自己喜欢的医院去进修。在我记忆里，除了"赣州三南"、崇义、会昌、铜鼓等少数几个县的进修生我没有接触外，全省 90% 的县市口腔科医师我都接触过。最早接触的是修水、武宁、德兴的医师，新余钢厂医院的徐医师、丰城的陈医师、安福的刘医师、吉安的黄医师、广昌的谢医师、安远的唐医师、宁都的王医师、永丰的张医师、武宁的龚医师等。至今我还与他们有联系。

当年我下乡的目的，一是帮助县市医院口腔科开展晋级项目手术，医院升级的条件不但要有住院部，还要有手术开展。当地领导或其亲朋好友要手术，又不愿到省城排队，大都邀请我去。二是讲课，主要是讲医疗纠纷与法律知识、系统性疾病与颌面手术的相关性。手术不难，故事很多，有几个市县的会诊经历给我留下了终生难忘的记忆。

丰城市离南昌很近，但那时没有高速，坐车要两个多小时。我当时是要给一个大妈做牙龈癌切除加颈清扫术，手术很顺利。中午一点吃午饭，原来说好在饭店里吃，后临时改在患者家里吃。我自己选择去了一家面店，要了一碗鸡蛋面，家属过来付钱。我说："算了，我自己付。"他收回了钱，待我吃完面，他开口说："专家，你能不能少收 20 块钱出诊费，我们家好穷！"我抬起头望着他，真不知怎么回答："这样吧，全免，我一分钱都不收你的，你回家去吧。"我找到丰城市医院口腔科的两位主任，告知他们："病人家很穷，这次出诊费我全免了，你们护理好病人，不要感染。"他们说："我们还等你吃饭呢，五官科主任也来了。"我说："我吃了面。请找一辆车，我早点回去。"

故事还没有结束。他们给我安排了一辆小吉普车，我闭上眼，准备歇一歇。出城后小车开进了一家加油站，司机叫我下车，说："车坏了，不能去南昌，你在加油站拦车吧。"天哪！这是演的哪门子戏？人生地不熟，我到哪里去找车？当时没有手机，也没有电话。我找谁去？拦谁的车？我只能求助加油站。他们说，凡是赣A牌号的都可以拦。没有人相信，一位省里的专家出诊竟会没有小车接送？天色暗下来，腹部也传来饥饿感，此时进来了一辆警车，我拦住车子，把事情的原委告知了警察，他们笑了："一附院专家出诊会有这种事？"我有点央求地说："请你们把我送到一附院门口，如果他们不认识我，你们就把我抓起来。"警察说："我们是董家窑派出所的，就管你们一附院，你是骗子，你跑得脱吗？上车吧，后排有位置。"回到家已经是十点多钟。妻子安慰我说："你和病人都平安就好。"早知是这样的结果，我就不去丰城了。后来，丰城病人有需求，我还是去了。

这样困难的病人并不只是丰城有，很多地方都有。但每个地方的接诊医师的接待方式不一样。新余钢厂医院的徐医师处理得就很温馨体贴。上车后他亲切地对我说："蒋老师，今天要让你吃苦了。"我说："两台手术，没事。"他说："不是。"是要求免出诊费吗？我想。他稍顿，接着说："病人是我们厂职工，家境贫寒，我想为他省一点钱。你不住旅馆，住我家。"

"可以呀，"我笑了，"这是小事嘛。""另外，也不去酒店吃饭，我老婆为你做菜。我知道，豆腐是你的命，有了鸡蛋不要命。我还会买一些青菜，都是你爱吃的。你看可以吗？"我了解他，他进修时总是要等我离开病房后才离去。这次，这样处理是他的爱心使然，我当然支持。那夜他睡在地板上。

第二天一早，我突然接到医务科电话，永丰采石矿坍塌，要我去参加抢救工作，医院门口停着的不是救护车，是采石卡车。司机说："县里救护车不多，都接送重伤员了。"救人要紧！我上了卡车，往赣州方向颠簸而去，速度之慢让人焦急！再急也没有用，前面设了栅栏，说发生了事故，不能通行。司机抱有一点希望，等了半小时，交警说："等半天都不行，你们转走抚州那边的公路吧。"卡车回头往北，再转东，到了抚州崇仁才转南，到永丰采石场已是下午。半天路程走了近一天，等我救命的人还有命吗？我虽然饿着肚子，还是去了现场。那里临时搭了一个棚子用来遮风挡雨，一张张农家竹床当病床，十几个伤员都躺在棚子里，严重的已送到县医院了，留下的都是暂时没有生命危险的。头上打了绷带是面部受伤了吗？这里只有两个护士，医师抢救后可能去休息了。我只好叫一个护士陪着我一一检查，看看有无口腔颌面外伤患者。再请人与县医院联系，问清楚有无口腔医师来过，这里抢救负责人是谁，有无病情记录。我单枪匹马，人生地不熟，要我来做什么？我看到了一个口角流血的病人，我检查了他的口腔，发现有颌骨骨折，骨折线一直在出血。有了病人，手术器材呢？麻药呢？看来真的要县医院口腔科来人，或送到县医院，在手术室进行手术。与口腔科医师联系上之后，他们解释说，他们本要来的，听说已经叫了省里的医师来，他们就没有来。我把我的意见提出来，他们去找院长，把这里有口腔外伤的伤员接走。只能在永丰过夜了，家里没安电话，又得让妻子担惊受怕了。

去宜春那次有惊无险。患者是外伤，有备而去，有备而行，手术顺利。术毕饭后当晚赶回。第二天我还有手术。出宜春市区后，突然受阻，因为那几天发生了杀人案，各类车只许进不许出。我们讲明了缘由，又给医院打电话证实后，才给放行。上了公路后没有看见其他车辆，只有我们这辆小车在飞驰。行驶途中突然响起了警笛声。"是不是呼叫我们？"我问司机。"不会吧，"司机是位女性，平静地说，"可能是追赶别的车。"结果警车真的是来拦截我们的，警察围住我们质问："为什么不停车？"说着就要扣押我们。我请他们打电话证实，他们气司机没听指挥，提出要罚款。听说要罚款，司机哭了，这夜辛苦白费了不说，来回的汽油费还要自己垫付。我又解释："我急于回院，是因为明天有手术。宜春医院的领导为了照顾我，没有用救护车，特地租了这辆车。不能责怪司机，她是好心。"幸好我有医院主任的电话号码，联系上他，这事也就解决了。

去吉安市会诊那次是吃了午饭动身的。要做的手术是腮腺混合瘤切除。到吉安时天已快黑了。我先看病人，一触诊，感觉不像是肿瘤，像是淋巴结，再触诊又怀疑是淋巴结结核。我请他们细胞室的医师加个班，给病人做一个穿刺，报告果然显示是淋巴结结核。

淋巴结结核是感染分枝杆菌导致的传染性疾病，一般可分为体表淋巴结结核和深部淋巴结结核。体表淋巴结结核多表现为颈部或颌下逐渐增大，多见串珠状，常伴有低热、厌食、盗汗等症状，所以患者常到口腔科就诊。深部淋巴结结核主要发生在胸腔、腹腔和盆腔，医师一般会建议患者做进一步的检查，确诊后可进行抗结核治疗，如只有单独一处可以手术切除加抗结核药物治疗。

吉安是一座知名的旅游县城，80 年代从南昌开车去那里近 10 个小时。周六早上查房完我就出发了，中午在路上吃的饭。在车上想起了一件重要的事：这次手术需要进行鼻插管和儿童麻醉，县医院麻醉科鼻插管过关吗？麻醉医师在我院麻醉科进修过，与我配过台。但最后一插是他老师完成的。下车后我与他见了面。他很自信，我选择相信他。手术安排在第二天周日，是一个患有腭裂的儿童，7 岁。二甲医院做腭裂手术缺项，我来协助补好缺。第二天早餐后，麻醉医师开始了准备工作。孩子进了手术室，我没有在手术室里待着，担心影响他操作。过了一小时，他还没有插进去，我叫停，最后即使插进了，拔管后也必然会出现喉头水肿的情况。因为管子对咽喉刺激时间太长，术后发生水肿的概率有 90%。但即使这样，家长与医师都要求继续做，因为农村孩子去省里看病很难。于是我们选择冒一次险，好在手术顺利完成了。

按理，我下午可以坐车回去，但我不能。我找到医院耳鼻喉科的杨医师，他刚从我们医院进修回来，我请他做好气管切开的准备。黄昏时，麻醉师告诉我，拔了管，没事，说我可以乘车回去了。我依然不敢，我给科里、家里打了电话，安排了工作。大家都觉得我有点小题大做。晚上九点，他们来了："蒋主任，快去！病人呼吸困难！"这时，患儿已是张口呼吸，脸色暗红。我说："给氧。叫杨医师来，做气管切开。"消毒，铺巾，切开，我们做了准备，患儿没有生命危险。我却落了个坏名声——省里的专家补好了喉咙里的缺口，却在喉咙外开一个缺口。对此，我有苦难言。

最顺畅的一次是到南昌市附近的一个县，为他们县长做手术。这位县长是在我院做的诊断检查，手术就安排在县长所在县的县医院，助手是一位进修生，时间是星期天。手术这天，县医院院长也在场。一小时左右，手术结束，送到单人间干部病房，一对一地进行护理。县长麻醉醒后，坚决要留我吃饭。那天天气晴好，我坐他的专车回家。这是外出会诊最轻松的一次。

（6）

2007 年夏初，邵、曹两位科主任安排了我的工作——周一、周五上午门诊，周六上午总查房。这时一附院口腔科已有 20 张病床，三年后增到 42 张。我虽然可以上门诊，可以查房，但我最依依不舍的是手术室。

那是一个让我暗暗流泪的时刻。好在是新手术室，我没在里面做过手术。我与手术护士长说，让我进去走走看看。我留恋的感情少多了。护士长说："欢迎随时回来。"会来吗？我不知道。

我以为我将要永远告别手术室。那是周五上午，全科主治医师都去参加学术会议了，只安排了一台手术，主刀是已毕业三年的硕士。手术不大、不难，她已经解剖出了颌下腺，重点在腺体下方有血管，有神经，她剥离了几下，发现有粘连，为了安全，叫我来助她一臂之力。

真正告别手术，是我 76 岁那年的腊月二十九。

那年，不幸之神叩响了我的门，我也患了病。病理科主任直接给我打电话："蒋老师，是恶性吔。"我笑了，说："恶性怎么办？还得活下去呀。手术！"我每次走进手术室都是为别人开刀，而这次是我仰望的兄弟科室的 77 级的王教授为我主刀。他为我安排在周一动手术。这本是一个好日子，但是我没有通知挂号室，周一来的病人怎么办？我门诊的病人大都是基层百姓和边远山区的农民。我请王教授将我的手术日期往后推了一天。术后拆线，我准备出院，科室门诊主任突然来电话，要我顶替一下门诊，上午医师都要去开会，我只好服从安排。我自己都觉得好笑，这台手术必然成功无比，术前术后都有患者为我守护。

住院前我接受了医院的新任务——编写院史，成立了院史编写办公室。第二年是医院成立 80 周年大庆，近 245 万字的书要在 15 个月内完成出版。时间紧，任务重，我决定脱离笔杆子，练成"打手"，没有稿纸，只有电子文档。党委委托党办康主任召开了全院科室负责主任专题推进会，要求各科安排好撰写与对接人员。医院给了我一间办公室，还给我配了个全脱产的助手小袁。她是武汉大学社会医学与卫生事业管理学研究生，前一年刚毕业。她算是我的校友，我俩配合默契，写稿进展顺利。院志刚完稿，出版社就加快印出了清样，还派来编辑李鉴和到病房与我核对，以便9月底能准时出版。

出院后，我白天正常上班，因低钾（低到 2 mmol/L，自己输液补钾），晚上在值班室静脉补钾。刚补完钾时，ICU 叫我们科派人去急会诊。我知道这个病人：男性，59 岁，左侧咬肌间隙感染，伴有高热，因为出现心电图异常，急转 ICU。第二天就是 2020 年的除夕，谁家都不希望出现什么意外。根据手术的难度，切开引流应该是一级，因为面部有一定的复杂性，升到二级。现在这个病人并存症多且重，技术难度与风险指数自然增加了。谁去切？病人及其家属不愿把手术交给年轻医师。正好我在住院部输液补钾，医院总值班领导便给我打了电话。我请值班的刘建伟医师扶着我去了 ICU。病人体温已过 40 摄氏度，心电图提示有心梗的可能。感染在咀嚼肌深处，触不到波动，没有明显的凹陷性水肿，我要确定脓肿的深度与宽度，避开下颌骨平行行走的面神经和与神经交叉地颌外动脉，切口选在下颌骨下缘 0.5 厘米处。我对 ICU 经管医师说："确保 5~10 分钟的平安。"我叫护士给两副 7 号针头的注射器。第一针插到下颌骨骨板，回抽有脓；第二针从前往后横穿到面动脉前缘，回抽也有脓。我用 11 号刀片，从第一个针头进入皮肤处插到脓腔，见脓溢出，然后从这个切口向左右各切开 2 厘米，做钝性分离，用时不到 10 分钟。1 小时后，患者体温下降，心电图趋于正常。从此，我真的告别了手术室，告别了手术。心中满是留恋、思恋、依依的爱恋。

年后小袁调往广州。院史编写办公室改为医院文化工作室，我做文化顾问，属医院党政办管辖，分管领导是李敏华副书记。我与李书记的关系有点特别。30多年前，她是手术室的护士，我与她每天在手术室相遇。有一天，她突然对我说，她要离开手术室，改做行政，去了团委。不久到党委，又改任党委办公室主任。她与邵医师一样都是从基层考到省城，一步一个脚印，从一个普通护士做到纪委书记、党委副书记。在她身上，我看懂了两点——自律低调与谦逊好学。在院领导与她的具体帮助下，文化工作室做了六件事：写了一首院歌，出版了一本院史，出版了两套丛书，创办了一座院史教育基地，修建了一条文化长廊，装饰了一块文化广场。两套医院文化丛书共10本，包括医学生的思政读本，每本25万~30万字。其中，《走在百年百强的路上》《红土地上的生命之歌》与《生命的长城》均由我执笔，是200万字院史《今朝更好看》的文学解读本。这些事办好后她退休了。我继续当顾问。顾问顾问，不是顾而不问，我愿意与大家一起携手工作：凡是对医院发展，对员工、对患者、对文化有益的事邀请我参加，我都不拒绝，一切与文化有关的事我会主动承担。

这期间，我也没有脱离医疗工作。

自我表扬一下，非门诊挂号的医疗工作全是义务劳动。于我，是举手之劳；于患者，能帮他们解除痛苦、方便有益。耄耋之年还能工作，就是我最大的欣慰。我一辈子热爱医学，最愉快与幸福的时刻就是每个病人对我的信任以及出院那天或复诊时对我的真诚感谢。患者的感激之情是对我的鼓舞，是我健康长寿的怡养剂，是我医路上奋进的动力。这一切不是钱可以与之相比的。

第八章

医路一生情似海
杏林几代暖如春

　　一附院有着悠久的历史，它是江西唯一的六年制本科医学院的附属医院。1937年医学院的办院初衷是"使国家昌盛、使民族复兴、使江西繁荣、使赣人见光明，要普救万民、要医学振兴、要民族健康、要公医得以推行"，要建成"南方的协和"。一附院人一直在默默地传递一种精神，一种力量与爱。

　　1939年9月25日，医学院搬到昆明市郊白龙潭，学生需要实习，遂与上海医学院及红十字会医院携手共建了一家附属医院，同年，设立牙科。1949年5月底，解放军接管了医学院与附属医院，牙科改为口腔科，1954年，更名为"陆军173医院"，归属第六军医大学附属医院。大部分人迁往重庆组建第三军医大学，留下的部分军人与第八、第九军医学校合并。1958年，医院集体转业，加入江西医学院医教研队伍，更名为"第一附属医院"。尽管改名10余次，其心、其色、其根一如初时，从未改变。一附院是全国首批被评为三甲的医院，走在百年百强的路上。医院与时俱进，颌面外科花开一枝。

解放军接管后，由时年 36 岁的涂通今着手组建华中军区医学院。他是老红军，是长征中走出来的医学博士、将军，是我国神经外科创始人之一。他兼任院长、党委书记。该校培养了成千上万名医师与专家，在军区医学院任教过的院士与名师名医有百余名：黎鳌、黎介寿、黎磊石三兄弟，黄志强、葛宝丰、陈灏珠、程天民院士。还有中国放射诊断学创建人之一蒋士燊，中国最早开展结核病防治的工作者刘南山，心血管内科开拓者、中国心电图学创始人、南昌八一起义参加者王肇勋，中国高原医学创建者米景贤，中国著名传染病学家程懋坪，妇产科学专家、临床细胞病理学奠基人杨大望，将国外带回的资料仪器献给中国医学科学院的凌惠扬，中国胸心外科专家徐日兴等。一附院是他们工作的基地，是名师名家的起点，红色的传统是他们根植的沃土。他们为中国乃至世界医学事业做出了不朽的贡献。这就是我热爱一附院的主因。

（1）

一附院走过 85 年风风雨雨，历经了 13 任院长。院长是梦想的引领者。回首远望，薪火相传；风云变幻，生命花开。一个个人物，一桩桩事件，点点光芒，辉煌闪耀，红色经典，传承至今。我有幸与五位院长共过事，他们分别诞生于 19 世纪 30、40、50、60 年代。从他们的足迹中可以看到中国卫生事业的发展脉络，他们的业绩可以见证医师以人为本、清廉行医、质量第一、尊重生命的真情。正是他们搭建了这样的平台，才能让一代代医者施展身手。

第一任院长是成绩卓著的医学教育家王子玕，任职 12 年。1984 年，接替院长的是曾想参加抗美援朝的王崇文院长。他 1949 年入湖南湘乡市高级工业学校土木专业学习。抗美援朝时，他投笔从戎，结果被分配到中国人民解放军华中医学院医疗系学习。当兵扛枪成了梦想,耳边天天插一对听诊器的耳塞是现实。首长说,前线既需要打仗的战士,也需要抢救战士生命的医师。他接受了这个现实,成了消化科军医。他开始自学胃镜时,正值大热天,那时没有电扇,更没有空调,他只能端一盆冷水泡脚,用一条冷毛巾盖头来降温。正好有个学生找他解疑,学生读过凿壁借光的故事,还真没有见过一位主任用冷水泡脚降温的方法读书,钻研现代的胃镜技术。被任命为副院长这年,他53岁,主持医院的工作。

有一天,王院长路过我科病房,见到一位家属在哭泣。这本是医院里十分常见的现象,而他却感觉有异,直接找我询问。我如实说了:"基层医院给耳鼻喉科送来一位气管切开的病人。他们发现是气管食道瘘,想转入我科。这时病人已近一个月未进食,靠输液维持生命,体内电解质已失衡,经抢救无效死亡了。"他知道前因后果后,马上召集两科开会。他只是路过时遇见一个哭泣的病人家属,就对其切身关注,这感动了在场的每位医师与家属。在他的领导下,医务科领导每天下午下班前要到病区查房,每周一下午要召开医务工作专题会议。他为医师创造了良好的内部工作环境,为医院今天的辉煌奠定了坚实的基础。几十年过去了,老医师们依然对他念念不忘。

战火纷飞的时代早已远去,在一附院人心中,军魂永远不灭。除了"军人",还有一个词深深烙刻在一附院人的记忆里,那就是"农民"。

(2)

王院长的接任者是在20世纪60年代从农村考入医学院的医师。我与他经历有点相似。他爸妈盼富,给他取了个好听的名字:福生。因山里缺医少药,生病了也没法治好,他兄妹12人只剩下兄弟俩。

于是他决心学医，毕业后去了一个没有村医、没有卫生所的穷大队，改名为"为民"，易为民。

那儿不通车，有几件事触动了他。一位农民头皮破裂伤及血管，头皮血管丰富，血流如注，这令他感到心怵，刚毕业的他不知如何缝合结扎，只能找一块纱布压着伤口，然后陪着这位农民步行了40多里地，到县医院清创缝合。还有一件事，村里一位农民患有疝气嵌顿，病情危重，找不到车，好不容易拦住一辆拖拉机，送到乡里医院，又送到县医院，手术是做了，病人却因肠坏死感染性休克，死了。

他比我成熟得多，提出要进修外科。他在县医院进修的半年每天都睡在手术室的值班房里，每台急诊手术都上，节假日主动当班，想多学点技术。回乡后，他接诊了一位下身出血的妇女。妇女面色苍白，他认真为她检查，确诊是不完全流产。送县医院，没车；输血，没设备。这种手术，在大医院简直是轻而易举，在卫生院却是棘手的难题。妇女生命危在旦夕，他迅速给病人输液，自己骑上卫生院仅有的一辆破自行车到10里地以外的白土乡卫生院借刮宫器材。回来后立马动手术，血止住了，病人转危为安。

还有一个肠梗阻的病人，血压都测不到，如果送县医院，他可以不承担责任，可他知道，没有车这个病人就会死在路上。他决定立刻给病人做手术，开腹！肠子扭转，大部分坏死发臭，他将肠切除，吻合。又一次起死回生。

他在基层医院发明了"腹膜外层次分离剖宫产"技术，获得了卫生部现代医学科技成果乙等奖、江西省科技进步一等奖。全国20多个省市100多家大中型医院邀请他作示范、演讲，这是我望尘莫及的事。因此，他被调入了县医院妇产科。他在那里干了12年，被任命为县医院副院长，使妇产科从零床位发展到拥有50个床位的科室。

1987 年被国务院授予"国家级有突出贡献的中青年专家"的称号。这年，他 46 岁。他调进一附院妇产科。谁也没有想到他会当院长，诚如他自己所说："做梦也没有想到会回到母校附属医院当院长。"他 53 岁任副院长，56 岁接任院长。

也许是因为我们是同时代的人，同样有在乡村行医的经历，我们有共同的话题。他说："我只抓三件事：农民来我院看病要不难、不贵；医疗用房要增多，人才要增加；医疗安全质量要上去。其他的事各部门、各科自己管。"医院要盖一栋医疗用房，他要设计者为农民着想，农民住不起单间，所以没有单间。为早日盖起医疗用房，他做出决定：减少全院医务人员的奖金，过几年"苦日子"；用每天连台做手术的方法来加速病床周转，缩短病人的住院天数，减轻病人的医疗费用负担。为了不影响手术，他宣布取消周一下午的医务会议，医务工作由医务科全权负责。他要求每个科室都制定出药费比例的指标，若超过指标，就得按比例扣除当月奖金。有一个科室连续两个月药费收入超出了规定的 42%，他毫不手软，扣除了该科室的奖金，又用这笔钱奖励降低了药费比例的科室。有奖有罚，院里正气上扬，歪风受挫。2002 年医院药品收入占总收入的比重较 1997 年下降 10.5%。药费低了，看病便宜了，信誉上去了，门诊量和住院病人增多了，全院床位一直处在饱和状态运转。

这位"农民院长"花了 4 年的时间，带领大家把一附院打造成江西省卫生行业的"航母"，成为江西乃至中国最大的"农民医院"。他的理念是：江西是一个农业大省，我们这里住院的病人 80% 以上是农民，心中不放农民，放什么呢？

他调来省城，一位当地输卵管吻合术后的患者出院后，送上 400 元红包转身就跑了，他没追上。第二天，他找到患者家，将红包如数退回。

　　一位农村妇女拎着一篮鸡蛋找他。这位妇女是他在当年工作的卫生院救治过的小孩。现在她长大结婚，做妈妈了，拎着喜蛋来看他。她如今的美好生活，可以说都是他给的。几百里路、一篮鸡蛋，饱含了农民的情意。他眼眶湿润了，还有什么荣誉、表彰、权力能比得上这片真情？2004年，他被授予中国卫生界最高荣誉"白求恩奖章"。

　　接任"农民院长"的是一位少言寡语的心血管医师，叫魏云峰。他进一步改善了减轻患者负担的方法。他提出要合理治疗、合理检查、合理用药、合理收费。哪个医师都认为自己合理，谁说了算？制度。他用制度来解决这个问题：门诊处方费用超过200元时，系统会立即提示医师，并报告医院。程序上设置了医师使用一、二、三线抗生素的权限，违规使用时系统会自动显示，在线实时监控的质控人员就可以立即进行查处。短短两年时间，药品收入比例降到了38%，终于低于卫生部规定的45%。到2006年，药品比例终于降到医院总收入的44%，也低于卫生部规定的标准。2011年，他又推出了每周抗菌药物检查"四个一"的制度，即每周一查，由医院临床药师随机抽查病历和处方；每周一议，由合理用药专家组会议讨论界定不合理病历和处方；每周一评，由院领导、专家在院周会上对不合理用药处方、病历逐一进行点评；每周一罚，医院根据近年来出台的《临床不合理用药处罚暂行规定》，对抽查到的不合理用药的病历、处方进行处罚。通过每周查罚来规范用药，2011年，共抽查病历4433份、门急诊处方53909张，处罚病历135份、处方151张。

　　他还有一个"重细抓小"的"爱好"：开"小会"、算"小账"、做"小事"。同事评论他："他做一件事，不管是大事还是小事，都要认真做好，尽可能精益求精。"为让农民看病问路方便，他在任上做了很多路标。

他任职期间，一附院先后被评为全国模范职工之家、全国科技文化卫生"三下乡"先进集体、全省十大和谐医院、全省人民群众满意的医院、全省职工职业道德建设十佳单位、全省医德医风建设先进集体、全省院务公开工作示范单位、全省纠风工作先进集体、省卫生系统人才工作先进集体。江西省卫生厅通过"打擂台"的方式评选出的20名高层次学术技术带头人中，就有12名来自一附院。这位"小里小气"的院长荣获了"全国医院优秀院长"的称号。

他的接任者是中组部、团中央委派来的，是2001年成为支援西部"博士服务团"的成员之一。接任这年他56岁，叫时军。他在任职期间把医院带进了全国百强医院行列。

2018年正逢一附院80周年院庆，张伟接任院长。上任时她做了一件小事，却解决了一个大问题。小事是她看见挂号收费窗口排着长长的队伍，当即研究起如何解决排队问题。第二周，自助挂号收费机便正式入驻，挂号长队现象马上得到了解决。她还在省内率先研发了一套适宜本院院情的自动化、智能化的检查预约系统。通过检查预约平台，院里可以合理地安排患者检查时间和顺序，避免了不同检查安排在同一时段进行的问题，检查项目之间能够根据规则进行智能互斥，达到合理安排患者的各项检查时间的效果。检查预约系统与手机微信关联后，所有的诊断报告、化验结果在出结果的第一时间便可悉数传送至患者手机微信，患者在复查的时候，掏出手机就可比对历时结果，每一个患者都有了属于自己的"行走的加密版报告"。

她加大了扶持基层医院的力度，先后与井冈山市和靖安县政府签约，全面托管井冈山市人民医院和靖安县人民医院；推荐12个专科建立省级专科医联体，以"专科对专科"的模式，提升基层医疗机构各专科医师的诊治水平；通过远程医疗平台，加大全省医务人员的质控培训力度，2.7 万基层医务人员受益。

2020 年最重要的工作是抗疫，张伟身兼江西省疫情防控"参谋"、医院医疗救治小组组长、疫情防控规划师、应急调度指挥官、科研攻关领头人等多职，又被任命为江西省新冠疫情防控应急指挥部高级别专家组组长。

她第一时间组建了涵盖一线专家、科研人员、院士队伍的科研团队，建立了 7 个攻关小组，主持申报各级各类科研课题，做好 PCCM 的规范化建设。她联合南昌市洪都中医院的团队研发出了多种治疗和预防新冠的中药方，并获得江西省药品监督管理局批复，委托企业批量生产。她与团队研发出了世界上首个基于尿液检测新冠病毒抗体（IgG/IgM）的胶体金免疫层析快速检测试纸条，在 15 分钟内通过肉眼即可判定结果。她被评为"全国抗击新冠肺炎疫情先进个人"。

一附院是一代又一代医务工作者事业的起跑线，也是为人民服务的好平台。有好院长才能搭建好平台，让每一位医务人员展现自己的才华，让患者得以早日康复与获得享受医疗的权利。薪火相传，杏林常春。

（3）

20 世纪八九十年代医院都会成立以专家为成员的专业管理组，如医疗管理质量督导组、教学督导组、科研课题评审组、技术职称晋升评审委员会、药事委员会、医疗纠纷处理小组等。每个小组都制定切实可行的制度，如科室购买任何药品要在药事委员会上讲述为什么，包括用途、效果、价格、多少医师用、哪个医师提出申请。提出申请后，经专家组讨论通过，如果长期未用，这个申请医师要承担责任。医疗管理重在查病历与处方，查出了问题就罚款。最严格的是查处方，病历书写要标准化，用药要正确，用药量和价格都要适当。对有问题的处方罚款超多，所以几乎没有大处方出现。教学督导组的工作是组织教授们听课，给授课老师打分，结合学生的提名评出优秀教师。每个小组都与年轻医师、教师的成长密切相关。那时纸质版的病历质量的确不高，为了提高医师的病历书写能力，促进病历的标准化，我还给一些科室讲过"如何写好病历""病历中常见的错误"课。如果有违规记录，又没有课题论文，再怎么打通晋升评审组的专家也是没有用。我有幸参与了每组制度的制定与编写，也是每个小组的成员。不久，卫生厅也组织了相应小组，比一附院多了医学重点学科、医学领先学科验收与三甲医院评选、医疗纠纷处理小组，我也是这些小组的成员之一。

评口腔医院三甲与重点学科的相关事宜由我负责。一附院的三甲评选非常顺利地通过了。评重点学科时，我多说了几句话："课题论文认数量是可以，作者太集中。"科主任李志华十分敏感，立即表示会改进。我说了句文绉绉的表扬话："科研选题逼近前沿。"结果领导问："为什么不是接近？"我只好解释："'接近'是有了结果的评语，'逼近'是正在行动的鼓励。"李志华懂了，笑了。

杨健那时是口腔内科主任，也要参评重点学科，他来找我咨询。我了解他，他英语不错。有一次，一组美国民间医疗代表团来一附院访问，他几乎天天陪同。我当然欢迎。我科只有邱医师英语口语可以，他来了可以为我科翻译减压。通过近距离接触，我对他有了更多的了解：老实厚道、专业熟练。他自然被任命为口腔医院院长。他们科想要申请重点学科，但是课题论文太少，我同意预选过关，要他们趁这个空当把论文补上去，他同意了。

一家省级医院的呼吸科、血管外科、心血管科报批领先学科，需要头天阅读资料，第二天进行答辩。呼吸科主任是一名老专家，他谦虚认真，我们一致通过了申请。血管外科勉强凑合，给人一种得过且过的无所谓的感觉。我投了反对票，最后也是反对票居多。正常晋升只看材料，武宁县医院眼科的一位女医师只有两篇论文，按规定可以马上否定。但我看了她的自述文字后，提出请专家们讨论。这位医师有日、月、年工作量，手术量，有手术种类，有病例，有病历，有照片，有病人表扬与医院推荐，业绩超过一些市级医院的医师，业绩与水平已达到副主任医师资格，可不可以晋升？最后，大家一致同意她晋升。

破格晋升竞争很激烈，大家都是面对面的。几位骨科主任一同竞争，一轮淘汰后只剩下两位，一位是省级医院的骨科主任，一位是市级医院的骨科主任。听了他们的陈述，看了资料，我提出市级医院主任更符合条件。严格的制度是腐败的枷锁。那时评审，谁也不认识谁，专家组是临时抽选组成，想打个招呼都不知道找谁。那时晋升、采购、引进人才很少听到"贿赂回扣"的说法，一切按制度办事。制度、流程、督导、奖罚、总结、改进。管理管理，管在理上，要让执行者、督导者都觉得在理。如果按专家制定的方案，三甲与基层医院的主任医师晋升条件完全一样，那就委屈了基层医院一些好学上进的医师。他们的平台只有那样大，他们能在那个舞台上跳芭蕾吗？他们没有研究生，没有进修生，能见到的病种不多，能写出几十、几百篇文章吗？我当了20余年评委，一直在为他们发声。各级医师晋升要有条件，但各级医院医师的晋升条件应有差别。但有一条不能有区别，那就是医师的文字基本功：书写病历。

如何写好病历？病历中常见的错误有哪些？病案室管病历，他们应该最熟悉。我经历这么多次检查与评审工作后，深感一些医学生的写作能力的确较差。我策划、撰写了一本《医学写作学》，内容以病历与处方写作方法为主，再加上医学论文、课题申请、医学科普、医学新闻与电子版信息的写作方法。书完稿之后，我通过我院消化科专家吕农华副院长请到中国工程院院士樊代明为书写序。樊院士不赞成用这个书名，建议改为"写作读本"或"写作常识"。什么都用一个"学"是不是有点浮夸？道理是有，但我不太同意，因为这本书涵盖了中外医学教研的写作历史与方法的演变，包括医学专著、论文、新闻、科普等写作方法与技巧。最后还是用了"学"字。我又请我院泌尿外科专家王共先副院长帮我邀请郭应禄院士，我自己请了邱蔚六院士为本书作序。书出版之后受到了读者的好评。我从中选出有关口腔的部分，单独编写了《口腔医学病历书写教程》出版，目前已出第二版，售出 6 万余册。出版社希望我能用此书申报科学技术进步奖。今非昔比，当年报奖携手同行，如今热脸不知贴向何方。

在与各行政科室的交往过程中，我有意无意地与护理部、病案室的"头头"成了朋友。护理部主任刘炎玲是我院第一个国家"白求恩奖章"获得者。我们初识是在手术室，她是护士长，管理细致，为人谦和，极富有爱心。我任科主任后，她为我们门诊外科配了一名护士。这位护士因病休假三天，我想请她派另外一名护士顶替几天。全院护士都抽不出空，她还是解决了，叫了护理部干事来顶班。那位干事不知道我们科的护士要负责洗器械，她不干。我电话告知刘炎玲，她二话没说，来到我科门诊，戴上手套，走到水龙头前，自己低头清洗。干事连忙过来说："主任，还是我来。"主任这才说："洗器械是口腔科的要求。"

还有件小事。我科住院部护士长有位朋友想住双人间病房，这完全可以。但换床医嘱需要由医师开，我查病历时发现医嘱是护士长自己开的。护士无权开医嘱，我要她改，她不肯，我只得又麻烦刘主任了。这次，主任不但自己来了，还把邻近科室的护士长也叫过来说："医嘱、医嘱，是医师的叮嘱，权力在医师，不在护士。这是制度，不仅是我院，也是全国，乃至全世界每个护士必须遵守的制度。曾经有个年轻护士，征求了医师的同意后，给朋友开了一支药，结果病人过敏，发生了医疗纠纷，责任在谁？医护工作性质与责任不同，制度是体现与约束。"那个年代，护士大都是中专或大专毕业生，护理部特请我为护士们讲讲人文知识在护理工作中的作用。课讲了，我于是干脆放长线钓大鱼，邀请她们参与编写医疗卫生科普书，由我策划，写出样稿，请她们参照。连续两年，出版了 4 套丛书，每套 10 本，深受读者欢迎。这个工作现在还在进行，我去年又策划了"家庭护理丛书"，打算出 5 本，再根据市场情况确定后续的工作。

说几句题外话。我认识一位护士，她是我朋友所在护校的学生，读到二年级时准备退学。我朋友，也是她的老师，问："为什么退学？"她说："家里揭不开锅了。""差多少钱？""四千。""继续读吧，这钱我先出了，你毕业了再还。"后来她在一附院实习，遇见便秘的病人，她能用手帮助病人通便，她的行为感动了病人，也感动了老师。她留在了一附院，虽是编外，她已经感到幸福与美满了。工作后，她结婚了，成家了。四千块钱改变了一个人的命运，对于富豪来说，这个四位数还不够他们的一顿饭钱。这也算是医路上一朵别样的花吧。

还有一位护士让我印象深刻，她当护士不是因为喜爱，而是出于无奈。她为了能留在省里工作才报考了护士专业，但她内心是想当医师的。她英语好，我建议她以同等学力报考医学研究生，还帮她联系了专业。她现在是副主任医师了。兴趣与动力一致，便可以将潜能发挥到极致。

那时没有重症监护室，更多的责任压在护士的肩上，危险时有发生，医护合作十分重要。我56年的临床工作，无一投诉，无一差错，应该承认护士功不可没。只能说一声：谢谢你们！

（4）

1977年10月12日，国务院批转教育部《关于1977年高等学校招生工作的意见》，医学院与其他大学一样正式恢复高等学校招生统一考试的制度。据统计，当年的大学报考人数570万，录取人数27万人，录取率4.7%；1978年录取率6.6%；1979年录取率6.0%。应该说，自1949年以来，我国考大学较困难的是这三级：77级、78级、79级。据说，那三年的考生几乎人人会背一首诗："攻城不怕坚，读书莫畏难。科学有险阻，苦战能过关。"这三届学生刻苦学习的场景依然历历在目。

这三届医疗系的学生学习认真，认真的程度超过现在的口腔系学生。我带过他们的小课。课上，我选择了三个学生扮病人，三个学生为医师，示范下齿槽神经麻醉相互注射。到了12点，课该结束了，他们请求我让每个人都试一试。他们想学的不光是方法，还想要有切身的体会，我同意了他们的请求。这三届大学生都有在农村或基层工作的经历，这叫"社会大学"。他们非常珍惜来之不易的读大学的机会，愿意学习新知识。他们自律、自觉、自强，每天三餐，生活就是"三点一线"：教室—图书馆—宿舍。他们在学医路上刻苦、勤奋、拼搏、进取。他们最大的劣势是知识面狭窄、外语基础差，甚至有人是零基础。他们利用一切可利用的时间拼命学习，清晨读书，随时随地背书，在食堂吃饭，走路排队也不忘背单词。图书馆、教室里每天都是满满的人，他们都低着头在读书、摘抄资料，以阳光的心态迎接每一天。他们心中有理想，那就是做一名好医师：尊重生命，热爱生命；尊重知识，追求知识。他们的座右铭是"人生能有几回搏"。留在一家好医院做一名好医师是他们唯一的追求。现在的人很难相信，他们追求的目标远高于对金钱的追求。

他们这几届毕业生留在一附院的都成长为副院长与科主任了，分到基层的也一样是当地的技术骨干。他们或考取了硕士、博士，去北京、上海深造，或出国留学，其中还有不少成为世界知名人士。如今，他们也到了花甲之年，大都继续留用。我曾有幸做过这几届学生的老师，后来他们成了我的同事、朋友，或我的领导。我与他们合作过科研项目，合写过医学专著，同台做过手术，他们也为我治过病、做过手术。在中国医路上，这代人是追求治好病的默默奋进的践行者，是最值得患者信任的医务工作者与医学知识传播者，他们都是灿烂星空中的明星。

1978 年毕业于江西医学院的有丁健院士、原国家计生委副主任赵白鸽。江西医学院 77 级知名校友有梅林、李晓江、孙毅、易庆、袁志民等；78 级有饶毅、管轶、卢华、张建宁等。他们是耀眼的明星，是我们学习的榜样。每个时代的社会环境都是那个时代的医师成长的土壤，衣食文化、交往行为都会影响一个人成长过程中三观与性格的形成。再往后，群星闪耀的情况便不多见。大学招生与工作分配机制发生了质的变化，他们的故事不可复制。广大学生的习医之路突然变得松软，没有走稳第一步，往后的路如何走稳走快？

1998 年以后，大学毕业生工作不包分配。11 月，有专家建议扩大高校的招生数量，提出了扩招的 5 点理由：当时中国大学生数量远低于同等发展水平的其他国家，拉动内需，刺激消费，促进经济增长，缓解就业压力。1999 年高校扩招人数为 51.32 万人。2003 年全国高校录取学生达 382 万人。2008 年高考录取比例达 57%，2012 年录取比例为 75%。近十年来本科录取比例已趋于平稳，研究生招生悄悄拉开扩招的帷幕，博士研究生的招生增速进入快车道。

扩招提高了国民整体素质，带动了经济发展。然而，也直接或间接地导致了医学院人才培养质量，尤其是临床医学生的质量下降的问题。

医院容不了那么多实习生。医师工作有其特殊性，对象是活生生的个体生命。离开了课堂，医院是学校，病房是教室，病人就是医学生示教的对象。对病人尊重是原则，一对一或一对二的小范围示教是方法。比如触诊，一个病人的腹部或颌下要让多少个学生去触摸才合理？要提供多少患者的残牙才能让学生学到拔牙技术？手术间能容纳那么多学生吗？一个医师给一个患者行根管治疗，一群学生围观，针眼大的根管有几个学生看清楚了？有些口腔系本科生居然没有去过手术室，进去了的也没机会洗手，偷懒的学生大都是"动眼不动手"。不能责怪他们——没机会呀！一位从农村考入二本院校口腔系的学生在我科实习了 1 年，规培 3 年，与我科医师一起工作了 4 年，按理应该达到主治医师水平。他同学考取了我院研究生，也在这里学习了 4 年。可他俩操作水平与过去的实习生水平相差甚远。说硕士会后来居上，这是安慰剂。他帮导师做了 3 年课题，学会了什么？学习了 8 年的他们，水平能与 77 级、78 级、84 级、85 级的五年制本科生相比吗？当年，培养实习生是一对一教学，当下医学生实习有这么好的条件吗？毕业后，灵活就业的队伍年年在扩大，医学院毕业的学生改行的日渐增多。我为他们与他们的父母感到可惜——耗费了时光与金钱。

当然，也有例外。这与家庭背景、个人理念、生活环境密切相关。这家三代都做过我的学生。第一代是 77 级，入学时就做了妈妈，学习努力，成绩优良，完全可以留校。但为了照顾家庭，她回到县人民医院，很快成了儿科学术带头人。后来儿子大了，他追随妈妈的脚步，考取了妇产科研究生，留在省城工作。妈妈65岁那年彻底退休，她把行医生涯中所获得的奖状与锦旗统统送给了医院。她与年轻的院长说："我把一生都交给了医院，这是医院对我的肯定。谢谢医院！"邀请她的公立、民营医院竟排起了队，有的提出除了给工资外，还请她技术入股。这一切坚定了她要孙子学医的决心，于是她的孙子学习了口腔专业，以后最不济也可以在县城开一家牙科诊所。

第二位学生的儿子考取了一所二本学校的医疗系。他英语好，想学文科，但父母要他学医。为了发挥儿子的长处，夫妻俩让儿子考了我母校的社会医学与卫生事业管理学的研究生，儿子毕业后，很快就在广州找到了工作。

有趣的是第三位，也是我学生的儿子。这个男孩不爱读书，父母、老师担心他未来的出路。高校扩招了，好歹也要读口腔专业。他父母希望在我院实习。我接纳了他，与我们一起查房、写病历、讨论病例、上手术台。半年后，他居然提出要考硕士研究生，硕士毕业后又考取了北京大学的医学博士。是时势造英雄，还是环境育人才？

有几个本科生在市县级医院上班，有的因为当医生考核太多而改行做药品与医疗器械销售，三五年就发了点小财，买房，结婚，把父母接到省城。因医疗反腐，药品与医疗器械销售行业大受打击，最近听说他们无路可去，要改行，有些人去送外卖了。无巧不成书的是，有一次，同事帮我叫了一份外卖，我发现给我送外卖的这个女孩，极像我的学生晓宇。于是，我开口叫了一声："晓宇。"她回头笑了笑说："老师，我还真没有时间跟您交谈，我还有一单，对不起。"我无语。

近几年越来越多的本科学生热衷考研，考取了，毕业之后，下一步又怎么走？没有谁能确定未来是什么样，走一步算一步吧。两耳不闻窗外事，一心只读"考研书"，这是还想读书的学生的声音。

（5）

2001年4月，我去贵阳参加卫生部国家医学考试中心举办的医师资格实践技能考试培训会。回南昌后，在口腔医院的协助下，举办了江西省首次医师资格实践技能考试培训班。医师资格实践技能考试总考官要由考场所在地的专家担任，那一年由我任总考官，第二年的主考官是口腔医院院长朱洪水教授。每年的执业医师技能考试我都会参加，有趣的是，参加执业医师技能考试的人数与考研的人一样越来越多。

2000年底，我对申请研究生导师资格的条件提出了自己的看法：导师不是职称，不是职位，是一种资格，带硕士生的资格。我提出的要求是要有培养过一到两名研究生的经历。在岗正常工作，有课题，有经费，要有承担指导研究生的责任。最后只被采用了一条：有经费。2002年，我被聘为江西医学院第一届医学专业学位指导委员会委员，参加了由医学院研究生处牵头的一次小会，讨论学位与研究生培养的相关文件。研究生要扩招，导师就要相应地增加。如果经费多，导师带学生的名额也可以增加。那几年导师增多了，硕士、博士也增多了，甚至有很多领导在职读硕博。

20世纪90年代末，市场经济模式开始悄悄渗入医疗界，很多难以挣钱的医学专业或靠团队挣钱的医学专业均被研究生"冷落"。不管本科是什么专业，拿到文凭后立马选择最能挣钱的专业进修。如口腔正畸与修复科，那时牙种植专业还没有独立成科，没有现在这样炙手可热，当下却是每家诊所都有牙种植项目。在这之前，报考颌面外科的考生几乎为零。资本落到医路上后，成了医师行医选科的指路牌。

以种植牙为例，我国开展研究与推广种植牙应该是始于20世纪80年代。1985年我在华西口腔医院进修，结识了正在研究种植牙的老师，他们是华西的教授陈安玉、王模堂夫妇和宫苹医师。从那时起我便与他们建立了联系，不断地收到种植牙研究的进步成果。1991年，我收到了由他们写的中国第一本植牙专著《口腔种植学》。1991年，由陈教授领衔的团队获批卫生部口腔种植科技中心。1992年8月，我收到去北京参加由卫生部举办的第四期种植牙学习班的通知，地点在中日友好医院。那时口腔界不看好种植牙，来学习的医师并不多。回院后，我打报告申请购买设备，院长否决了。理由很简单：南昌人种不起牙，科室也没有医师愿意学。而且当时的分配管理原则是总收减总支，一台机器的高成本会影响集体与个人收入。

国内种植牙技术的发展脚步没有停止。1993年，华西医科大学牙种植医院在陈教授的主持下正式创立。2003年，医院更名为"成都华西牙种植医院"。在随后的多年里，口腔种植学迅速发展成熟，并成为口腔医学界和缺牙患者的首选，种植牙的成功率也越来越高，已达到医学发达国家水平。

我是江西最早接触与学习种植牙的医师，结果在种植牙专业上一事无成。我的学生叶平不错，他竟成了江西种植牙领域的带头人。现在每个诊所几乎都开展了种植牙业务，原因是老百姓生活水平提高了，种植牙的功能、结构与美观效果与天然牙相差无几。对牙种植，国家也采取了优惠政策，"集采"（集体采购）后，种植牙的价格已经处在相对低价且稳定的阶段，一些普通老百姓也能接受。一般种植牙的手术技术与风险相对较低，手术时间、价格与口腔颌面外科却相差甚远，尤其是颌面外科大手术风险太大，民营医院的任何一个口腔医师都不会选择风险大的手术。复杂的阻生牙拔除在民营医院渐渐减少。

先提供一组我调查的有趣的数据：全国 2022 年口腔民营机构增加了 3 万家，牙种植修复学术会参加者 6000 人次有余，参加修复正畸会的医师近千人次，参加口外学术会的医师近百人次，参加黏膜学术会的医师却只有几十人次。原因是什么？口腔界人士都懂。

我们一附院于 2001 年才决定买牙种植机；省人民医院是由亚美口腔于 2001 年带进一台种植机，正式购买是在 2011 年 9 月；中医药大学附属医院到 2014 年才购进。但很多医师忽视了技术与质量，仅我接诊的种植牙失败导致颞颌关节病而不能咀嚼的患者就有近百人。

第九章

公立民营医患亲
牙舟赣水浪上行

我与江西民营医院的情缘源自我曾有幸参加了它们成立前的评审工作。之后我经常参加医疗安全质量监督，处理医疗纠纷与开张剪彩等。后来，他们常邀请我去进行学术讲座。我真心希望创办者们能办成为患者服务的一所好医院。我专为创办者写了一本书——《现代牙科诊所指南》，于 2006 年由世界图书出版公司出版。该书基本涵盖了牙科诊所的创办、发展等各方面的内容。关注民营口腔是我医路上工作的一部分。叶平当了江西省口腔医学会民营口腔专业委员会主任委员，我被聘为顾问，这正是情缘结的果。凡是请我去过的民营医院，我都提出了我心目中做一名好医师的标准。

（1）

民营医院是指非政府创办的、由个体私人出资创办的具有私立性质的医疗机构。不管是民营医院还是公立医院，都将"医者仁心"贯穿在创办医院的全过程之中。中国最早的"民营医院"出现在南北朝时期，创办者是佛、道两教的教徒，由官方出土地，民间共同"集资"。这类"医院"被称为"六疾馆""孤独园"等，其工作人员是僧尼，"普度众生"是他们的初心。他们为人看病采取公益性与非公益性相结合的方法，穷人看病全免费，一般求医者还是会收费。唐代医学家孙思邈是一位道士。到了唐朝，这类"医院"改称为"病坊"，以收容病人为主。到了五代，个别病坊改名为"养病院"。那时老百姓看病都是去民间医馆，这些医馆就相当于今天的私立诊所。那时的医患关系很好，医患互相尊重。"但愿世间人无病，何惜架上药生尘""悬壶济世，医者仁心。杏林春暖，无愧天下"等名句流传至今，这是中国行医者的初心。

新中国成立初期，医院都由国家管理，民营医院及诊所全部纳入国家管理。每个医师都希望能在公立医院干一辈子。到 20 世纪 80 年代，民营医疗市场慢慢放开，民营医院开始发展。2015 年，我国民营医院数量首次超过公立医院，主要原因是企、事业单位的职工医院通过并购等方式变成了民营医院。如南昌电厂卫生院停办后，职工纷纷调离原单位；造纸厂卫生院也关闭了。2018 年底之前，国有企业将主办的医院剥离出去，或移交地方医院管理，或关闭撤销，或资源整合，或重组改制，据昆仑策研究院统计，约有 2000 家医院私有化。

2018 年底，全国一共有 2548 家三级医院，同比增加了约 9%，是各级医院中数量增加最快的。大型民营医院很难与公立大医院抗衡，尤其是综合性老牌大医院。医院品牌的建立需要时间和好医师的口碑。国家卫生健康委公布的数据显示，2020 年我国民营医院数量约有 2.35 万家，约占中国医院总量的 66%。然而，才三四年，民营医院大量关闭。在此过程中，民营口腔医院却一枝独秀：不但少有起伏，而且一直默默发展。2022 年 3 月，369 医彩网公布目前全国在册（工商存续状态）的口腔医疗机构总数为 91 577 家。各大城市口腔诊所几乎只增不减，原因何在？

中国牙科是从民营开始的。以前给人治牙的是游医，缺牙修复都在金银首饰店，他们铸造黄金牙冠，工具只有一把锤子、一架脚踏的手机钻。在一般人眼里，牙医简单易学、投资期短、收效快，投资者往往把牙科与口腔科画上等号。七八十年过去了，如今还是有很多人是这样认为的。

当下，我国民营口腔服务机构分 4 种：口腔专科医院、民营综合医院口腔科、连锁口腔诊所、个体口腔诊所。《2018 年口腔连锁行业报告》显示，截至 2017 年，国内所有正规口腔医疗机构中只有 20% 是公立机构，个体口腔诊所占 70% 以上。

20 年前我做过一次调查。当时永丰县是贫困县，全县 47 万人，城镇人口只有 10 万。2001 年县城人均月收入是 2253 元，2002 年人均月收入是 2355 元，2003 年人均月收入是 2435 元。这样贫困的县都有 10 家牙科诊所，仅县城恩江镇就有 5 家牙科诊所（含医院）、近 10 台牙椅。

20 世纪 90 年代牙科诊所的特点是规模小、条件简陋、设备差，以及卫生条件达不到国际标准，技术力量薄弱，从业人员素质低。诊所内的医师和工作人员或是家庭成员，或是师兄弟，或是好友，其学历大都为中专，或是仅仅接受过短期培训。诊所内没有什么管理制度，各种角色均由亲朋好友担任。这些诊所在市场浪潮的冲击下或被淘汰，或维持着原貌，或升级，支撑它们正常运转的原因是服务热情、价格低廉、可以讨价还价。比如，洁牙项目经讨价还价可以将价格从 100 元 / 次降到 30 元 / 次。这类诊所的客户主要是贫困百姓和农民工。

近 20 年牙科市场大步向前。前瞻产业研究院发布的《中国口腔医疗行业市场前瞻与投资战略规划分析报告》统计数据显示，2008 年我国口腔服务市场规模已达 200 亿元；2011 年我国口腔服务市场规模达 320 亿元；到 2013 年，我国口腔服务市场规模接近 500 亿元；2016 年，我国口腔服务市场规模达到 783 亿元；截止到 2017 年，我国口腔服务市场规模达到了 880 亿元。2017 年，种植牙 195.89 万颗，2018 年达到了 240 万颗。

2017 年我国口腔专科医院诊疗人数为 3587.56 万，2020 年口腔专科医院诊疗人数增长至 4718.82 万。我国民营口腔医院门急诊人数从 2011 年的 1023.7 万增长至 2020 年的 3768.9 万。民营口腔医院诊疗人数占比从 2011 年的 50.9% 增长至 2019 年的 80.2%。2020 年受疫情影响，民营口腔医院诊疗人数占比略有下滑，占比约为 79.9%。

2020 年春节后，我对江西省公立、民营口腔机构又进行了一次调查，选取了公立口腔机构和民营口腔机构各 100 家，给他们发放了调查问卷，回复了的公立机构 76 家，民营机构 94 家，合计 170 家。

民营口腔医院的发展与公立医院对口腔科的认识有很大的相关性。基层综合医院不急于办口腔科，很多县级医院口腔科成立很晚，患者对牙病危害认识不足，一般患有普通口腔疾病都不大会去公立医院。拔牙是治疗牙病的普遍方法，民营牙科诊所完全可以消化大部分牙病患者。

基层医院第一批口腔科医师大都是中专或大专毕业的医疗系学生，能坚持下来的都是佼佼者。江西省一些工厂卫生所都有了口腔科，如造纸厂卫生所、电厂卫生所所长均在 20 世纪 80 年代初进修过口腔科。这就是民营口腔医院诞生的背景。

为了在短时期内实现投资回报，有些民营口腔机构会过度治疗，或夸大病情，或多收费。于是，医疗纠纷频发，有些纠纷病例真可谓"千载难逢""闻所未闻"。这就是资本捆绑了医疗的后果。叶平教授一直鼓励我将这些案例写成书。为了医患关系更加和谐，我决定写好我告别人间之前的最后一本专业书——《医患沟通与口腔医疗风险防范：附医疗纠纷百例解读》。本书已完稿，将由江西科学技术出版社出版。

（2）

在担任顾问期间，为提高民营医院的医疗水平，掌握全省民营口腔医院的情况，我参与了两件事，一是做了一次专业调查，二是定期召开学术研究会。截至 2020 年，江西民营口腔机构已经超过 4000 家，近三年又增加了 1000 余家。江西品牌民营连锁口腔医疗机构有：泰康拜博、维乐、摩尔、德亚、辉煌、达芬奇、奇洋、卫华、逸佳等。

不同的口腔医师走出了不同的牙医之路。

南昌电厂卫生所邓新洲是口腔科全科主治医师，当了 6 年卫生所所长的他要自找出路。经市场调查，他决定在离八一广场不远的中山路开一家牙科诊所。20 世纪 80 年代末至 90 年代初，这里先后有 X 花洲牙科、XX 牙科、X 新器材牙科和章 XX 牙科，后因违规关闭了多家。1992 年 10 月，新洲口腔诊所开业。开张时，邓新洲请我带几个学生去助阵。那时，他的正畸矫正技术不仅在民营口腔机构里处于领先地位，在公立医院也是值得肯定的。1991 年，邓新洲就对 BeggT 托槽做了改良，并撰写了论文，先是发表在我负责的《江西口腔通讯》上，不久后又发表于国家级杂志上。1993 年，他到北京学习了牙种植术。由于观念与条件限制，他当时未能独立开展牙种植业务，直到 2001 年，才开展第一例。正畸是邓新洲的强项。他的诊所接诊的正畸病人多，寒暑假高峰时期，来矫正牙齿的人有400余人，牙椅增加到9台，有20余位医务人员。早期投资1万元，病人多了之后，增到30万元。在全国技工学会副会长崔容智的帮助下，1996年，他开办了烤瓷牙修复技术学习班。学习班办了两次，来学习的人多达500余人。他自己又去日本学习，结识了日本口腔色彩学会会长片山教授的博士生、北京大学人民医院口腔科高承志主任，他们一起在南昌举办了全国首届口腔色彩学习班。

邓新洲创业早，有业绩。他创业的理念与成绩给江西一些关停并转大企业的卫生所与在医院工作又准备下海的口腔医师树了榜样，鼓了勇气，造纸厂的胡姐、机修厂的周哥、军修厂的朱医师等人就是跟着他走出来的。如今，他们都进入了花甲之年，逢年过节时我们都会聚一聚、聊一聊。他们时常想起当初学口腔的青春回忆，一如桌上佳肴，增加了人生的多样滋味。

南昌的达芬奇口腔医院后来居上。院长杨高曾在我科实习，因为做人做事不错，就留用了一段时间，负责影像放射工作。他对正畸有兴趣，又放手让他做助手参与了医疗工作。后来他自立门户，自己创业，没想到他进步如此之快。

比新洲口腔诊所成立更早的民营口腔医疗机构屈指可数。上饶婺源天佑口腔创办于1988年，创建之初就提出了"创口腔品牌，做百年老店"的口号。35年过去了，天佑口腔在城区已有3家高端门诊，有2000多平方米的医疗用地、23台牙椅，有独立的洁牙室、儿童诊室、牙体牙髓诊室、正畸室和种植室。

上饶还有1家规模较大的民营口腔医院。装修那年我去了。我还以为是市医院的附属口腔医院，但我得到的回答是民营的。我有点惊讶："真的？设备、环境比一附院都强？"后来，这家医院发展到了7

家分院门诊，成为江西省最大的口腔连锁机构之一。该医院成立之初有牙椅 5 台、医务人员 4 人，年门诊量 3000 余人次。2003 年有牙椅 200 余台、员工 380 余人、医技人员 300 余人，年门诊量 2 万余人次。2025 年 2 月 28 日我获得的数字是，已有 1 家总院、11 家分店，总椅位 200 张，床位 15 张，员工 400 余人。总院每天接诊 7000 余人次，每年门诊量 8 万余人次。该连锁口腔医院现在是抚州医学院、廊坊职业学院、南昌健康学院等大专院校的口腔实习基地，是上饶高等专科学校非直属附属医院，与上海市同济大学附属东方医院口腔中心建立了医联体合作关系，长期得到广州中山大学附属口腔医院、上海九院等知名高等院校专家的远程和现场指导。

新余傅氏口腔于 2001 年 9 月创办，秉承"质量第一，服务至上"的理念办院至今。2003 年 3 月开设第二家，2017 年 5 月增设城北傅氏分院。现有医护人员 80 余人、牙椅 46 台，医疗用地面积约 4000 平方米。他们可以完成民营口腔医院的各项常规诊治——正畸、种植、显微根管术、牙周病诊治、拔牙、颞下颌关节病诊治，还可以开展口腔颌面部颌骨骨折、囊肿手术治疗，比一般诊所的项目要多。这些成就都源于他们合理的管理模式：对内，建立透明的业绩福利待遇制度；对外，为客户提供高质量医疗服务并与综合大医疗服务机构进行互补合作，通过外出参加学术交流，邀请专家讲座以提高、更新医疗质量与技术来达到更好地为客户服务的目的。

万载华安口腔医院于 1998 年在偏远的黄茅镇（该镇与湖南浏阳文家市交界）创立，创办者汤亿毕业于宜春医专。成立之初，汤亿没有想到这家医院会成为抚州医学院的教学实习基地。创立之初，这里只有 1 台牙椅、2 个人，医疗用地 60 平方米，投资 3 万元。汤亿决定留 1 人打理诊所，自己到广东口腔机构去学习。2003 年 12 月，他告别漂泊生涯，回到家乡继续创业，2010 年到万载县城创办了华安口腔医院。2015 年，他将医院创办成了集医疗、教学、预防为一体的口腔专科医院，有医务人员 42 人、副主任医师 2 人、主治医师 3 人，有 8 个临床科室、3 个辅助科室。2019 年他再次创办现代口腔门诊部，医疗用地 500 平方米，牙椅 6 台，医护 12 人。他自己又去读了江西口腔医学院成人本科班，先后进修正畸与修复种植专业。他现在是江西省口腔医学会理事、江西省口腔医学会民营口腔分会常委。他始终坚持"厚德尚学，精医济世"的信念，办好医院，建成整体面积为 10000 平方米的大型现代化口腔医院是他未来的办院规划。

杨修安医师是全国民营口腔委员会委员，也是萍乡修安口腔诊所创始人。修安口腔诊所始建于 2001 年，初建时，诊所只有 40 平方米。2019 年 7 月，总部扩建到 5 层，总面积 1000 平方米。现有医护人员 40 余人、高级专业技术人员 6 人。20 余年一路走来，修安口腔医院不但赢得了较高的知名度，而且还形成了极具特色的医院文化。"待患者为家人"的院训激励着修安口腔诊所的工作人员不断开拓进取、不断创新。

朱功奇医师夫妇都是江西医学院口腔系的学生，毕业后，男生留在了附属口腔医院，女生去了南昌市中西医结合医院，旁人羡慕不已。工作 3 年之后，他们毅然辞职，不要铁饭碗，回家创业去了。那是 2007 年，当时他们的诊所只有 3 台牙椅、3 名医师。没有民营医院工作经验的他们，经历了最初的迷茫后，终于摸索出自己的经营之道：技术至上，服务到位。依靠细心与技术，他们积累了庞大的客源，诊所规模也不断扩大，规模最大时拥有 4 个诊所、16 台牙椅。他们将诊所命名为"现代"，想让现代口腔医疗新技术更快地传播到吉安口腔医疗市场。他们每年为吉安口腔医疗筹办近 10 次学术班，给同仁提供了快速提升的通道。他们是技术、学术双发展的典型。

抚州或乐安的口腔疾病患者来一附院治疗不方便，我就会介绍他们去乐安元邵口腔门诊部。元邵口腔门诊部成立已有 20 年，2021 年 8 月发展为抚州元邵口腔医疗科技有限公司。创建之初，门诊部只有 5 个人、3 台牙椅，医疗用地 10 余平方米，只能称之为牙科诊室。现在门诊部有员工 120 余人，87% 以上为专业技人员，牙椅有 40 余台，4 家门诊部面积均达 800 平方米以上。全院职工秉承"自强不息，厚德载物"的院训，牢记"全心全意，真诚友善"的服务宗旨，恪守"技术为根、诚信为本、服务制胜、合作共赢"的理念，以达到"员工幸福，客户满意"的目的，帮助每个人都有一口健康好牙，共享新时代美好幸福生活。元邵口腔门诊部还坚持举办口腔保健科普讲座，走进学校、幼儿园、超市等组织机构进行义诊，荣获"中国好声音"江西抚州赛区 2020 年"明星企业"、"9·20 全国爱牙日"口腔科普宣传及义诊"先进集体"，是江西省口腔正畸专委会青年委员单位、省口腔种植专委会常委单位，省口腔预防专委会委员单位。

鹰潭市月湖区桂娟牙科诊所成立于 2015 年 9 月。桂娟大专毕业后在鹰潭中医院口腔科上班，没有编制。她说，大专毕业后进不去体制内，打工不如自己创业。刚开始创业时，她想得很简单，只购置了 2 台牙椅、1 台牙片机，招了 1 个护士。开诊初期，病人不多，房租月月交不上。她心慌了！这才开始好好规划。鹰潭市有公立、民营医院共 25 家，有口腔科的不多。市场倒是有，但病人不来，诊所就会永远亏本。桂娟分析市场情况，用心规划，努力经营。10 年过去了，诊所的口腔医师均具备大专及以上学历，分工细致，多专业合作。诊所配有口腔 CBCT 机，数字牙片机、种植机等也都升级了。从焦急地等待病人前来就诊到有序地安排络绎不绝的病人，桂娟总算是经营成功了。这是她走过的一条青春之路，十年树木，枝繁叶茂。

卫华口腔医院与众不同的是起点高。其创办人卢卫华是江西医学院口腔系94届的本科生、中山医科大学的研究生。他完全可以进入体制内工作，从普通医师到主任医师，他的医路会畅通无阻，而他选择了自己创业。2001年，卫华口腔医院成立，初创时深受赣州市政府的欢迎与重视。医院设有口内、口外、口腔修复、口腔预防、口腔正畸、口腔种植、特诊中心等科室和住院病房，药房、放射科、检验科等辅助科室齐全。口腔医疗设备就不一一列出了，都是一流的。他们还请中山医科大学的专家定期坐诊。民营口腔医院中集医、教、研于一体的口腔专科医院为数不多，他们应是领头者。办院几年的结果证明：医院给赣州老百姓看口腔疾病带来了方便，还推动了赣州口腔医疗事业的发展。

卫华口腔开了头，王仙林又在千禧之年往前迈进了一步。他曾在我科进修，可以算是我的学生。他在信丰创办了光明口腔专科门诊部，医疗用地500平方米。后又往赣州市章贡区发展，医疗用地总面积约3500平方米，其中总部3000余平方米，分部400余平方米，共有牙椅29台、职工46人，其中主任医师、副主任医师2名，主治医师4名，国家执业医师5名。其设备高过了一般综合医院口腔科。光明口腔专科门诊部以种植与正畸为特色，全方位开展各项专业的口腔治疗、预防、保健工作，在管理上成立了医院质量管理控制中心，严格执行国家规定的口腔诊疗规程及消毒规程。由于办院各环节都有严格的规范、设备齐全，2014年5月，光明口腔专科门诊部作为赣州市招商引资项目，成了赣南卫生健康职业学院附属口腔医院。王仙林也获得了相应的职位与荣誉：信丰县第十二届、第十三届政协委员及信丰县第十八届、第十九届人大代表，赣州市口腔质量管理控制中心副主任，江西省医学会民营口腔专业委员会委员、口腔预防专业委员会委员、牙及牙槽外科专业委员会委员、口腔颌面外科专业委员会委员。他是农民的儿子，其父亲希望他在家乡创业，为农民口腔健康服务，但他想改变人生，这是每个年轻人的愿望。当然，最后他也走上了成功之路。

爱佳口腔门诊成立于 2006 年，最早是一家 50 平方米左右的牙科诊所，位于瑞金市红都大道中段，由一对夫妻经营，是一家"夫妻店"。如今，爱佳口腔门诊医疗用地面积约 200 平方米，有主治医师 2 名、执业医师 2 名、执业助理医师 2 名、技师 2 名、护士 4 名。现有 8 台综合治疗牙椅、1 台种植牙椅根尖片机、1 台 LED 光固化机、1 台高端牙周治疗仪，开展口内、口外、矫正、修复、种植牙等特色业务。其宗旨是"以德医己，以技医牙"。

2006 年春，马良锋在会昌县周田镇办了一家牙科诊所，仅有 1 台牙椅，其他设备能凑合着用。2016 年，有牙椅 3 台、6 个人，诊所面积有 150 平方米。这家诊所在设备提升的同时，技术也有所提升。2020 年底，马良锋去叶平教授那里学习种植牙。他们秉承着"诚信、仁爱、定位明确、差异化构建品牌"的企业理念，努力使口腔诊所在会昌成为知名品牌。

2020 年秋，饶广兰医师在广昌开设了饶广兰口腔诊所，本着"以人为本，求实创新"的宗旨为百姓服务。三年后，饶广兰口腔诊所发展成为占地面积 300 平方米，拥有 7 台牙椅、10 名团队成员的口腔门诊部。他们引进了先进的设备，实行国家卫生健康委口腔器械消毒标准，配有清洗室、灭菌室和打包室，还配有专业的紫外线和空气消毒剂。诊室功能区设计不亚于南昌亚美口腔，卡通室、茶水间、阅读室、儿童游乐区样样俱全。他们以"五心服务"（用心倾听、细心诊断、耐心解答、精心治疗、热心服务）为理念，坚持"患者至上，质量第一"的原则，为广昌人民提供优质便捷的口腔医疗服务。

说句好话，这些民营口腔医疗机构创办最久的有35年了，最短的也有4年。它们能够发展起来，说明它们深得当地患者信任，里面的医师也基本达到了"好医师"的标准。说句不好的话，早年没有民营口腔医院成为大专院校实习基地。当下办得好点的民营口腔医院，几乎都会成为大专院校口腔专业学生的实习基地。我干了38年的口腔系教学工作，我在这里提一个小建议，凡被定为教学基地的民营口腔医疗机构要为去实习的学生指定带教老师，且这位老师要到教学医院培训至少三个月。

最后介绍几家江西祖传的牙科诊所。

上饶市有一家传承了四代的牙科诊所"赵氏口腔"。1949年，祖父赵凤鸣响应国家号召，从新加坡回国，考取了江西省的牙医证书。1953年10月，赵凤鸣拿到新中国成立后第一批江西省卫生厅颁发的口腔医师行医执照，任职于上饶市西市医院口腔科。父亲赵瑞龙于1962年11月15日获得由上饶市市长黄爱民签发的营业执照。1986年，长子赵贞选创立了上饶市信州区天宫口腔门诊部。2011年，次子赵贞春创立了信州区赵贞春牙科诊所。他们的后代又继续从事口腔医疗事业。两个世纪，百年沧桑，四代人在传承中创新，在探索中前行，志在维系百年口腔医疗老店口碑的宏伟愿景。

方志敏故乡弋阳县的楼氏口腔门诊部也是一家祖传的口腔诊所。楼氏口腔缘起于江慧医师的外公楼章元，他在仅有几把牙钳、一台脚踏低速钻、一个皮老虎气球以及少许简易器材的简陋条件下开始了牙医生涯。当年前来看病的病人都很贫困，楼章元或减免他们的治疗费，或要他们以粮食、肉制品等抵付。江慧医师的母亲楼子阳继承了父亲的衣钵，1992 年到江西省口腔医院进修，之后为诊所引进了当地第一台高速涡轮机。1993 年 4 月，她在弋阳创办了新诊所。江慧奋发图强，将这间新诊所发展成为占地面积 200 平方米，有 7 台牙椅、10 名团队成员的现代化专业口腔门诊部。

井冈山下的永新县也有一个牙医世家，现在的主治医师叫夏炜。他的爷爷夏惠民早先参加过革命，与老革命家王恩茂（1955 年 9 月被授予中将军衔）是发小。他在第五次反"围剿"之后流落到湖南省茶陵县，在教会医院里认识了牙科医师，并跟牙科医师学习了技术。回乡后，他在县城创办了当地第一家口腔诊所。其子夏茶生随父学艺，后因政策要求，父子俩关停了诊所，牵头创建了集体所有制的永新县牙病防治所，归县卫生局管理。1982 年，国家鼓励个体经营，他们又办了夏茶生牙科诊所，分别在永新县、海口市、吉安市开设了分店。2017 年，夏炜全面接管了牙科诊所，其女夏雨也成了一名口腔医师。这又是一家四代口腔医师传承口腔医疗事业的故事。

瑞金市熊氏牙科不仅是一家百年老店，而且是为我们敬爱的朱德总司令治过牙病的诊所。

江西民营口腔医院的发展历史并不长，一路走来，整体还算是一帆风顺。听听这些创业者讲述的故事，对每一位同行来讲都是享受，也是启迪；是互动，也是学习。随着百姓口腔健康知识水平的提高，民营口腔医疗机构服务百姓的优势逐渐显现，这是乐观面。而不太乐观的是，现在民营医院的审批程序要比以往简单得多，近三年竟诞生了千余家民营口腔医疗机构。随着机构的增多，口腔医疗市场这个蛋糕会越分越小，要想将机构持续地办好，需要各机构付出更大的努力。

江西省民营口腔医院仍需"冷静思考，稳步前行"。

（3）

我多次参加过民营医院的审批工作，七八年里，我见证了审批过程的由难到易。

南昌中山路那家民营医院，申报的文字材料没问题，可是等我们到了现场，就找出了很多问题。关键是消毒无菌的设计，污染与无菌应是两条线，他们没做到，需要整改。审批不过关就不能发营业证，我是审核组组长，理所当然没有签字。

江西省口腔医院要开设第二门诊部，需要过审。有一根污水管正好从他们供应室门前穿过，卫生得不到保障，虽然是兄弟单位，我一样没有审核通过。他们打电话请朱院长过来，我讲清了缘由，朱院长认为理由成立，请我给他们找出其他不合规之处。他找来铁锤，凡要改之处立即砸烂整改。他解释道："我们希望能够准时开业，报请审批程序周期太长，不想等到第二次报批。"我同意了。

2007年，我去九江做中山口腔医院的审批工作。他们的位置在当时公安局办公楼的后面，交通不便，医疗用房只有两层楼。这次审核工作由卫生厅的一位处长带队，评审细致认真，最终他们顺利通过了审批。

由于地理位置不好，九江中山口腔医院病人少，四个医师走了三个，管理者换为刘炳华。他希望我能给他介绍几个医师，我介绍了一位邱医师。2008年，医院重新选址，在商业大楼马路对面，刘炳华请我帮助他们进行装修设计。开业后，我又为他推荐了一位已退休的赵主任，他希望我有空也去他医院坐坐。不是每家民营口腔医院都欢迎我，因为我要求他们的管理制度化、操作流程规范化、收费合理化、服务人性化，而且不能只是将这四句话贴在墙上，而是要落到实处。有人认为，这样会断掉一些财路，其实真正落实了就不会。我见证了九江中山口腔医院的发展，见证了它从门庭冷清到患者络绎不绝的全过程。他们是九江市第一个开展种植修复术的民营口腔医院，也是第一个在九江发展到有5家门店的民营口腔医院。自创办以来已有17年，现有48家店、二级口腔医院12家、职工2000余人。

刘炳华与团队成员梅浩、肖梁办院的心得是：

诚信是根本——失去了患者的信任就失去了口碑，失去了客户；优秀的团队是基础——只有德术兼备的好医师、好护士，才能更好地服务患者，取得患者的信赖；良性管理是强大的助力——只有良好的管理制度才能让团队更有动力，管理者要不断提升自己的管理水平；口碑是营销最好的广告——尊重患者、生命为大是医院服务的宗旨，只有获得良好的口碑，才能吸引更多潜在客户。品牌打造不是投巨资做广告宣传，而是要做好服务工作，提高治疗质量，以此赢得客户的信任。民营医院的每一个职工都是营销员，服务过程就是营销过程。责任—质量—信任，这是创办民营医院的基础。

南昌美亚口腔有点与众不同，其创办人是医学院口腔系90级的一个女生。闻知她迈出这步时，我还真佩服她的胆识。办院初始只有7人、4台牙椅，营业用地面积150平方米。他们秉持"专业、坚持、爱"的宗旨，将医院发展到团队有50余人，牙椅有17台，营业面积1000多平方米。她的两个理念值得同行学习：一是亲情，二是文化。他们接待患者如同对待亲人；诊区充满文化气息，有茶水吧、棋牌娱乐室、儿童游乐区、阅读休息区。爱看书的顾客说那里像个书店，能看书，书还能外借。他们给吸烟人士也留了一条空中花园长廊。我的几个病人竟被吸引过去了，我"生气地"问他们为什么。病友说："到你那里是看病，到她那里是'回家'。"我无语。

她的一位员工余晓琳也是我的学生，在她的诊所工作了9年，辞职后学习她创业。余晓琳将店开在了红谷滩丰和新城一期，取名为"雅言"。"雅"：中国最早的通用语言，牙声。"雅"与"牙"声韵并同。这里"雅言"意为美丽的语言来自美丽的牙齿。因为有了经验，她的诊所开张时有4台牙椅，营业地有两层楼，面积共240平方米，团队有8人。其团队优势是：有两个研究生，且在三甲公立医院有近十年的工作经验，这两人是余晓琳的同学，分别叫张行炜、傅丛。他们的特色是：5年以来从未通过广告进行宣传，仅靠团队一步一个脚印地前进和顾客的口口相传。他们将每年盈利的资金继续投入医院为患者服务，不让自己的口袋升级而是让服务质量与水平升级，致力打造"专业、品质、高效"的个性化服务。

第一家辉煌口腔诞生于1999年，地点在龙王庙。老板是德高望重的医师？否。是什么二代？否。有传言说他是莆田系，也否。他如果真热爱口腔专业，应该考医学院学口腔，但他觉得管理工作更重要，选择了江西财经大学管理学院学习管理专业。他没学过口腔，却怀有要在口腔行业里干出一番惊天动地的事的志向。底气来自哪里？来自他的家乡都昌。

那年他24岁，他在南昌龙王庙找了一间民房，面积只有30平方米。房主是一对老人，他对老人说："你们在楼上，我们在楼下，我就是你儿子。你有什么事都交给我们。"老人接纳了他们。他们诊所只有4个人——他和妻子、兄长以及合伙人，外加2台牙椅。挂牌，放鞭炮，诊所就这样开张了。逢年过节他都会上楼去看老人。后来，店面需要扩大，老人搬走了，上下两层，面积有500平方米，牙椅增加到6台。他与老人一直保持着联系，对老人如亲人般相待，20年了，老人从没提涨房租的事，店里有什么欢庆活动，他都会请来老人坐在台上。后来，此处新患者减少了，他本可以关门另觅新处，但他不能忘记老患者和老人，只要这里收支平衡，他就会继续为这个小区的居民服务。他叫陶金虎，他哥叫陶金龙，他爱妻叫丁雪花。沙里淘金，生龙活虎。从他们的初衷就可以预测到他们今天所取得的成就。

已有 30 余年工龄的口腔医师钱小玲敬佩陶总创业的进取之心，决定告别声名大噪的拜尔口腔而与陶总合作。2015 年，钱小玲加盟辉煌口腔，与陶总一起开会选址，商量具体事宜，钱小玲有民营医院工作的经验与管理方法，在新平台上，她可以放手工作。这个诊所有 400 平方米，有 8 个椅位、20 个医务人员。她提供了种植、矫正、美学修复、口内儿科、牙周等比较全面的口腔门诊服务。1986 年，我在口腔医院小门诊时，她来进修，我们曾共事过一年，她是我同行，也是我学生。

20 世纪 90 年代初，安福县的刘涛在我科进修，不久，他南下深圳、广州。千禧之年，刘涛回家创业，在安福县开了一家"刘涛诊所"。这家诊所从只有 1 台牙椅发展到今天拥有 400 平方米的营业面积，有 10 台牙椅、5 名执业医师、2 名助理医师、4 名护士、3 名医辅人员的现代化口腔门诊部。2014 年，刘涛诊所成为抚州医学院口腔系的教学基地。刘涛自己通过努力获得了副主任医师资格，荣膺吉安市口腔医学会第二届常务会长。他积极联络省内外知名口腔专家学者来自己的门诊部进行工作指导，多次举办各类学术讲座、培训班，组织全市民营口腔工作者积极参与学术交流，为提高全市口腔医疗诊疗水平搭建了传授知识、交流技艺和增进友谊的平台。

我认识刘涛 30 余年，认识孔方方 3 个多月。孔方方开的吉州米方口腔诊所与刘涛诊所有一个共同点——经营有方。刘涛诊所在安福开了 20 余年，二十年如一日。孔方方的吉州米方口腔诊所只开了 3 年，生意却从未冷清过，一直都是顾客盈门。为顾客看好牙、服务好的秘诀是什么？那必然是有爱心。每个怀有爱心的开诊所者，必然能够成功。

江西口腔还有两大特色，不仅国内兄弟省无力可比，就是世界口腔人士也难以望其项背。

第一，江西有个都昌县，号称"中国牙医之乡"。我们用数据说话：都昌口腔产业至今已有300多年的历史，有4万余都昌人从事口腔行业，在全国各地开设的口腔医疗机构有8000余家，每年为千万名患者提供诊疗服务。

我有近百名学生是都昌"老表"，有本科生、研究生、住院医师、主治医师、副主任医师，但他们都"背离"了我，没有一人从事口腔颌面外科。我现在有两名在读研究生，我问过他们，毕业后是否会继续从事外科？他们用微笑表示了否定。

第二，江西奉新县有位黎昌仁先生。1993年6月1日，黎昌仁先生在深圳开始创业。他将一家只有2人的小店发展到在全国50多个城市共开设了200余家口腔医院与诊所的大型口腔医疗连锁机构——拜博口腔医疗集团。为了确保与提高医疗安全与质量，黎昌仁先生请到了全国诸多知名专家来自己医院坐诊：南有广东省口腔医院种植专家，东有上海九院正畸专家，西有重庆口腔医院正畸专家，北有大连正畸专家，中有江西省种植专家。这是公立医院无法想象的优势，也是拜博能创建品牌的底气与保证。

2015年7月，拜博口腔邀请我去做江西事业部的医学与文化顾问。我去之后办的第一件事就是讲课。每周六下午四点开始，我讲过"医疗质量安全""与患者做到良好沟通""预防治疗过程中并发症的发生""遵守制度流程是医疗安全与质量的保证""如何做好全员营销"等课程。我讲这些课程的最终目的是让大家意识到医疗质量与患者信任的关系。患者把健康与生命交给你，你却把钱看得比命重，那这个医师就不要当了，诊所也不要开了。这就是我的观点。2018 年 6 月 15 日，泰康保险集团正式宣布战略投资拜博口腔医疗集团，集团更名为"泰康拜博医疗集团有限公司"。

2019 年，黎昌仁先生邀请我写他的创业史。从珠海到上海，从大连到大理，他所开的店几乎遍布全国。我将书命名为《医海牙舟》，40 万字的书再现了黎昌仁先生鲜为人知的艰难创业之路，一条与众不同的医路。他的创业足迹是中国民营口腔医疗行业一个难以复制的样本。

第十章

理解尊重沟通桥
责任质量信任根

有人提出这样一个问题：一个人一生中做什么事最辛酸？回答：一个人去医院找医师看病最辛酸。这是现在的问答。过去的问题是：一个人生了病或需要抢救，怎样才能安全？回答：走进了医院，看见了医师，心中石头就落地了，安全了。

我经历了医患关系渐渐改变的过程，能深刻理解这两个问题所表达的含义。

医院是救死扶伤、传递温暖与希望的地方。医院每天都在上演生离死别的场景，每天都有笑声与哭声。这时，如果每个医务人员都对患者笑脸相迎，进行有效的沟通，就能让患者感受到医院的温暖。温暖多一点，辛酸自然会少一点。医师与患者共同的敌人是疾病，而不是彼此。"仁心仁术"应当是每位医师的初衷。

在短短的几十年里，医师与患者成了互疑的异己。我还是坚信，医路上走着的医者与患者应该永远是一对"有情人"，总有一天，医患关系会回到相互信任的状态。

（1）

医患、医患，医方在前，患者在后，医方是主导方。现在影响医患关系的因素首先是医方因素，次之是患方、制度、舆论、医学发展滞慢等因素。《江西日报》曾发表过一篇《误诊之殇》漫谈纪要，我在此摘录几段：

有多少患者遭遇过误诊？国内误诊率究竟有多高？

对此，我国迄今没有官方的数字。在我们身边，亲朋遭遇误诊的案例并不鲜见。误诊带给人们的，常常是过山车般的震荡：有的"起死回生"，虚惊一场；有的贻误病情，丧失生命。

从1990年就开始对国内误诊率进行调研的《临床误诊误治》杂志主编陈晓红介绍说，近年来误诊率并没有因为现代设备的增加而减少。误诊有医师经验不足、责任心不够的原因，还与个体差异和病症的复杂性、技术的局限性密切相关。如江西3名患者因骨头痛被基层医院分别诊断为肩周炎、颈椎痛和腰椎痛，后在南昌大学第一附属医院通过CT等检查，被确诊癌症骨转移。

蒋泽先说，这些误诊一方面是没有典型症状，另一方面是因为基层医院缺乏检查设备和技术条件。误诊，对医师和患者而言，都是噩梦。误诊既伤害患者的身心，也损害医师的形象和自信。白求恩国际和平医院的一项研究发现，误诊造成病情复杂化的占36.58%，导致病情恶化甚至致残或死亡的占4.14%。

误诊本身能否避免？受访专家直言，误诊"零概率"几乎不可能，也不符合科学。这或许是误诊真正的"痛"。"误诊随时存在，不论医院大小，都不可避免。"中国卫生法学会常务理事郑女士指出，现在医学对人体秘密的认知仅有很小一部分。"老百姓对误诊都不太接受，这正是医学的风险所在，它合理存在但不合情。"

陈晓红主编说，国内外文献中样本量提及的误诊率在20%~40%，但国内是多少没有准确的统计。任何一个新病种的出现，都要经历"不认识—逐渐认识—熟悉—掌握"的过程。在不认识的阶段难免发生误诊，甚至误诊率很高；对早已熟悉的疾病，由于病人个体差异，也有可能让医师感到"困惑"，难免出现误判。尽管医学的进步必然要付出代价，但是这种代价越少越好。

山东大学医学伦理学研究所曹教授认为，临床医师不能因为误诊的客观存在而放松对技术和责任心的要求。生命伦理学有个"不伤害"原则，医师要最大限度地降低伤害。

"只有正视误诊，才能降低误诊率，才能减少误诊带来的伤害。"多位受访专家说。降低误诊率，关键在医方。作为患者性命相托的医师，一定要增强责任心，提高医德医术，努力降低误诊率。"对医师来说误诊可能是万分之一，对患者来说就是百分之百。"

蒋泽先认为，健全的制度、科学的流程和敬业精神，可以有效减少误诊的发生。以口腔癌为例，如果用消炎药7天，患者症状没有消除，就要做活检，或送上级医院或组织专家会诊，而不应再独立操作。适度检查和过度检查之间的度很难把握，只要医师不是出于私心、为了个人利益，就不应该认为是过度检查。"在临床治疗中，有的患者确实是多做了检查，但很多检查不得不去做，因为有的疾病隐藏得很深。"

很多专家建议：这样的医学风险不应由医院或医师来承担，

国家应设立保险或基金来支持，在医院医师无过错的情况下，误诊能被担当，患者能获得补偿。我是建议者中的一员。

这里，我不去讲述处理医患关系的理论，只讲述我与患者沟通诊断治疗的例子。患者的感受是症状，不是疾病本身，只有明确了诊断结果，才能制定治疗方案。诊断和治疗构成治病过程，诊断前有段医师与患者的对话，这叫沟通。没有良好的沟通，就难以做到"在较短时间内明确诊断，为患者制定诊治方案；尽心采用最有效经济低廉的治疗方案；尽量在治疗的同时给患者与其家属讲述这次患病的相关科普知识"。医患沟通无句号，信任可以到永远。

有一位患者，女，68 岁，因没有味觉、舌头疼痛至我科就医，被确诊为萎缩性舌炎。萎缩性舌炎的常见病因有：贫血、缺乏维生素 B_{12} 或烟酸，以及白念珠菌感染。患者认为自己只是没有味觉、舌头疼痛，不需要做这么多检查，吃一点能恢复味觉的药就可以了，就拒绝了抽血检查，改吃中药，一个月后病情加重，又来复诊。年轻医师将她转给了我。

我平静地劝她抽血检查，说出了理由：在排除缺乏维生素 B_{12}、烟酸以及感染后，查明了是缺铁性贫血引起的那些症状；对症治疗后停药又反复，那要考虑是缺铁性贫血，还是造血功能失常，还是体内失血造成的贫血。最终，她同意做抽血检查。如果她继续拒绝检查，那就会出现误诊。

她还同意进行一次大小便检查，检查发现大便是黏膜血便。患者没有认为这是过度治疗，而是对我们的信任度日渐增高。我继续建议她去做肠镜检查，最终诊断为早期肠癌。做完手术，忧虑清除，恢复出院。她与家属未因烦琐检查而责怪我，一家人反倒因由一个小病查出大病，病情明确而对我表达感谢。

另一位患者，女性，低热一周，偶有牙痛。前一周因高热在急诊科输液，退热后去呼吸科就诊，胸部CT未见异常。因有心慌病史，转心血管科，心电图正常。因患者偶有牙痛，有口腔溃疡，最后转到口腔科。视诊时，我见她颜面呈贫血状，口内有牙周炎。牙片显示牙周膜增宽，未见能引起发热的病灶。又增拍曲面断层即全景片，也未见异常。口腔卫生尚可，于是我们查了血常规：红细胞与血小板减少，白细胞增多。我询问了她的就医过程，她一个月前就有低热，先后去了社区医院、市级医院，治疗无效才来到省级医院。从局部检查到治疗效果来看，可以否认目前症状不是口腔专有疾病所致。这应该是系统性疾病在口腔的表现，第一考虑的是血液系统疾病，我怀疑是急性白血病。为避免患者再挂号排队的麻烦，我主动联系了血液科主任，请学生直接带她到病房住院。

10余天后，一位中年男性找到口腔科，说要找蒋主任。我与他见面了。他说他是血液病患者的丈夫，其妻子于昨天去世，受妻子委托，特来感谢我："妻子说，你不仅为她诊断清楚了疾病，还派了一位年轻医师护送她到住院部，直到交给主任与护士长才离开，让她心里感到格外温暖。"我低下了头，为他妻子祈祷。我说："我也深深感到了医患之间相互信任的温暖。感谢你妻子，告别人间时还记得我。"

一位中年女性找到我说，她们县医院诊断她患了舌癌，建议到我们医院住院做手术。我问了她的病史、病情，叫她坐在治疗椅上。第一次检查，我也怀疑是舌癌，是由最后一颗磨牙刺激成为创伤性溃疡所致，准备收住院。我再询问，再检查，发现牙齿倾向舌侧，能活动，且与舌缘连在一起。溃疡与"牙齿"之间有间隙，那一瞬间，我想的是这是一颗要脱落的"牙齿"。我决定看看其根部，竟与牙槽骨无粘连！我叫助手用纱布牵出舌体，彻底暴露"牙齿"，我用止血钳夹住，竟然不是牙齿，而是一块"巨大"的导管结石。不是舌癌，一家人皆大欢喜。

一位妙龄美女因颚部长了肿块来就医，我科诊断为血管瘤，依据是肿瘤周边呈紫色。她来自方志敏的故乡弋阳，来趟省城很不方便。认真检查是我的责任，我摸了摸，没有囊性感，穿刺无血。我将涂片交给细胞室，报告是腺瘤，术后报告是腺泡细胞癌。

牙龈出血、口臭，是口腔疾病最常见的症状，有这些症状通常会被诊断为牙周炎。牙周炎与糖尿病存在双向关系，互为高危因素，糖尿病会加重牙周炎的发展，病人通常不知道其中的关系，也常常否认自己患有糖尿病与家族病史。一位要求种植牙的患者，我确定她有糖尿病，于是建议她做一次血糖检查，她拒绝说："我平常能吃能喝，营养好，不会得糖尿病。"我近乎祈求地说："有，你出钱；没有我出钱，好不好？"她终于同意做血糖检查，空腹血糖结果是 16.8mmol/L。

口腔疾病是糖尿病的并存症，感染是并发症，拔牙是口腔治疗手段。我从 1990 年起，处理这三种关系的医疗纠纷近百例。走上医路，有仁心，缺仁术，一不小心就会撞上"枪口"。

（2）

山东省社科院省情综合研究中心等单位于 2009 年联合发布的《山东医务人员精神状况调查报告》显示，导致医患关系变差的因素排在前几位的是患者日益增加的经济负担、患者对医院医师的期望值过高、国家对医疗投入不足、体制不健全法律不完善、患者普遍缺乏医学基础常识、专业医闹的挑唆、患者本身文化偏低及无理取闹。而医患沟通不当，医德医风不佳，医务人员态度不好、技术不高等因素所占比率相对小。

　　医疗服务与其他行业服务不一样的是，它存在不可预知性、风险性。比如牙痛，可以致血压升高，会伴间隙感染，可以致神经痛，可以诱发心肌炎。很多患者不知，告知也不信，认为是医师欺诈恐吓。基层牙医也缺少这些知识，导致拔牙、补牙、开髓时脑血管破裂，严重时还会导致患者死亡。

　　现代医学充满未知与变数，医学领域有很多盲区，生理、病理的复杂性、多样性和个体差异决定了现代医学总是在不断探索中发展。很多情况下，医方难以向患者传递足够多且准确的医学知识，医师知道但患者不知，这就是医学知识的不对称。在医师没有做好沟通工作，治疗又没有达到预期效果时，患者自然会产生怀疑心理和不满情绪。有些病症即使能够治愈，也不能做到立竿见影，如癌前病变。为预防医师的过度治疗与开大处方，患者会抵制医师的治疗方案。有的患者自我诊断，自报药名，要求医师按他指定的检查项目进行检查。如果老专家碰到这样的病人，会说服他听从医师的安排；如果是年轻的医师，大都会选择听之任之，患者说什么，就查什么，否则又会被说"吃回扣""拿提成""白狼"等。医师与患者之间有隔阂，医师不去纠正患者错误的想法，或者即使纠正患者也不听的现象越来越多。

　　拔牙、开髓是口腔医师最基本的技术操作。如果有患者患有急性牙剧痛，任何药物都不见效，这就是牙齿髓腔发炎了，病名叫"牙髓炎"。最佳也是首选的方法，医学上是叫"开髓"，即在剧痛的牙齿上用牙钻开一个孔，减轻髓腔里的压力，疼痛会立马得到缓解。

　　在我处理的案例中，因拔牙与开髓致死的竟有6例，致脑血管破裂的有5例，还不包括民营诊所私了的案例。至于因其他的并发症致死的则更多，原因在于医师不识并存症，也不知如何控制并存症。这就是我在晚年想要花时间研究的课题，目的是为基层同行减少医疗风险，提高医师水平，提高医者治疗安全系数，呵护患者生命。

我给我科和我去过的民营医院规定，凡是要接受口腔治疗的病人，当他们坐上治疗椅之后就要测一次血压，我命名为"即刻血压"，术中量一次，术毕离院前再量一次。一位中年人因牙痛去一家诊所就医，医师诊断为急性牙髓炎，做了局麻后进行开髓处理。术后，患者突然感到剧烈头痛。医师打电话问我，我要他立刻测量患者血压——收缩压超 220 mmHg、舒张压 120 mmHg。我要他急送我院神经外科，患者被诊断为高血压脑出血。我院医师立即给患者造影，进行微创止血。

一位女医师急于为一位牙痛患者解决痛苦，没有问诊，没有测量"即刻血压"，就给一位老人治疗。老人中午午睡，一睡不醒。老人有高血压病史，一直在服药。问题是，患者血压是昨天上午量的，医师根本不知患者在拔牙时血压是多少。血压变化与情绪、运动、药物都有关。那天患者吃了止疼药，忘了吃降压药，牙痛导致血压更高，最终导致血管破裂。患者家属状告医师拔牙诱发血压升高致患者死亡，这个理由是可以成立的。

一位老爷子挂了我的号，要我为他拔牙。他患有牙周病，牙齿已经松动了。我要先量血压，他拒绝，骂我饭桶，拔牙还要量血压？我请他退号，不量血压就不拔牙，这才叫专家，不量血压就拔牙才是江湖医师。我和他"吵"了很久，好在他儿子来了，才劝说他同意量血压。测量结果是收缩压超 200 mmHg。我告知他儿子血压太高的危险性。"吵闹"终止。血压高到 200/120 mmHg，这样的患者可能会出现脑出血，也可能会引起脑疝，猝死的风险很大。高血压危象会导致主动脉夹层，也会导致猝死，还会引起心肌梗死，大面积心肌梗死会导致突然死亡。这是医师与患者都应该知道的医学知识。

　　牙龈出血是最常见到的口腔疾病症状，最常见的原因是局部牙结石、牙龈萎缩所致的牙周病，还有可能是血液疾病引起的。查血常规是洁牙、拔牙前必做的检查，未做就有可能出现医疗差错，损害病人的健康和利益。

　　这位患者是男性，48 岁，因刷牙时出血，夜半还在渗血，至医院口腔科就医。患者在基层医院做过洁牙治疗。医师检查其口腔，口腔卫生尚可，未见牙结石，舌侧偶见牙垢。患者自己陈述：去医院洁牙后，依然出血。这位患者这次的血常规检查结果是白细胞、红细胞、血小板数量偏低。我们问诊后才得知他有慢性乙肝病史，遂建议他做肝胆脾超声检查，结果是肝、脾肿大。我自然想起我在赣州时坐在卡车里护送去抢救的那位下乡知青。我们请了普外科医师进行会诊，最后诊断为脾功能亢进。患者手术后，牙龈不再出血，口腔也无异味了。如果患者拒绝做超声检查，会是另一个结果。

　　这例又是一个萎缩性舌炎患者。检查结果显示其铁蛋白偏高。铁蛋白是缺铁性贫血、肝脏疾病检查中较为常用的检测指标，也是提示体内铁缺乏最敏感的指标。正常情况下，人体中的铁蛋白会在一定范围内波动，只有患有相关疾病时才会出现异常的情况。导致铁蛋白升高的常见原因有肝癌、乳腺癌、白血病、淋巴瘤、铁粒幼细胞性贫血。这位患者铁蛋白超过 300 μg/L，我请她做 B 超，提示肝占位性病变。再做 CT，报告为肝癌。

　　本是治疗萎缩性舌炎，查出了肠癌和肝癌；治疗牙周病，查出了糖尿病；治疗口腔感染，查出了白血病。由口腔小病查出系统性大病，除了依靠认真仔细外，还要清楚局部疾病与系统性疾病的相关性。如果只停留在对症状的治疗上，虽然可以缓解患者症状，但不能解决根本问题。医师要耐心地与患者进行沟通，才能深入诊断。如果患者怀疑是过度治疗，医师与患者之间不信任，患者拒绝各项检查，很可能会错失最佳治疗时机。良好的沟通可以缓解或化解矛盾。

在高安市一家医院拔牙后眶下感染的老人，来时已经是酮中毒，经抢救后病人虽然留住了生命，却失去了半边脸与上颌骨，患者家属要状告原接诊医师。当时我院接诊的是邵益森医师，他精心呵护，耐心换药，最后为患者做了口腔赝复体。虽然外形不太好看，但是恢复了咀嚼功能。

我们的服务与解释感动了患者的儿子，他表示不再提告原接诊医师了，我们还成了朋友。有一次，九江德安的一位患者病了，他认为这是我和他的最后一次见面，希望我能去看看他，但我一时抽不出身。高安那位患者的儿子正好带母亲来复诊，得知这事后，便问我："他是你什么人？"我回答："患者，与你母亲一样。"他说："我送你！"到了九江之后，他证实了那个人是我的患者。此去，我告知德安的患者无须用药，他的病会自然痊愈。高安患者家属说："你真好！"我说："你一样好！"来去三个小时，他毫无怨言，这又是我难忘的医患情。

我曾给两位基层领导做过手术。术前，我总觉得这两人有点不对劲。那个年代术前检查一般只会检查肝肾功能，没有对梅毒、淋病、艾滋病等病的检查，现在性病检查已列入常规检查了。我还是给他们开了性病检查，结果两位领导均是梅毒阳性。如果不查，他们哪能得知自己是梅毒阳性？一定会认为是医院手术不当传播的。发现阳性后，我不好直接告诉他们本人，担心影响他们家庭的和睦，只好请他们的孩子来商量如何告知他们。他们的孩子十分感谢我们这样保密的操作。这又是一种医患沟通——与患者家属沟通。

（3）

时代不同，众人对医师的看法也不同。现在谈起医师，大家都会想到一个字——黑；以前谈起医师，大家会想到一个字——善，悬壶济世、父母之心。

今天，医患关系进入了一个特殊的时期。患者觉得受到了欺骗，医务人员紧张自危、如临深渊、如履薄冰。造成这种关系的原因只有一个字：钱。

现下，大部分患者都是以自费方式获得医疗服务，这种付费方式使患者对医疗服务效果的期望更高。大多数医患纠纷的发生都是由于医疗费用与患者期望的疗效不相符合，即使医师尽心尽力去治疗每个病人，仍有一定比例的患者由于种种原因对疗效不满意。对于花费了高额医疗费用的患者，如果疗效没有达到预期，问题没有得到解决或回应，就会将不满情绪发泄到医务人员身上。对此，医方应该在治疗过程中给予理解。医疗体制保险制度不健全，这是医患双方的无奈。

一位久咳不止的患者认为自己患了"老慢支"（慢性支气管炎），医师提出要做肺部CT，他拒绝；一位年轻的头痛患者，要求医师给他开止痛片，医师建议他做头部CT，他拒绝；一位焦虑症患者要求做头颈部MRI，医师解释他的症状不适合做这项检查后，他不听，医师还是拒绝他的要求，结果他状告医师不负责任。无论这类病人是无知，是偏执，还是自我认为是久病成良医，医师都要指出他们不科学的看法，尽力与他们沟通。若沟通无效，则要将其所言记录在病历上。

一个从农村来的青年找我看他右下8处的牙龈溃疡，我很清楚这是创伤性溃疡，刺激源是右上8处伸长刺激破溃，我建议他拔出右上第8牙。他很气愤，指责我说："我从乡下到省里找你是治疗底下的牙龈烂肉，你却要拔我上面的牙齿，这是南辕北辙！我要投诉你！"我还是耐心地向他解释："拔牙是为了治疗牙龈溃烂，叫'去刺激因素'。如果你不愿意治疗，我可以把挂号费退给你。"他们退了号。

四个月后，他跟老婆一起来了。他老婆说："回家打了一个月的吊针，未愈，又吃了一个月的中草药，右侧下巴骨内长了个肿块，还是想请你看看。"我对他进行了触诊：肿块坚硬、固定、有粘连。我的第一反应是转移癌，让他做了一个病理检查，病理报告显示为高分化鳞状细胞癌。我又给他做了下颌骨部分切除加颈清扫。我在想，如果最初拔了上面的牙齿，会少一个癌症患者吗？

这是一个同类病人的例子。

一名40多岁的干部，在老婆的陪同下找我看舌部溃疡。是舌缘溃疡，在右侧，视诊呈菜花状溃疡，触诊结果显示基底部较硬。患者已经用了半个月抗生素，没有任何效果。我找到了刺激源，是一枚金属义齿剥脱后的锐利边缘。我给的初诊意见是舌癌，建议他立即住院，完整手术切除后术中送病理检测，之后再决定下一步的方案。我的话还没有说完，他老婆一听说要手术，就火冒三丈大声地喊起来："我是慕名而来的！想请你开清火的药，你说要开刀，明明是火气，你偏要说是癌！你这个名声是假的，一样想诈我们的钱。走，我们走！"我想再解释，她骂了几句很难听的话："你们西医都不是好东西！小小的火气要开刀，等我治好了来投诉你。"

也许是没有找到民间的"高手"，三个月后，在几位院领导及其他单位领导的陪同下，他又来了。我触诊后，对几位领导说："肿瘤已经淋巴转移，颈部有多个坚硬、固定的淋巴结，预后不好。"我提出两条建议，一是转去上海的医院，二是请上海教授来我院给他做手术。他如实地说了，去上海排不上队，能请到医师最好。上海教授来后指出，太晚了。术后三个月果然复发，两口子又去了上海。回来后又来找我，我诚恳地请他们用中医调理，扶正祛邪，中医调理肯定可以延长生命，可惜晚了。从发现病情到他离世只有十八个月。这让我想起赣州那位舌癌患者还活着，且活得很好。当下，这类因沟通无效未能手术治疗的病例有多少？预后怎样？很难有统计数据。

（4）

当今，医疗活动中医患关系变差的原因首先是双方互不信任。医方，怕因误诊漏诊而遭到患者投诉，为了更全面、更准确地查出问题，便会扩大检查范围。有些医师丧失职业操守，则趁机开更多检查单拿提成，造成过度检查，更有甚者会收红包、拿回扣。有些医师缺乏换位思考的能力，对患者机械同一化，认为：我为你服务了，你付钱给我是应该的。患方，往往因不知医疗服务的特殊性与风险性，对医师的期望值过高。少数患者不尊重医师，稍不如意就指责告状，干扰正常的医疗秩序，这类人的心理是：我花钱买服务，就应让我满意。如此，医方就变得小心翼翼、胆战心惊。患方又感到提心吊胆，警惕万分。

网上也经常出现一些莫名其妙的广告："与我握手，就知道有无癌症；拿拿脉就能开出药方，吃 40 包药就可以让肿瘤消除。""不活检，不手术，不化疗，不放疗。""保证诊断准确，保证治好癌症"。这类违反科学的宣传加剧了医患关系的分离。

甚至一些高级知识分子、高级干部、高收入者，都对"四不"深信不疑，最后受害的是病人自己。问题是，他们还自鸣得意："民间高手帮我治病"，"让我死得有尊严"。

下面我介绍的三位患者都是我的病人。他们都是副厅级干部，具有博士文凭，都有"自信人生二百年，会当水击三千里"的信念。在一次体检中他们先后发现血清蛋白 AFP 的指标偏高，保健科主任希望他们做肝脏 CT，排除占位性病变，即肝癌的可能性。

第一位按时做了 CT，被证实是肝癌，局限性肿块有 2 厘米大、界线清楚，无任何症状，医师建议手术加介入治疗。患者依从性强，接受了治疗。第二位也做了 CT，听医师说是肝癌，二话没说去了上海、北京的各大医院。通过朋友找到国内很多知名专家给他看诊，专家的意见基本一致，都建议他尽早做手术。可他坚信"高手在民间"，认为自己无任何症状，没有影响到身体其他器官，决定到各大寺院、民间寻访中医高手。他相信既然是早期，吃几包中药一定会好，又走遍了天南地北，到了九华山、五台山、黄梅四祖、黄梅五祖等古刹拜师。去时健步如飞，回来时已"大腹便便"——全是腹水。第三个有点小脾气，连 CT 都不做，直接到中医院去开了中药。

三个人，三个不同的理念，三个不同的结局。第一个做了手术，积极配合治疗之后虽然身体虚弱，但在家中养病　年之后，身体恢复了健康，又去上班了。10 余年过去了，他还活着，这不是喜事吗？第二个回来之后只能接受化疗了。生命有限，这不是更痛苦吗？第三个吃了几年药，肝功能有所损伤，还有黄疸，这种情况下他才同意做 CT。肝脏的占位是血管瘤，他白服了几年药，患上了药物性肝炎。

我想科普几句：肝癌可怕之处在于发现的时候多数就是晚期，或为弥漫性；如果是早期、局限性肝癌，以手术加放化疗，治疗效果很好，即使是转移的局限性病灶也可以通过手术切除。我还是想真心劝告大家，以我对口腔癌治疗的 40 余年经验与我知道的对恶性肿瘤治疗的原则与知识，我要说，任何局限性癌肿的治疗方式都是首选手术切除（要选好医院与专家），根据肿瘤性质再决定是否要放化疗（大都是阶段性、辅助性），同时口服扶正祛邪、调理体质的中药（选好中医，中药以煎服水剂为最佳，不要吃成药）。我的很多病人都遵循这一原则，术后从爸爸做到了爷爷，与健康的人一样享受人生。

长期咀嚼槟榔会引发口腔癌的常识渐渐被更多人知晓。一些人因长期咀嚼槟榔，口腔黏膜纤维化了，这样的病人日渐增多。他们张口受限，溃疡疼痛。我曾有心加入他们的朋友圈，试图帮助他们戒掉槟榔，结果被他们嘲笑是"傻子""不懂人生"，我只得退出。一些不听劝的人不怕死地咀嚼槟榔，直到完全无法张口，颊黏膜已形成颊癌时才无可奈何地来找我，也有一些人相约去找民间高手，希望用药治疗，不想开刀。他们大都是在七八十年代出生的青壮年，大都是独生子，去世时大都是有妻子、有孩子的人。最大者 45 岁，最小者 23 岁。我有时想，你不听医师的话就罢了，但不能不听养你的父母和自己妻子的话呀！蔑视医师也罢，你不能蔑视自己的生命，也不能忘记自己做孩子爸的责任呀！面对自己的生命和健康，他们在想什么呢？既然我无法阻止，那就只能多一声叹息。

（5）

我对医患关系的理解最早来自《大医精诚》。这本书的作者是我国唐代名医孙思邈，凡是习中医者应该都看过这本书。孙思邈在书中论述了与医师职业有关的两个问题：第一是医师要业精，即医者要有精湛的医术，他认为医道是"至精至微之事"，习医之人必须"博极医源，精勤不倦"；第二是医师要心诚，即医者要有高尚的品德修养，以"见彼苦恼，若己有之"感同身受的心，策发"大慈恻隐之心"，进而发愿立誓"普救含灵之苦"，且不得"自逞俊快，邀射名誉""恃己所长，经略财物"。

这是中国最早见之于文、自成体系的关于处理医患关系的记载，包含了"人命至重，有贵千金，一方济之，德逾于此""贵贱贫富，长幼妍蚩，怨亲善友，华夷愚智，皆一视同仁""人命至重，有贵千金""无欲无求""华夷愚智，普同一等"等观点。这些观点是中国古代医师对医患关系处理方法的最好回答，是留给一代又一代医师最珍贵的财富。

儒家提出"医乃仁术"，强调医师要有职业道德，不提倡医者重利，要在医界剥离经济与职业之间的关系，希望医师做到"召之即来，挥之即去"。这本是好事，矫枉过正后，忽视了对医师的尊重，导致患者可以指责医师，医师地位下降。医师常常是劳而无功，受到心理上与经济上的双重压力。这种现象，在今天仍然有时会发生。

西方医学家把医学发展的历程分为五个阶段：古代神灵医学模式、自然哲学医学模式、机械论医学模式（中世纪）、生物医学模式（近代）、生物—心理—社会医学模式。

时至今日，部分医疗工作者在诊治过程中，将病人"物化"，注重仪器检查，没有耐心倾听患者主诉，没有因人而异、对症下药，治疗过程像流水线一样呆板，有病的无病的都感到这种医患关系冰冷生硬。仪器设备检查是医疗活动的辅助手段，有着重要的医学价值，但绝非起决定性作用的治疗手段。如今，医学已进入生理—心理—社会医学模式，因为有了机器，因为忙，医师与患者失去了沟通，医师不自觉地回到了中世纪将病人"物化"的状态。

中国最早的医学典籍《黄帝内经》被称为"医家之宗"，标志着中国医学的诞生，也标志着中国医学走向系统规范。中国医学诞生之初，强调病人要服从医嘱。当医师清楚了患者的喜、怒、忧、思、悲、恐、惊等情绪，确诊了寒、暑、燥、湿、火是病或与病相关后，不仅要寻找致病因素，还要根据患者情绪为其治病，必然要与患者进行沟通，还要讲出一些常识，要主动询问患者的病情症状。这样，医患才能有基本的沟通。

古代中国医师有两种。一种是官医，专给统治阶级服务，老百姓无法享受。官医惟皇帝和官僚的命是从。另一种是民间医师，良莠不齐，有良医、名医，也有庸医、巫医。良医、名医对患者有绝对的吸引力和控制权，一句防病治病的话，就会被患者视为"圣旨"，甚至在家族中传递百年。在偏僻地区，把庸医视为良医的人不在少数。

西方的希波克拉底最让人铭记的不是他的医学贡献，而是他留下的关于医师与患者关系的至理名言——《希波克拉底誓言》。他说：医术是一切技术中最美和最高尚的。

孙思邈的警言是要对患者"皆如至尊"。

这两位医学先驱者的思想为人类医患关系铺垫了最真情、最健康的基石。其思想是贯穿医师一路的红线，是医务工作者学习处理医患关系的必备思想前提和基本准则。

科医师短缺、民营口腔才刚刚诞生的那几年，我坐门诊，只有进修生相助，我从早到晚接诊100多个病人。这样能保证质量吗？是不是如患者议论的那样，不到一分钟看一个病人？实话实说，有些病是常见病、多发病，对患者可能是一辈子只有一次，于我，可能是几百次、几千次。如果我看一眼都不知道，能叫专家吗？比如复发性口疮，学名叫复发性阿弗他溃疡，一位患有此病的大妈用十分神奇、神秘的表情对我说："你说我这个病奇怪不？一发病我就打消炎针，打七天针病就好，消炎针一停就复发了。你说怪不怪？你见过吗？"稍微懂一点口腔医学知识的人就知道她是医盲。这是一种自限性疾病，一般情况下7~10天能自愈，然后又复发，此病具有周期性、复发性及自限性的特点。这个病不是打几针能治好的，治疗的目的是不复发。这样的病人我可能不用一分钟就能检查完，然后交给我学生，先给病人进行科普，再开方。我带有研究生、进修生、本科生。本科生写病历，研究生或进修生给病人检查与解释，我做主要检查。如怀疑是口腔癌，或疑难杂症的病人，我会反复检查。别说 10 分钟，口咽肿瘤我都检查过半小时。有并存症的老年病人，如果吃中药，我还会为其把脉，如前面介绍的被前一个医师误将导管结石诊断为舌癌的病人和口咽深部的恶性肿瘤患者。经 CT 与超声检查诊断为良性肿块的病人，如果怀疑是恶性肿瘤，也会穷追不舍。我知道，门诊挂号找我看病的 85%~90% 的患者的目的是确认自己是否患了口腔癌，我给出诊断意见之后他们还会加一句："肯定不是癌吧？"剩余的病人一般都是久治不愈的口腔黏膜病与颞颌关节病。所以百度上对我的介绍是："擅长口腔颌面外科，尤其对口腔颌面部肿瘤、中西医结合治疗黏膜病、颞下颌关节紊乱等疾病诊治有专长。"

我诊治过的最远的病人来自西双版纳。他是江西人，在西双版纳工作。他早上坐飞机来，晚上坐飞机回去，因为信任我才不远千里回乡就医。每次上门诊，病人都会早早地坐在走廊的长靠椅上等我，我进诊室之前会对他们表达一声感谢。

邵医师负责的一位女患者门诊诊断是下颌骨肿瘤，是良性的还是恶性的还有待排查。她丈夫陪着她住院，术后诊断出来后，她丈夫竟不见了。原来她丈夫是山里的农民，结婚已花光了他所有的积蓄，现在身无分文，无法支付医疗费用。他一跑了事，没给妻子留一分钱，怎么办？大家商量先凑钱解决她的一日三餐，医疗费用向医院汇报。病人出院时，我们又为她凑了回家的路费。

一位患者在门诊做了小手术，不久后，他拿着乙肝阳性报告单来投诉，说是我们手术导致他感染了乙肝，要求赔偿。那是门诊手术，术前还真没有查乙肝，但门诊手术室器械消毒严格，这样的感染是不可能的。几天后，一位女性拉着这位男性来了，我以为是来继续跟我们争吵。谁知，这位女性先开口说："蒋主任，你们不要听他胡闹，他原来就是乙肝阳性。我是他姐姐，他从小就调皮。我要他向你们道歉。"

我做全科医师值夜班时遇到一位年轻女性患者，因腹痛送急诊就医。患者家属要求医师迅速为病人止痛，我告知他们，腹痛需要观察检查，进行鉴别诊断，肠梗阻与肠炎治疗不一样，宫外孕与阑尾炎手术也不一样。这位年轻的女性自己臆断是慢性阑尾炎急性发作，我最后诊断是宫外孕。她父亲告诉我他女儿未婚，其母指责我诊断有误，坚持要止痛消炎。我告知他们治疗方法是做手术，不是做阑尾炎手术，是做宫外孕手术！患者家属拒绝手术，她男友（其实是丈夫）要打我。他们始终认为是我有意将病情说得很严重。我请来上级医师，在患者血压继续下降的情况下，其父母才同意手术。进手术室剖腹后证实是宫外孕大出血。

如果我放弃自己的想法，建议转上级医院，或依从患者家属的要求，只给她打点滴，让她留院观察，便会贻误这位女性的治疗时机，那将是另一种性质的医疗纠纷。人际关系很复杂，医患关系又是复杂中的复杂，它是以恢复建立患者身心健康为目的而形成的一种特殊的人际关系。对患者提出的要求，医师要怎样做才能让双方满意呢？希望有效沟通能解决这个问题。

（6）

在我从医的早期，我从没有去思考医师、医院、治病（包括治病的方法、手术与药物）之间的关系。就是说，是什么把这三项串联在一起的？按中国医学理念应该是仁心仁术。然而，现实却是钱！谁养医院？谁养医师？谁付药费？这三个问题向仁心仁术发起了撞击。这"三问"正是医患关系与医疗纠纷的内核，是医路上竖着的三个障碍，深刻影响着医疗活动、医疗质量、医患关系，严重地动摇了两位医学先驱为人类医患关系铺垫的最真情、最健康的基石。

这三个问题是什么时候开始产生的？有哪些形式？

从西周时期起，我国给统治者治病的专职医师。秦始皇建立王朝后，朝廷设立了专门的机构来管理医疗，从此有了医疗组织与医学教育。医师不仅负责皇室人员的健康，还负责中央官员疾病的诊治。汉代将医师分为"官医"和"民医"，除了为官吏服务外，还受朝廷委托为士兵、平民甚至囚犯治病。当国家发生疫情时，医师还担负着救灾救治、分发药品、阻止疫情蔓延的责任。唐宋时期，公立医疗体系日臻完善，设立了礼部医政总管与太医署，主管医教和医疗。医疗服务对象往下延伸，"官医"负责皇帝、妃子、王子、公主以及帝国官兵的医疗救治事宜，太医署还负责为京城官员、皇宫内的太监侍从、各衙门的侍卫以及驻京的重要官员诊治，医疗费用全部由政府补贴并纳入财政预算，也就是医院、医师、患者所需费用都由国家承担。这种分工明确的医疗制度从唐代一直延续到封建王朝末年。

这样的管理方式维持了皇帝与官员之间的关系，保证了政权的稳定。在官僚面前，医师是卑躬屈膝的，皇亲国戚的御医更是伴君如伴虎。我国古代的医患关系有三种模式：一是服务皇族官僚的俯首模式。"君饮药，臣先尝之"，治愈了疾病，可得到丰厚赏赐，稍有差错，便人头落地，甚至祸及九族。二是民间流传的权威模式。患者是医嘱的被动接受者，他们毫无保留地依赖医师的判断与决策。在这种关系下，医师与患者之间的沟通、交往十分有限。三是最佳的平等互动模式。医师与患者为了治愈疾病、恢复健康这一共同目标，在医疗过程中相互信任、积极配合、平等交往。

一位专家说，人类医学模式是对健康观、疾病观、死亡观等医学观念的总体表达。不同医学模式反映了不同历史阶段医学发展的特点趋势、医师的职业道德和技术水平。各个时期的医患关系，也是每个时代医学发展的特征、体现与社会环境变化的反映。这段话可以解释自 1949 年以来我国各种变革因素在医患关系变化中的作用，医师与患者的生理与心理变化和社会环境、医疗费用、患者承担力、患者对医学发展认知的变化以及医师德术变化之间的矛盾。

1921 年 7 月，中国共产党诞生，提出了"劳动者应该参加一切保险，其保险费用完全由雇主或国家负担"。到 1949 年，我国"医疗保障制度也是在高度集中的经济体制下建立起来"。1951 年 2 月，政务院颁布《中华人民共和国劳动保险条例》。1952 年 6 月 27 日，中央人民政府政务院发布《关于全国各级人民政府、党派、团体及所属事业单位的国家工作人员实行公费医疗预防的指示》。1989 年 8 月 9 日，卫生部、财政部再次印发了《公费医疗管理办法》。1994 年，开始进行两江试点改革，旨在解决患者看病谁付药费的问题。

1949 年以来，公立医院医师收入基本与国家公务员相差不大，我在公费医疗门诊部时，做与不做、做多做少工资都一样。20 世纪 80 年代中期，我在一附院时，有了发奖金的制度。开始是年底奖，后来是月奖。后逐渐转变成"总收减总支"，医师多做多得，少做少得，不做不得。现在是"绩效"年代，有相关文件解释说："实施公立医院绩效考核是公立医院改革和现代医院管理制度的重要内容，是贯彻落实党中央、国务院决策部署，狠抓落实的重要手段，也是检验公立医院改革发展成效的重要标尺，对进一步深化公立医院综合改革、加快建立分级诊疗制度和现代医院管理制度具有重要意义。"医师会这样理解吗？一位市级医院的主任告诉我，他的下级医师在实施绩效考核前，喜欢说的话是："主任，我要接孩子了，这几个病人你帮我看看。"实施绩效考核后，喜欢说的话是："主任，您早点下班，这些病人我来看。"如果有需要做小手术或治疗相对简单的病人，他们会对病人说："我主任很忙，这治疗，我来做了，你们去缴费。"的确，实施绩效考核之后，医师的积极性会被调动起来。有医师居然每天去挂号室，要挂号员向病人推荐挂他的号。绩效绩效，有苦有笑。这就是解决谁养医师、谁养医院问题的方法。

更大的问题是，劳保医疗与公费医疗都没有覆盖到农村，农村大多数地方甚至没有诊所。1965 年 6 月 26 日，卫生部部长钱信忠汇报工作时说："我国现在有 140 多万名卫生技术人员，高级医务人员 90% 在城市，其中 70% 在大城市，20% 在县城，只有 10% 在农村，医疗经费的使用农村只占 25%，城市则占去了 75%。"同日，毛泽东主席指出：我们的工作应该把重心放到农村里去，要培养农民也看得起的医师，让他们为广大人民服务。于是中国乡间出现了"赤脚医师"，出现了一批批农村医疗队，医学院大学毕业生也被分配到农村基层卫生院、卫生所。这就是我们那代人下乡务医的原因。（引自《党史百年天天读》，作者卢佳、郭伟伟，中国法制出版社 2021 年出版）

1977 年底，全国有 85% 的生产大队实行了合作医疗制度，"赤脚医师"一度达 150 多万名。1978 年起，国家经济转型，医疗费用大幅上升，劳保医疗、公费医疗弊端凸显，传统的农村合作医疗逐渐消失。

我们这代医务工作者感受到了初级卫生保健制度存在的一些缺陷：缺乏有效的控费机制，导致医疗资源的大量浪费，甚至出现了套骗公家药品的行为；城市与农村差距太大，企业之间、同一企业各级职工之间的待遇存在严重不公，无业者与在职职工差距很大。尽管有这些缺陷，却未见医师与患者之间发生矛盾。50 多年前的社会与现在社会的繁华无可比之处，但胜在人与人之间的朴素情感。那时医患关系是相互信任、相互理解的，病人信任医师，医师体恤病人。医师收入不与医院收入挂钩，没有"医药代表"，医师不会多开药，医师与患者少有矛盾。今天，一些人把医患关系变化的原因全归结于医方是不准确的。

1993 年，国家恢复和发展农村合作医疗制度，但农村合作医疗制度并没有真正恢复和重建起来，因病致贫、因病返贫现象再次出现。

2002 年 10 月，中共中央、国务院发布《关于进一步加强农村卫生工作的决定》，明确提出要建立新型农村合作医疗保险制度。2003 年 7 月，启动新农合首批试点工作。2008 年，参保农民人数已经超过 8 亿，完成新型农村合作医疗保险制度的全覆盖。由于政府投入不足、筹资机制不够完善、法律建设滞后等一系列问题，新农合管理体制受到的诟病也不少。

2005 年 5 月 24 日，卫生部主办的《医院报》刊载了卫生部政策法规司司长刘新明题为"市场化非医改方向"的文章。文章认为看病难、看病贵等现象的根源在于我国医疗服务的社会公平性差、医疗资源配置效率低，要解决这两个难题，主要是要靠政府，而不是让医疗体制改革走市场化的道路。

2018 年 5 月，国家医保局在北京挂牌成立，新一轮的支付改革方案开始实施。到 2025 年，按疾病诊断相关分组或按病种付费的医保基金占全部符合条件的住院医保基金支出的比例将达到 70%。新的支付方式会越来越精细。这么多年以来我们医师、医院和病人就这样在不断磨合中并肩行走在路上。

2009 年，中国医疗输液 104 亿瓶，相当于每个中国人一年挂 8 个吊瓶，国际上的平均数量是 3 瓶。世界卫生组织（WHO）的数据显示，2000—2015 年，中国人均医疗卫生费用增长速度是日本的 6.3 倍，比法国、德国高出 3 倍以上，和巴西、印度相比高出 2 倍左右。医保、医院和患者之间的关系总让人感到似乎永远不协调。①

曾有多篇报道赞美公立医院守护了阿尔茨海默病（老年痴呆）患者的医务工作者。阿尔茨海默病病人的记忆会逐渐消失，幸福与挫折，成功与失败，快乐与悲伤，一天天被"刷白"。老人需要拥抱，需要牵手，需要听到一句亲人的呼唤。他们在病房里呼喊亲人，亲人却正巧不在身边，我们医务工作者就充当他们的亲人。一位老主任紧紧抱着患了阿尔茨海默病的奶奶，嘴里轻轻地喊着："妈妈，妈妈，儿子在这里。"病人就笑了。医务工作者对他们无微不至的照顾是他们告别人间前享受的最后的温暖。病人并不知晓这能给医务工作者算多少绩效。一位护士与医师牵着一位患了阿尔茨海默病的爷爷的手在病房里漫步，这算多少绩效？北京中医药大学张其成教授呼吁多年：千万不能把公立医院推入市场，一旦推入市场，医院就有压力。院长会把压力传给科主任，科主任又传给医师，然后就产生过度医疗、过度诊断、过度用药的现象，带来医疗费用提高的结果，医患之间的矛盾也会变得严峻。他连续四年提出要实行全民免费医疗制度，认为医师的考核标准是治病，而不是挣钱。

在通往健康平安的医路上，医患关系的和谐，是一个社会大课题，医师与患者相互尊重与理解是保证达到治疗最佳效果的前提。这

---

① 以上数据大多数参考陆翔、陈丽云编：《中国医学史》，人民卫生出版社 2021 年版。

个课题十分重要，非一个部门能解决。公立医院是我国医疗服务体系的主体，是人民群众看病就医的主要场所，是实现医疗服务高质量发展的主力军，是建设健康中国的主战场。期望全国医务工作者医路艳阳高照，医患同行。我们都是时代风雨中的疾行者，仁心仁术不应该是写在梦里的诗，相信会有春暖花开日，期待来年医患同心时。

（7）

岁月催人老。只要我生命不停止，我与患者的关系就会存在。不是病人需要我，而是一个愿意工作的医师愿意与患者同行。我是自作多情，还是真诚守护？《江西日报》是这样替我回答的："曾有人开玩笑地问他：'你这样卖命地干，有谁知道？'蒋医师笑着说：'上帝会知道。'这人说：'上帝有时也会睡觉。'蒋医师说：'不会睡觉。'这里，蒋医师所指的上帝不是别的，是他的病人，病人的确不会忘记他。4月22日，我们在口腔科就遇见了这一件事：一位年方20岁的少女，将100元送给蒋医师，说是来感谢他的救命之恩。起初，我们还以为是刚刚出院的病人。哪知一打听，原来她是蒋医师两年前的病人。病人叫熊兰花，曾经因咽旁间隙肿瘤来医院就诊。当时正值8月份，蒋医师冒着38℃的高温为其手术。术后由于蒋医师慈父般的关心和照顾，她刀口未感染，很快恢复了健康。这位当年的女病人已参加了工作，故特意来表示感谢。蒋医师婉言谢绝，说：'这是一个医师应做的事，也是科室同事共同努力的结果。'"这篇文章发表于《江西日报》1992年5月11日第二版头条，题目是"心系病人，情注患者——记江医一附院医师蒋泽先"，作者是记者陈荷英、刘小荣。

14年后，《江西日报》发表了我写的几篇新闻纪实稿，现摘录于此。

第一篇是《能活，就不能死》，发表时间是 2006 年 4 月 4 日。

一个寒冬的深夜，睡梦中的我被护士叫醒："我是急诊科，请颌面外科会诊，请快。"穿衣，下楼，小跑步，3 分钟后我赶到病人床前。

这是一个与父母斗嘴后卧轨自杀的花季少女。查体，下颌骨骨折，口腔颜面软组织撕裂，血如泉涌。姑娘嘴唇发绀，凝血块有可能堵住气管。我迅速在气管上插了根粗针给氧，同时喊着："请耳鼻喉科医师会诊，备气管切开包，要快！"我左手压着她的颈外动脉，以减少出血，右手给病人消毒。护士打开手术包，铺巾，准备麻药，耳鼻喉医师及时赶到时，这儿已准备就绪。我用手术刀果断迅速地切开皮肤、皮下脂肪、直插气管。这时，每个动作的技巧和速度都与这个花季少女的生命息息相关。就那么一瞬间，我真实地感受到时间就是生命。就那么几下，气管切开了，导管插进去了，出气了。我又迅速填塞口腔止血，逐个部位缝合软组织，结扎血管。

血止住了！花季少女从死亡线上返回来了。我们几个人长吁了一口气。这时，听见另一个人正在急诊科哭喊着："医师啊，这是我家的独根苗，我们打的跑了百里路，就指望你们救他的命！""别哭，哭也哭不活！"这位值班的医师同事从黄昏工作到子夜，没闭一下眼。此刻，他把听诊器放到那个"独根苗"病人的胸前，立即像军人一样发布抢救命令："给氧！体外按摩！人工呼吸！"医师的话短促有力。不一会儿，他已是满头大汗。

突然，他俯下头，用自己的嘴对上了那苍白的嘴，开始了口对口的呼吸，一下又一下，生与死就那么一瞬间，病人脸上终于有了红晕。他直起腰，守着，像父母守着自己的孩子，不敢离开半步。心电监护的闪光灯亮着，直到每一道曲线、每一个数字都显示出病人一切正常，他才向护士伸出了手："给我一杯水吧，嘴干。"

"能活，就不能死，这是医师的天职。"在课堂上，老一代的医师这样告诫我们，我们铭刻在心。我们期待着每个经抢救后的病人都能活过来，春风满面地走出医院大门。其实，患病的、治病的都有同样痛苦焦灼的心。这两颗心应是紧紧连在一起的，真的。第二篇是《愿患者有其医》，发表时间是 2006 年 9 月 6 日。

作为医师，太多太多生离死别的场景会在心底沉淀。尽管时光流逝，岁月经久，那经过情感良知筛选、过滤的记忆会越积越厚，有些事会不时浮现在眼前，令人深思。

清楚地记得那是 2003 年 8 月 1 日上午 11 时半，一对夫妇推门走进治疗室。男的颜面肿胀，妻子小声地介绍病情：他上颌肿了半年，村医说是牙痛，舍不得花钱，自己弄了点草药敷，没好；又到诊所打了几天消炎针，还没消；又到县医院，县医院说是长了瘤子，建议到省城治疗。

"肯定是肿瘤，要住院做手术。"我说。可他们口袋里只有500 块钱，要回家筹钱。5 天后，他们又来了，缴了 1000 元，做了 CT，肿瘤范围很大，减去做 CT 的钱，显然无钱开刀，不得不又回家筹钱。一周后，夫妇俩又来了，妻子流着泪说："家里能卖的都卖了，只剩几亩地和一头牛，筹到了 4000 元，他只有39 岁，孩子还小，他是一家人的支柱，不能倒。"听她这样一说，我还是收他住院了。

当他知道自己患的是恶性肿瘤后，无论如何不肯治疗，要求出院。他算了一笔账，这几千块钱是他和父母种田半生的积蓄，这剩下的几千块钱可以供老婆孩子过几年日子。开了刀，人倒了，不能挣钱，还要吃药，往后的日子怎么办？他一定要回去，要用他的顽强与坚韧去战胜疾病。他还要种田、养猪、养鸭，还要为老婆儿子挣点钱，他签了拒绝治疗的字。在出院处，我看着他老婆含泪点着剩下的 3000 块钱，忍不住一阵心酸：在豪华的宾馆，一场酒席绝不会少于四位数；多少歌星、舞星登台吼一曲、扭几下就能挣得五位数，3000 块钱对于他们只是个零头，而对于这名患者却是生命的延伸。我慨叹于医师力量的渺小，我期待着社会温暖的手能够抚摸到每一个像他一样无助的患者。

又过去了 18 年，我的确是老了。我不知道我还是不是原来的我。世界在变，我也在变。我会变成什么样的人呢？

我依然是工作第一，患者为友。只是多了一些思考。

我反感高金额的挂号费，我的复诊门诊病人，尤其是农民来复诊，我都会叮嘱他们不要挂号，直接找我。如果涉及用电脑的记录之事，我会尽量请他们挂普通号。医师的职责就是看病，高额挂号费却把贫穷的病人拒于专家门外。

我呼吁在免费医疗到来之前，实现患者在门诊看病免费使用高档检查设备。20 世纪七八十年代，基层医院的设备都由国家提供，现在同样可以由国家提供。患者可以减少支出，医方也可以更少受到过度治疗的指责。非必要，我很少选用核磁共振、CT、CBCT，多选用全景片或 10 元的牙片。

我提倡每家医疗机构在医务人员入职前对其进行医患有效沟通方面的培训，培训内容包括意义、方法、病例、具体操作等。

我希望口腔科医师除了掌握口腔专业知识外，还要学习全身系统和口颌系统与口腔疾病的关系，懂得并存症和并发症的处理方法。

我关注"规培生"（根据规定，五年医学院毕业后，医师要经过三年规范化培训，简称"规培生"）的继续培养与教育，现在的他们基本上是带教老师的"打工仔"。我认为口腔专业规培三年太长，两年就足够了，内、外、修各半年，剩下半年自选科目。

我建议年轻医师要学会换位思考，加强与患者的有效沟通。我在给新患者看诊时都会备好写好的文字与图片用于解释，我喜欢用我之前的患者的例子来鼓励新患者，当然，要取得老患者的同意。凡是贫穷的病人来看病，我都会设身处地地为他们着想，他们口袋里每一块钱挣来都十分艰难，所以我不开大处方。我用药的标准是疗效好、价格低，西药、中药均以此为准。病人给我看处方时，若是里面有我知道无效又有回扣的药，凡是没有缴费的，我会当病人面撕掉，告知患者这药没有用。一般情况下，手术能在门诊做就尽量在门诊做，尽可能不让病人住院。住院费用近万元，门诊800元就可以完成手术，不增加病人负担。凡是感到害怕的小朋友，我都会抱着坐在我膝盖上，先"套近乎"再检查与治疗。一位四岁的孩子，颈部有个小肿块。我问他，是坐在妈妈怀里，还是坐在我怀里。对每个病人的感谢，我的回答都是："我要感谢你们对我的信任。感谢你们在治疗中的密切配合，才有治疗的效果。"

我支持并宣传安乐死。我自己给家里人做了交代，若是我患了绝症或失去了思维，没有自理能力，无需治疗与抢救。

还有两个问题要向同仁请教：一是有风险的手术，面对患者家属期望值过高，或以亲朋好友显赫之名来与医师沟通时，大多数医师选择自觉温柔退让，转上级医院治疗。二是医院在扩大，病床在增多，住院的适应症范围在扩大，小伤小痛都收住院，造成医疗资源的浪费。有的是为了降低风险，减少纠纷；有的则是为了增加收入。对于这两个问题，我们该怎样面对？

妻子去世后，我选择了工作养老、写作养性、唱歌养情、独居养心的生活方式。除看病外，社交归零。我将以工作与告别人生对接。

我们那代人的故事即将远去，新一代人的故事在不断上演。医师应如何与生命有机地联系在一起？医路继续，我们的思考不能停止。

不愿听往事的年轻医师听完我的往事后感叹地说："老师，过去，你们做一台手术，就得到一次感谢，很幸福；今天，我们做一台手术，就要担心一次纠纷是否会发生。这样人很郁闷，不是吗？"是的，我认可。

人生只有一次，珍惜自己宝贵的生命，这是活着；也要珍惜自己生命微小的价值，这是活好。我追求活着也追求活好。还是那句话，活好需要金钱，更需要精神追求与心灵享受。

我坚守这个理念：医路上永远走着一对"有情人"——医者与患者，医情如亲，亲如暖春。

80岁这年，我又获得一次鼓励。医师节来到之前，医院给了我一个温馨的惊喜：我的头像被挂在医院一排排路灯的杆子上，写着"卓越医师"。心里不是喜，是感叹：我这生不是"卓越"，是"无为"。

我是凡人，一生做凡事。于我，无需去探讨人活着是为什么。所谓活着的意义，就是生命降临人间后，为活着，要做事，做养活自己的事，这些事都是人与人之间相互支撑的事。不同的背景、不同的三观、不同的机缘导致不同的人所做、所选择的事不一样。无可奈何去做的事，是为了"活着"；做自己喜欢的事，心甘情愿。"活好"就是尽心尽力把事做好。回首人生路，我无怨无悔。

面对人生，永怀善心，善待生命，多做好事，远离名利，快乐一生。这就是我健康工作到老的原因。医文人生一辈子，点滴往事如一瓶陈酒、一杯苦茶，少年采茶暮年品，青春酿酒老来饮。衰老与死亡是这个世界最平等的事，陈酒与苦茶是我这辈子最好的养生剂与益寿剂。我将这点滴陈酒与苦茶和大家一起分享。

医 缘

缘心自善
善自心缘

第十一章

起跑线上结医缘
蓓蕾绽放知人生

上海交通大学医学院的一位教授说，他选择医学的理由是：医学是需要温度，需要人文关怀的，其深奥学科背后所蕴藏的是热爱生命、关注生命、倾注爱心、奉献一生的不变旋律和永恒追求。

我不行，我没有那么崇高。

说来大家难以相信，我完全是因为数学不行才选择了学医。我数学差，学校劝我考文史，我爸不同意。为了考取大学，我只好选择医学院。我爸要我学中医，我妈希望我学西医，我自己则选了口腔医学。我如果没有选择口腔医学，人生奋斗的轨迹就是另一条曲线。

我对医学事业的追求与热爱，完全是来自我对生命的认识、热爱与感悟。在给病人治疗的过程中，我的心中有了一个信念：热爱生命、尊重生命、珍惜生命、呵护生命。这是我学医、爱医、行医的根基与保证。信念与理想的浪花随着时代的河流向前，至今在我心中奔腾不息。我不但自己热爱，还培养我的孩子热爱医学，踏上医路，一生服务患者。

（1）

从我懂事起，我的生活就与医院、医师、病人、病房、生死连在一起，一刻都没有中断过。

从小我与奶奶在一起。她住在九江市环城马路南涧里的院子里，房东是但福德医院雷护士长的爸爸雷牧师。奶奶在这院子里独居20年，直到去世。我在院子里度过了9年的少年生活，小小的院子让我在小小年纪见到了太多的人间生老病死。

南涧里是一座四方形小院子，住了几十户人家。院子门口左边有口井，院子里大点的孩子早起的第一件事就是打水，以供家庭日常用。这样的大院子、这么多人，竟没有厕所，每个家庭都用"马桶"。一大早，郊区农民来院子里收集马桶里的肥料。直到1953年，才在湖边盖起一间大厕所。学习之余，孩子们还要去排队购物、劈木柴。当时，米、油、糖、肉都是凭票定量供应。我家大米定量25斤，猪肉4两。每月我要上街去买三次米，人多的家庭，买米的次数也多，肉只买一次。

井口往南走8步即是门，门外叫南门口，从这里向南延伸的一条长堤将湖一分为二，这堤衔接处的桥叫思贤桥。桥南叫南门湖，桥北叫甘棠湖，在南门口孩子的眼中，这座桥不叫思贤桥，而叫阴阳生离死别桥。城里任何一家人给逝去的亲人送葬进山时，都是到此为止。寿材下肩落地，寿材前放下拜垫，在唢呐的伴奏声下，亲人在此轮流跪拜告别。南门口的闲者几乎都是看客，要是周日，南涧里的孩子也在其中，看客目睹了许多人世间生离死别之场景。

生离死别的事也会发生在院子里。有一位死者是住我隔壁的黎婆婆，我们两家中间只用糊上了马粪的纸盒子隔开。我不知黎婆婆年龄多大，但她请的佣人阿姨都 60 多岁了。她丈夫在抗日战争胜利那年把家乡的地产卖了，为家乡的孩子们办了一所义务小学。他们夫妇离乡进城住在这里，子女在武汉，丈夫去世后，才请了佣人阿姨。后来小学被收归国有，婆婆孤独一人，无亲人相伴。有天黄昏，佣人推倒马粪纸的墙叫："救命！救命！"我冲进去一看，老人用绳子绑在颈部，另一头系在柜顶，她倒下一睡，就会断气。我到家里拿了把剪刀，把绳子剪断，黎婆婆嘴唇变红了。最后黎婆婆还是死了，第三天天亮时分，她跳井了。从此，院子门口的井封了，大家不再在这里打水了，都到南门湖挑水。她的子女回来处理丧事，没有在思贤桥前行跪拜告别礼，直接去了墓地。她的佣人告诉我，她老人家是被吓的，乡政府要她回家交代办校的钱的来源，以定她是富农还是地主。她选择了"一死百了"的路。

黎婆婆死了，老阿姨没地方住，雷牧师腾出一间柴房给她。黎婆婆家的儿媳妇把婆婆的遗物留给了老阿姨后就回武汉了，孤独的老阿姨往后的日子怎么过？院里邻居决定每月每户出五角钱养她，收送钱与记录账目的事就由我来负责。奶奶、姑姑没有责怪我多管闲事，这事我一直坚持到老阿姨死去。那天是交钱的日子，我推门叫她，没有得到回应，黑黑的房子里还有点臭味。我走近一看，吓了一跳，老阿姨不是睡了，是死了，也不知死了几天。邻居筹钱，把她葬了。

故事没有到此结束。几十年后，黎婆婆家乡的族人来武汉找我。他们知道我与她的儿媳妇有过联系，希望从我这里获得与她家后代的联系方式。他们准备恢复他们家捐献学校的荣誉，想用黎婆婆夫妇的名字做校名，方便号召鼓励更多富裕的乡贤为故乡捐款做贡献。

十余年后，第二代人还是生活在院子里。因为贫困，院子里的孩子初中毕业就读了中专，好早点找工作。当时少有大专生，大学生更是少之又少，唯有徐家四个孩子是大学生，他们一家是最早离开南涧里的。徐家妈妈无业，是个"半文盲"，其丈夫做点小本生意，没有什么特别之处。徐家姐姐最优秀，被保送到武汉大学，后留校任教，当了系主任。大哥在农大；二弟大我4岁，我叫他徐哥；小弟读华工。

徐哥热爱了足球一辈子，他在五小带我踢皮球，到中学时我们又一起踢足球。徐哥喜欢踢前锋，我喜欢踢后卫。他参加的最后一场球赛是他到国家经贸委工作后，参加由国家机关工委组织的机关之间的足球赛，他们的对手是中国人民银行。那时，他已年过半百。我参加的最后一场球赛是在1986年，在江西医学院南院的足球场上。

徐哥学的是农业机械制造专业，他入学两年后，学校从优秀学生中挑选了6人到湖北大学教师进修班学习，他是其中之一，之后确定留校当老师了。一年后他又回到农机学院读农业自动化专业，1964年毕业时被分到武汉市机械工业局。一个被分到大冶县的武汉的女同学找到他，跟他诉说自己正和一个男孩子处在热恋当中，想与他对换，留在武汉。当时徐哥家已从九江搬迁到汉口安居，他完全可以以陪老妈之名拒绝这位女同学，但他不是那样的人，成人之美是他的本心，于是他选择了成全她，两人对换，他去了大冶县。没想到这一选择也成就了他自己。他先是被分到大冶农机厂当技术员，一年后，县里要一位秘书，选了他。之后他就结婚，当爸，出任副县长、市长、湖北省副省长，10年后又调到北京，在国家经贸委任职。后来，有人知道我们是一起长大的好友，委托我去找他为江西办了几件公事。他们很关心我的"进步"，希望我"又红又专"。我的回答是，这样很好。想到童年时光，我忍不住问自己：南涧里的孩子们的未来为什么会像字母Y一样，距离越来越远？是人生中的哪一步使我们渐行渐远？

（2）

我小学一开始读的是同文小学，又叫四小，是九江名校。我又轻松通过了转学考试。姑姑要我转学倒不是因为要选名校，而是学校离生命活水医院近。姑姑是一心扑在工作上的人，奶奶知道她，什么事都是自己做。我说是陪奶奶，实际是自己玩。有一天，我一早与奶奶说学校晚上要开晚会，晚饭得早点吃。奶奶当然不信也不懂，姑姑知道草原上的老百姓有举行篝火晚会的习俗，但是学校怎么会有晚会？我说是少先队举行夏令营活动以庆祝国庆节。

那天，我穿着白衬衫、黑裤、布鞋（都出自奶奶的手艺），早早地就去了操场。操场上垒着一堆堆的干柴，周边插了各年级的标志牌。我像检察官一样在操场上巡视，独自兴奋品赏。人渐渐多了起来，有老师，有学生，男男女女都找到了自己的位置，唯有我，穿梭在人群中。最令人兴奋的时刻是点火，哗一下，柴就全都燃烧起来了，接着就响起了歌声：五星红旗迎风飘扬，胜利歌声多么响亮……

同学们围着篝火跳舞唱歌，我也加入了他们，谁也不知道我是谁。其实，知道或不知道没有一点意义，只要不打扰他人，自己感到快乐与美好就可以了。第四小学给我人生留下了最美好的、以前没经历过的、以后也没有经历过的记忆。那夜，我在操场上流连忘返，直到最后一束火花熄灭，我不断回望，才依依不舍地离去。长大之后，我写了这样一句话：那夜的篝火晚会是我真正懂得热爱人生、珍惜生命的起点。我不知道懂事的"事"是指什么事，我只知道从这晚开始我感受了活着、活好的滋味，理解了"活着就是热爱生命"的意义。

不久，我转到儒励小学（后更名为第五小学，又叫双峰小学）。这次转学考试是笔试，是我出生后的第三次考试，我一点也不紧张。

这也是一所老校、名校，创办于 1873 年，竟然大我 70 岁，校名取自"儒行立德，励志好学"两句话的首字，地点在能仁寺隔壁、同文中学（二中）正对面，西侧斜对面是义务小学与天主堂。学校没有四小大，只有两栋楼房、两个操场和一个沙坑，两个操场高低相差有 1.5 米左右。学校四周的围墙边都是枝叶茂盛的大树，一侧与能仁寺相邻。最让我喜欢的是校门口过道楼上的图书室，书多，中午也开放，下午五点半才关门。图书室里本国作家写的儿童读物不多，大都是翻译的外国的科学幻想故事书。我在这里读了《格兰特船长的儿女》《海底两万里》，觉得外国文学比中国的神仙侠客文学更吸引人。这个小小图书室是培养我阅读兴趣的起点，后来，读书、抄书、买书、藏书、写书伴随了我一生。结婚后妻子说：书是我的"情人"。二中的图书馆，九江市图书馆，十五中图书馆，湖北省图书馆，武汉市图书馆，湖北医学院图书馆，赣州市图书馆，江西医学院图书馆，各地的新华书店、旧书店、书摊及后来的多家出版社都是我常去的地方。我与这些单位和人都结下了不解之缘，有许多有趣的故事。

后来，我查了资料，当时全国只有 211 家出版社，国营出版社有 27 家，私营出版社有 184 家。1950 年，全国出版的少儿读物仅有 466 种，总印数 573 万余册，当时全国 6 岁至 15 岁的儿童少年有 1 亿多人，平均 17 个儿童少年读者才有 1 册少儿读物。在那个书籍匮乏的年代，儒励小学竟有千余本藏书，学校年年还会买新书，实在是值得赞扬！

第一次上大课是在教学楼三楼礼堂，全校的学生、老师都来了。礼堂的讲台又像是舞台，我坐在第二排。一个男生先用普通话朗诵了一段课文，另一个男生按课文内容进行表演，吸引了大部分学生。这种形式让我们理解了课文内容，记住了课文中美好的语句，形象的表演给学生留下了难忘的记忆。这样的读书活动每周举办一次，它让静态的文字变成了动态的场景，表演者用肢体语言引发了许多学生的神思遐想。后来，这种读书形式再也没有出现过。学校从没有举办过有关数学的读书游戏活动。我爸曾问我算术老师是谁，我忘了，甚至都想不起小学算术老师的面貌。

与我关系最密切的当然是谭儒芳老师。她是儒励小学的第四任校长（1932—1952 年在职），在我入学这年卸任校长，做了我的班主任。她是姑姑的朋友，姑姑可以放心了。她亲切和蔼，耐心细致，对学生充满爱心。她知识渊博，教过语文、数学、英语、音乐等科目，钢琴、风琴在她手指下都能发出动听的旋律。她胸襟开阔，内心坦荡，她是从旧社会过来的人，又担任了 20 年的校长，卸任后又继续担任任课老师，但她始终把做好人、做善事放在第一位，把学生的身心教育放在第一位。

秋天，为了让孩子们感受农村的风光，她与家长商量，带学生去九江县沙河镇秋游，每人都带了午餐。有的孩子是第一次坐火车，我也是第一次。我调皮，火车门刚打开，我就往下跳，啪的一声，我的饭盒掉地上了，饭也撒出来了。我吓得目瞪口呆，不敢哭，蹲下想把地上的饭捧进饭盒。谭老师拉住我的手问："这饭能吃吗？中午与我一起吃，走，跟上队伍。回校后每人写一篇作文。"

第二年春天，她带我们班的同学到江北小池镇去踏青，走在长江大堤上，看堤北的油菜花、堤南的滚滚长江水、来来往往的船。现在，由于种种制约因素，很少有小学老师会组织这样的活动。

夏天下大雨时，我喜欢在雨中嬉戏，把自己做的水车放在有坡的沟里看水流冲击旋转。有次谭老师见我浑身湿透了，打一把伞把我接到她办公室里，用她自己的毛巾为我擦干身子，又把自己的衣服披在我身上，倒一杯热开水叫我喝。她得知我们班有一个家庭贫穷的孩子从不吃早餐，每天都多打一份早餐，悄悄送给他，被我看见了。我知道，她与我姑姑是同类人，做好事都不愿让别人知道。姑姑从未关心过我的学习，也从未参加过我的家长会，奶奶年过古稀，早起早睡，对我的学习也不太了解。真正知道我学习与表现的只有谭老师。我上课不听讲，她没有讨厌我；我考试大都是临时抱佛脚，学习成绩刚刚及格，她没放弃我。她跟我姑姑讲："他不是学坏的孩子，他只是在凭兴趣学习。他肯读书，书的知识将会帮助他，改变他。你放心吧。"姑姑真的放心了，把重点放在了关心与照顾我的身体上。经历了时代的风风雨雨，年近百岁的谭老师终生未嫁，她会独自来南昌找我看病，每次送走她老人家，我就会默默地祝福：善者长寿！

教音乐的余隆禧老师，1955 年毕业于九江师范音乐专业，一来我们学校就组织了学生合唱团。我有幸被选中，学习了发声的基本技巧。他教我们唱的第一首歌是《让我们荡起双桨》："让我们荡起双桨，小船儿推开波浪……"在一次公开课上，他别具一格的教学方法惊动了市里。第二年他被调入九江专区采茶剧团。这年，我小学毕业。他后来成了音乐家。谁也无法料到，26 年后我们师生二人会有一次合作。我作词的《我爱油菜花》，作曲者是余隆禧老师。

（3）

我中午一般都是在姑姑工作的医院的食堂吃饭，她付了饭菜票，只要报她的名字我就有饭吃。病房是姑姑的"家"，宿舍只是她临时落脚的地方，她一生都在病房护理患者，患者都是她的朋友。由于我经常在医院吃午饭，所以能接触到不少病人。那几年病房里住的患者都是从朝鲜送回来经抢救后活下来的志愿军重伤员，这些伤员还需要后续治疗。这是我人生第一次如此深入地接触病房与病人。伤员大都缺手少腿，无腿的全部是腋下有拐杖，手受伤的肩上全都吊有臂带。有一次，姑姑扶一位山东大个子兵起床小解，大个子兵有点憋不住了。姑姑帮他解裤带，叫我跑去拿尿盆来接住，我伸出尿盆，他尿了我一手。姑姑笑着说没关系，以后早点叫我。志愿军叔叔们说，病房里有了蒋护士长，会温暖好几倍。

因为大多数志愿军叔叔住院时间长，医院在病房里特地整出了一间房，叫"伤员俱乐部"，伤员可以在房里下棋打牌，看书聊天。我与他们交了朋友。有几个叔叔不识字，我就每天在俱乐部里教他们认字、背唐诗。每次卫校学生来做义工时，我都会加入他们，给伤员换药、换敷料。那时，我就学会卷绷带了。

有一天，俱乐部里传来了女生的哭声与一个我教他认字的叔叔的喊叫声，我好奇地跑进去了。原来，叔叔向女生提出离婚，理由是：他一个残疾人，将来怎么养妻子和孩子。早离，妻子就可以早点另找一个。妻子说："你是英雄，我这辈子就是要嫁给你。"我与叔叔熟，插嘴说："叔叔，我看过有装假腿的书，假腿与真腿一样。"我本想说，我将来当医师帮他装假肢，又担心他没有耐心等我长大。我是不是想当医师，我自己也说不清楚。

有次周末，我带伤员去了能仁寺。我每天都从这经过，便主动为他们做起了导游。"叔叔，你们听过火烧能仁寺的故事吗？这就是能仁寺。"我指着能仁寺墙上写着的几个字，问他们："你们会念吗？南无阿弥陀佛……"我顿住了，后面两个字（唵嘧）我也不会读，大家就这样打个哈哈过去了。

寺里的小和尚与我相熟，我告诉他，这都是从朝鲜回来的英雄，他主动出来讲"能仁八景"（冰山、雪洞、石船、铁佛、雨穿石、双阳桥、海尔泉、大胜塔）。他给大家讲了一个故事：一日铁佛托梦于寺僧，告诉寺僧他将乘石船过江至浔阳。次日，寺僧到江边迎接，果然有铁佛乘石船泊岸，遂将铁佛、石船搬入寺内供奉。小和尚告诉我们，雨穿石是久置檐下的一块被雨水滴穿的石头，形象地展示了什么是"滴水穿石"。双阳桥不是真的有两个太阳，而是夕阳西沉之时，我们立于池东可同时看到天边的夕阳与池中落日的倒影。坐落在大雄宝殿后的水井叫"诲尔泉"，水质清凉甘洌，寺中长老在这里讲经说法，众僧饮"仙水"、听教诲。水井的名字取自"诲尔谆谆，听我藐藐"，名曰"诲尔泉"。"冰山""雪洞"是两座小山的名字。

我告诉志愿军叔叔，这些景物我都细细地抚摸过。一位双手残缺的叔叔突然感叹："我这辈子不要想摸这些景物了。"我才发觉自己说错话了："叔叔，这些景致都是看的。"谁知这些叔叔都鼓励我说："小蒋，好好学习。将来当医师，为我们这些残疾人治病。"他们的鼓励是我的志愿吗？

人生之路真是难以预料，我读大学时，因处理教学事宜去了一次湖北荣军疗养院（疗养院在我们医学院南边的伏虎山下）。我在院子里行走时，突然有人问："你是叫小蒋吗？"好熟的面孔！这不是那位失去了双手的志愿军叔叔吗？！他笑容满面地问我："是来给我看病的吗？"我紧紧地拥抱着他说："叔叔，我学医了，我一定会来为你看病。"少年一句春风语，人生多有相逢时。这一刻，我悲喜交加。

20世纪50年代初的小学分两个阶段：一年级到四年级是初小，五年级到六年级是高小。那时中国文盲多，初小毕业就可以回农村当老师。很多同学来自市郊农村，我不记得他们的样貌，却记得他们的名字。原因是，他们的名字体现了各自的家庭文化背景。那时，女生名字多是细水、细女、细妹、荷花、菊花、梅花、腊梅、冬梅、萍梅等，男生则多是林生、火生、福生、水生、金生、浔生等。当年，我们班年龄最大的同学大我五岁，最小的小我两岁。年龄小的大都来自知识分子家庭，他们的名字也与众不同，如秦栢渝、左昱麟、魏亦佳、扈烨逊、梅迪欧。

在大人与老师眼里，我是个贪玩的孩子，他们都担心我考不上中学。放暑假我去了武汉，姑姑特地给我爸妈去了信："告诉你们一个好消息，泽先考取了九江二中！"

（4）

8月25日，我乘江安轮回九江。8月29日上午，我去二中报到。二中真大，从北门到南门是一条弯弯曲曲、起伏不平的水泥路，进门左手边的实验楼是新生报到处，右手边是图书馆。据说那一年招了15个班，每班有50多人，初一新生可能有800余人。在报到处排队的人很多，还有好多家长陪同，我立马放弃了此刻去排队报到的想法，决定先到图书馆去看看。

到了图书馆门口，我发现这里一次最多可以借3本书。这让我走进去看了看，看着看着，我是真不想走了，可是自己还没有报到。我看到报到处的第三窗口前还有3个人，排最后的是一个女孩，穿着绿色裙子，上裙带上塞了一条白色小手绢。我告别了图书馆，站在她后面。我觉得，我们一样高。她上前了一步，我是第三了。树上的知了在叫，快到中午了，有点热。她掏出小手绢擦汗，我闻到一点香味。我突然自己问自己："是哪一个班的？"每个窗口安排了5个班报到，这里是11班到15班。轮到她时，她主动说："我是初一13班的。"她填表。我不自觉地说了一句："我也是13班的。"她回头望了望我，笑了，笑容很甜："我们是同班同学。"是对我说吗？我没问，因为只有我。谁也不知道我们在说什么，谁也无法料到未来会发生什么。是谁在这天、在这里，为我们画了一条初识、初恋的起跑线，只有苍天知道。这个不知道自己未来会穿上军装的女孩站在了我前面，在人生路上，我认识了她，这天是 8 月 29 日。

我坐在第三组第四排，上学第一天，老师点名。我突然想起她，想看看她坐在哪个位置，想知道她叫什么名字。那一瞬间，我错过了点名。她的位置是第一组第二排，那天，她穿着白衬衫、黑裤子，辫子上夹了一朵小花，一双手交叉放在课桌上，眼睛望着黑板。我又遐想：她怎么像五小的小学生？太规矩了。老师又点到了我的名字，我举手，站起来，对老师做出了回应。我的学号是 55，我至今还记得的原因是我觉得这个数字很吉利。当年，我们是按苏联五分制来计算学习成绩，学号代表了我以后的成绩都是 5 分。简单的入学教育过后，我们开始正式上课。上午四堂，下午两堂，我们在一周内熟悉了政治、语文、历史、数学、物理、体育、音乐、美术等 9 门功课的老师。

20 世纪 50 年代，语文课分"文学"与"汉语"两门。文学的课本很厚，里面有长篇小说、短篇小说、汉乐府、戏曲和古诗词等。长篇小说节选有《水浒传》中的《鲁提辖拳打镇关西》、《说岳全传》中的《岳飞枪挑小梁王》、柳青的《铜墙铁壁》、赵树理的《三里湾》；短篇小说有鲁迅的《社戏》、孙犁的《荷花淀》、康濯的《春种秋收》、法国都德的《最后一课》；汉乐府有《孔雀东南飞》《木兰诗》；寓言有《刻舟求剑》《狼和小羊》《井蛙与海鳖》。汉语的课本内容有：语音、语法、修辞、标点符号的使用等。

收到新书后，我如饿汉扑食一样急不可耐地翻阅着。我决心要先走一步，一是把课文读完，二是去借课本中节选文章的原文来阅读。慢慢地，我与班上的同学熟悉了。我想表现一下自己的阅读能力，就问同桌（我的小组长）："课本里的课文你看了几篇？"

他的回答让我感到有点扫兴："老师还没有讲，看什么？"

"老师不是说要预习吗？"我问。

他教育我："预习也是头一天的事啊。读书要一步步来，不能眉毛胡子一把抓，更不能急于求成，贪多嚼不烂。"

啊啊啊，我错了。不管我的学习方法是错还是对，我到图书馆借书阅读总不会错。我本喜欢看书，经文学老师黄鑫贞的讲授，我重读了《水浒传》《说岳全传》，读完了课本中节选的现代文学作品的原著，如周立波的《暴风骤雨》、丁玲的《太阳照在桑干河上》、孙犁的《白洋淀纪事》。

教物理的老师是教务处刘若商主任，数学老师姓钱，音乐老师是陈非老师，他们都是二中各自学科里首屈一指的老师。我这个上课不爱听讲的人，硬是被他们洪亮的声音和丰富的肢体语言深深地打动了。他们把自己的知识富有激情地传授给每一个学生，打瞌睡的学生也会被惊醒。

这年秋天，国家在中学大力推行"劳卫制"。1954年，国家体委颁布了《准备劳动与卫国体育制度暂行条例和项目标准》，国家体委、高教部、教育部、卫生部、团中央、全国学联等单位联合发布了《关于在中等以上学校中开展群众性体育运动的联合指示》。1956年，"劳卫制"在全国铺开。"劳卫制"分三档：少年级、一级、二级。过了二级就是运动员标准。一个下午我就过了少年级。进了大学，我百米速度过了二级。对此，我感到特别得意。

为迎接第一届全运会召开，学校选了几十个学生运动员组织临时培训。训练时，有一个男同学摔伤了膝盖，校医来了，姓李，是一位男性老校医。老校医马上给他清洗伤口，贴敷料。我看了看，觉得处理这样的事我也会，有点自鸣得意，因为我给志愿军叔叔打过绷带。

每学期运动会，老校医都会坐在主席台边上最显眼的地方，以便有外伤或身体不适的同学能在最短的时间里找到他。我当医师后，才明白这就叫责任。

那时，九江流行两项运动：一是足球，二是武术。每周日，九江市的市民都会在甘棠公园足球场举行足球比赛。南门湖的渔民自己组织了一支球队，取名为"渔民队"，挑战九江当时最有名的兴中纱厂足球队。他们比赛时，观众有近万人。所以，我成为足球迷不足为奇。

九江武术界有两家名师——曾家与邹家，应均属少林支脉。没有师傅领进门，一招一式都不成。考入中学后，我得知曾师傅的儿子在二中读书，决定大方直白地告诉他我的想法："我爱武术，想拜你父亲为师，向他学习武艺。"他答应了我，还告知了我一些简单的条件，我选了一个晚上，去他家行拜师礼。

我每周去师傅家学习三个晚上，从压腿、站桩等基本功开始，练习低压、中压、高压、侧压、正压、马步、弓箭步、虚步、扑步、前后下腰、踢腿、摆腿、蹬腿等动作。套路从练谭腿开始，我苦练了一年十二路谭腿后，开始学习夜行拳。夜行拳比谭腿复杂一点，有二起脚、旋风腿与扫堂腿等动作。第三年，我学习了伏虎拳。我很喜欢曾家的豹子拳，但师傅一直没有教。师傅的徒弟们很争气，从九江市队入选省队，再入选到北京参加了第一届全运会，载誉而归。

三年里，我不仅练了基本功，学了套路，还练了对打套路（不是散打），比如空手夺刀、三节棍进枪。初练时，总会有人受伤，只要不是头破血流、伤筋动骨的外伤，师傅都会自己处理，其处理方法就是推拿。若是封闭式线状骨折，用推拿手法复位，再用夹板固定即可，不需动手术。三年的耳濡目染，我对推拿有一定的了解之后，就开始了偷学。多年后，到了三分场，我敢用推拿为人治病；再后来，到了医学院，我与推拿主任医师万志刚教授合作写了《推拿与按摩》（西安世界图书出版公司出版）和《绿色保健金手指：推拿与健康长寿的对话》（江西人民出版社出版）。

（5）

我念初二时，全国都在大炼钢铁。那气势，再懒惰的人都会被激发出干劲。没有口号，日夜加班，完全是出于爱国激情。每班都有几座小高炉，24 小时烧炼，有炉前工、配料工、运送工、清渣工。我是配料工，每炉烧多少碳，要计算好，秤配好，我做得又准又快。年底，我们班获评全省先进集体。我写了一首顺口溜发表在学生会办的内部小报上："白天老师辅导忙，晚上高炉放红光。生产学习两不误，光荣花儿挂满堂。"这是我人生中发表的第一篇作品。

又回到教室上课了。初二时增加了地理课，老师讲课如同在为我们导游。高年级的同学告诉我，这位地理老师没结婚，每年寒暑假都外出旅游，有点像徐霞客。从此，我爱上了地理，至今还喜欢买《中国国家地理》杂志。

初三时增加了化学课，老师讲课眉飞色舞。他能一口气背完化学元素周期表，从右到左，从上到下，能聚能散，分分合合，最后汇总在一起，铭记在心。我好敬佩他啊，下决心也要像他这样熟背化学元素周期表。至今，化学元素周期表从第一到八族的元素，我还能背诵如流，这是当年练出的功夫。

三年快过去了，我虽与她同班，却只有 2.5 次交往。0.5 次是在体育队，我们排队在一起、跑步在一起，却没有说过话。一次是给我起绰号。上完《水浒传》的课之后，班上的同学开始悄悄给人起绰号。

第一个被起绰号的人是班长，他是农民的儿子，从小做多了农活，背有点驼，又姓屈，与"曲"同音，于是大家都叫他"屈驼子"。先是背后叫，后是当面叫，当面一叫，起绰号这项活动就在班上普及了。给人起绰号的大都是女生，她是参与者之一。当为我起绰号时，她是第一个发言的："叫蒋光头！"当"蒋光头"被叫开后，他们又减了一个"蒋"字，于是，"光头儿"叫遍了全年级。我生气地质问她："我是光头吗？"她堆笑地说："你去看看历史。"见我目瞪口呆，又补充一句："还吹牛，说自己读了好多书。哼！这都不知道！"然后扭头甩着两根小辫子，走了。另一次是炼钢。那天她上夜班突然叫我，要我去帮大家买周日上午的学生电影票，每张七分钱，我照办了。第二天大家都在看电影，我一个人坐在后面打呼噜，没有与她说半句话。这算是我们之间的第二次交往，没有想到这是我和她分别的纪念。此别经年，有没有柳暗花明的那天？

我们班同学从 20 世纪 50 年代在二中相识、相聚，至今已经 68 年，毕业后我们年年都会相聚。这事班长功不可没，他叫屈章本，一直将同学聚会坚持组织下去。在屈班长的组织下，我们形成了聚会制：一年三节小聚，三或五年大聚，无论哪家有生老病死的事发生，他会组织同学去看望。

这个班集体一直保持稳定的联系，应算是个奇迹。

初中毕业后，有两个同学回家务农了。他们一辈子的艰辛劳作感动了我。2004 年正逢我人生一甲子，我连写了两篇文章。这两篇文章都发表在《江西日报》（井冈山版），分别于 2004 年 4 月 2 日与 2004 年 4 月 16 日发表，责编都是李滇敏老师。《过一把土地瘾》写的是九江县江洲的段海元同学；《桃花园里好耕田》写的是九江县马回岭镇杨柳村的熊家喜同学。我去他们家采访，与城里当了各级干部的同学相比，他们的家庭条件差很多，我一时无语凝噎，好在他们都有自己的幸福。

那个年代，家中没有人对孩子的未来教育进行现身说法，没有读书与不读书、有知识与无知的对比。社会给我们的教育是，只要把青春献给祖国就是最幸福的人，个人的人生之路从未去考虑。风云变幻，人生漫漫，我们也说不清未来人生会去向哪里。

（6）

父亲每年春节都要回九江看望奶奶。我们的春节是冷清的，我从小对春节就没有什么鞭炮响对联红的印象。父亲的假期只有三天，大年三十都是在轮船上过的，初一大早才能到南涧里。如果加了班，就可以坐白天的船。那时父亲认为最幸福的事就是可以给奶奶做一顿年夜饭。姑姑大年三十照例当夜班，要么带饭去吃，要么吃了就走，年夜饭实际就是我们三代三人在一起吃。父亲一定会在年夜饭之前或初一清早放一挂鞭炮，吃完饭之后父亲一般都会与奶奶聊聊天，问问我的学习情况，一年一次。父亲一走，家里只剩下我和奶奶，我常到外面捡残余的鞭炮，家里只有奶奶一人。这年父亲与我多了一个话题。他看了我的成绩单与作业说："转学。你数学太差了！"他可能是从我身上看到了我和他之间对数学理解的差距！他要我过完寒假就转，那时我已经考取了高中，自我感觉还好，转呗。听说，她当兵啦，去了部队的卫生学校，在医院里工作。

武汉七医院附近有一家老名校——武汉十五中，近一点的是二十八女中。转学要考试，我对考试已经基本适应了，谁知只考一门。天哪！哪壶不开提哪壶，考试那天当场宣布考数学，即刻考。这不是要我命吗？但我只得厚着脸皮铺纸执笔抓脑袋。我是幸运的，武汉十五中正好在这年设立了春秋两季班，也就是同一学期有上下两学期的课程。教导主任说，成绩差一点就先读春季班，成绩上去了再上秋季班，否则就要退回或留级。

我进了学校才知道学校的悠久历史。1885年，学校创建之初叫博文书院，1928年更名为博文中学。1952年，博文中学、武昌中学、东湖中学三校合并为武昌二中，是当时武汉最好的学校。1954年，又将武昌二中定名为"武汉市第十五中学"。孙中山先生曾在校园内点过兵，陈独秀、董必武来作过报告。

走进学校二道门是一道斜坡，叫"中山坡"，以此纪念孙中山先生。斜坡正对面是足球场与篮球场，左侧是沙坑，还设置了单双杠。右边第一栋建筑是图书馆，挨着图书馆的是教学楼兼办公楼。校园没有九江二中大，学生没有九江二中多，站立在中山坡上会感到一种紧凑恬静、砥砺前行的气氛。我慢慢认识了新同学，我的性格在这样的氛围中发生了变化，也慢慢改正了缺点，原因是这些同学无一性格孤傲，都平和待人。

邓存藩与我坐一排，在另一组。他篮球打得很好，是校队成员，只要不下雨，他下午都会现身球场。他读书不费劲，无论大考还是小考，必得优秀。奇怪的是，他上课基本不听讲，还趁老师板书时看小说，只是偶尔记下笔记。他告诉我，图书馆一次可以借五本书，不抓紧时间看不行。这是他不听课的理由吗？

陈一周是个高个子，也是一个奇人。他下课的第一件事就是拿出小提琴，沉着优雅地练琴。是我熟悉的曲子，马思聪的《思乡曲》与刚刚流行的《梁祝》。他小提琴拉得很好，但他没有报考艺术学院，而是以优异的成绩进了工学院。这两位理科同学让我见识了什么叫聪敏。

蒙万恬是广西人，我们相识相交是在图书馆。我俩想借的书不是热门读物，往往图书馆只买了一本。比如《许地山文集》《洪深剧本》《沈从文散文》，均只有一本。往往他想借的书，我借走了；我想借的书，他借走了。他是我高中时期的挚友，他从心里希望我学文科，几次劝说我学文，还邀请我去他家做客。他喜欢文学、话剧，受他的影响，我也读了很多戏剧方面的书，包括理论书。我喜欢诗，德国的海涅、歌德，英国的拜伦、雪莱的名诗我一首首地抄。我没有钱买本子，就用妈妈病房里用过的病历纸，将诗抄在反面，再一页一页装订成册，一共抄了三本，保存至今。

毕业前，他送了我一张贺年片我一直夹在《铁木前传》中。上面写着：

武汉三年，早又是元旦佳节。窗外枯叶纷飞，冬景萧瑟。四面楚歌往思桂，寂寞消尽男儿血。嗟叹那孤月自圆缺，坐时节。扬子江、浪千叠；将碧血，写忠烈。时风何浩荡，改尽山河色。今日有幸识芳杰，来年不朽坚如铁。天空空，凤双飞难跌。

这年，他19岁。对文学，他是真的热爱，而不是为了考大学。对喜欢的书，他不止读一遍，好章节他能滚瓜烂熟地背诵出来。受他的影响，我也背孙犁的《铁木前传》，背不下就隔三岔五地阅读。不知什么原因，百读不厌，至今我有空还会读一读，每次读到他给我的贺年片，青春岁月的激情就回荡在我心中。

他考取了华中师范学院中文系，毕业后我们断了联系，我也离开了武汉。有了百度后，我打出他的名字搜索，知道他在宜昌市第一中学，在"杏坛奖"的名单里找到了他的名字。他是我青春时光里最暖心的朋友，我一辈子也不会忘记，梦里常会见到他。

尹一冰是我最敬佩的高中同学，没有之一。我们同年级，回家也同路，他很健谈，我们很聊得来。他数学十分好，考试次次都得满分。他准备报考清华大学数学系，这是清华的老牌专业，该专业设立于 1927 年。清华数学系人才辈出，对有志气的年轻人充满诱惑力，陈省身、华罗庚是从这里走向世界的，尹一冰势在必得。

尹一冰完全改变了我的学习思维与方法。那年我们高考分理工、医农、文史，医农数学分数只作为参考，不计入总分，文史则不考数学。他建议我考医农，他为我做了一个评估：数学不要花费太多时间，只需掌握中学数学知识的 50% 即可，立体几何、高等数学就不要再费时了，把时间都用在物理和化学上。他希望我化学与物理分别考 90 分与 80 分以上，俄语、生物要接近满分，总分才能上去。可以说，我报考医学院是他为我一锤定音。

高考那年，尹一冰数学没有拿到满分，化学考了 98 分，进了北京师范大学化学系。毕业后，我也不知道他去了哪里，也是在百度上查到了他的一些信息：华中师范大学第一附属中学化学特级教师、武汉市化学化工学会教育专业委员会副主任、武汉市教育学会中学化学教研会副理事长、首批享受国家政府特殊津贴的中学教师之一。

我高中同桌是位女生，很老实，话不多，总是低头看书。十五中原本是男中，60 年代才开始招女生，女生不多。她可能是从三十九中或二十八女中转来的。她说，她爸叫何耀榜，我正巧读过一篇回忆录，知道何耀榜是位老红军。1928 年参加革命并入党，红军北上后，在大别山坚持斗争；抗战胜利后，继续坚持在大别山斗争。我不知天高地厚地对她说："我帮你爸写回忆录吧。"她笑了："我妈在写。"就是那本《大别山上红旗飘》。她考取了武汉医学院，毕业后留校了，后任湖北省卫生厅厅长，最后到卫生部任职。十五中像她这样家庭出身的学生很多，武汉军区、省军区、省委、省政府干部的孩子大都在这所学校，大家不分彼此，互相友爱尊重。

我高中的生物老师是位老先生，留有长长的胡须，春、秋、冬三季都穿着长袍马褂，夏季穿着布纽在胸的对襟马褂。他讲课不用讲稿，开口就滔滔不绝：生物学是自然科学中的一门基础学科，是研究生命现象和生命活动规律的科学。要树立生命观念，要拥有科学思维，要善于探究实践，要有明确的态度与立场，要勇于担当责任。要分析、提炼、理解、解决问题。树木、花草、猪马、牛羊在他心里都是与人类密切相关的生命。只有怀有热爱生命、尊重生命的理念才能去研究生命，才能让生命延长。我选择医学专业与他老人家这句话有很大关系。

我在高中时期接受过两位语文老师的教育。一位教古文与诗词，他不仅自己朗读古诗文时仿照古人阅读的韵味，也要求学生摇头晃脑地拉长音调念古诗，同意者没有几个。他习惯了，学生理不理他的要求也无所谓。他从讲台走到最后一排，又原路返回，有点自娱自乐的样子，同学们都笑了。他念："之乎者也矣焉哉。"同学们接下句："用得成章好秀才。"他说："错！诗词曲文几入怀。"下一句他拉长了音调："无边落木萧萧下，不尽长江滚滚来。"有同学接上："万里悲秋常作客……""错！长江后浪推前浪，江山代代有人才。"全班哗然。他恢复了正常语气解释道："你们就是后浪，要追赶与压倒我们前浪。你们是人才，江山代有人才，我为你们是后浪鼓劲，为你们成才自豪。"掌声响起。三堂课后，学生接受了他的讲课方法。他言归正传地说："每个古人都是诗人，他们说的话，记下来就是古文。诗是有感而发，不是为了写诗而写诗，每一首诗都表达了他们内心的情感。听听李白的'两岸猿声啼不住，轻舟已过万重山'，顺水行舟，江山壮丽，融为一体，（李白）写得绮丽飘逸、惊世骇俗、随心所欲、自然天成。孟浩然的'野旷天低树，江清月近人'……"三百首唐诗，他脱口而出，摇头低吟，沉醉其中，同学们服了。

袁梦宁老师讲现代文学，功夫十分厚实。其妻患了白血病，他竟全心研究白血病的治疗方法，从文学领域转入生命科学领域。他把文学与生命科学的联系带进了课堂。文学是生命的朋友，当肉体或心灵受到创伤时，文学是生命的精神家园，是营养丰富的鸡汤，是抚慰心灵的灵药。世界很大，缘在身边。我南昌的好友《百花洲》杂志主编蓝力生与袁老师是大学同窗。我过去与现在的事迹成了他们的共同话题。袁老师说："他作文有时可以得100分，有时离题万里，只能得零蛋。"蓝力生说："他的长篇报告文学《走进伊甸园》在《文汇报》连载三月余，在江西是首次。"他俩为我的文学路画了一条连接线，医路呢？

美术老师端木梦锡是著名国画艺术家，是文化部国画创作组成员，1932年自北京私立美术学院毕业后一直在十五中任教，于2000年8月逝世，享年100岁。由于我初中时期的班主任是美术老师，我也受过一点艺术熏陶，凡是他组织举办的课余美术活动，我都会参加。

本书封面勒口上我的头像，就是我高中同学画的。他学的是理工专业，但他的美术水平不亚于其专业。这就是那个时代的中学生，诚如我文学上能写书一样。

当时每个教研室几乎都有课余活动小组组织各种活动，学生可以自由参加，走马观花也好，想加入进去学习也行。有时我会看足球训练，帮助捡球，顺便踢几脚。体育老师过来了，拉着我一起跟他们参加训练。三天后，他通知我，要我写申请书，正式加入足球队。

那时，我爱上了苏联文学，读了两位托尔斯泰的作品。我读过列夫·托尔斯泰的《安娜·卡列尼娜》与《复活》,《战争与和平》我读不下去。相比之下,我更喜欢阿·托尔斯泰的"苦难历程三部曲":《两姊妹》《一九一八年》《阴暗的早晨》。很想读俄文原版书,奈何我俄语不太行。

帮助我俄语成绩迅速提高的主要是俄语老师。他穿一件陈旧皮夹克,走上讲台,讲出来的一串串俄语让我十分兴奋。这是我人生第一次上外语课,如何学外语并学好外语?我很想知道。他从字母发音开始教,不布置作业,我自觉练发音、背单词、背课文。他原是教英语的,废了英语后,才自学的俄语,我学习了他的自学经验。当年我的俄语基础让我进了大学之后能够阅读俄语原版的医学教科书,工作之后在副、正高职称评选时依然选择俄语,且顺利通过。

我感谢十五中的这些老师。他们知名度高、知识底蕴厚、办事知心暖心,有着强烈的人文精神,闪耀着人性的光辉。他们具有怀质抱真的人格、臻于至善的风格。我感谢那个时代我所在学校的风气,尽管我的同学许多都是高级干部和高级知识分子的子女,四野的孩子特别多,且智商高,但他们都没有骄横跋扈的性格,形成了良好的校风、班风和学风。尽管学校有很多"三知""三高",但没有某些贵族学校的"贵族"行为,吃、住和环境卫生的保持都靠师生自己动手解决,每周都有学生负责去硚口区粮食仓库拖几板车大米到学校,我也去过几次。一组人一早拖着几辆空板车过阅马场,上大桥,经汉阳,过汉阳桥,下桥后向右拐,进仓库。学生将一袋袋米搬上板车,运回十五中。上午参加搬米的学生中午会有一顿免费的午餐作为补贴。

9月开学后,学校安排了挖藕活动,挖藕工也都是学生。藕塘在学校后面,我回家时会经过。每当我沿藕塘走过,都会想起一首曾经读过的诗:"青荷盖绿水,芙蓉披红鲜。下有并根藕,上有并头莲。"

没有想到，我们会来挖"并根藕"。

早秋还是有点凉，下午上完两节课后，我加穿了背心。我卷起长裤，穿上拖鞋，跑步去了藕塘。下塘前，我脱掉长裤，拼命摩擦小腿腓肠肌，慢慢向塘中心地带走去。我小时候见过别人挖藕，知道一点方法，故意表现得很内行。挖藕不能随意用铲子，因为不知道藕在脚下何处，很容易误伤藕节。一条完整的藕，处处是伤疤，就不好看了。挖之前先用脚踩，用脚感知有没有藕，如果有，可以先用铲子铲去污泥，再用手十指朝下插进泥塘中，捧走藕上面的污泥，这样就可以完整地挖出一条莲藕。

第一个挖出藕的人当然是我。学校有规定，挖藕者不能吃藕，同学们都自觉地遵守规矩。军区来的四野的孩子也不显特殊，休息时，他们就聊天。无论是在校内还是在校外，"四野"是他们永远的话题。挖藕时的片刻休息时间，他们又唠起了"四野"，从辽沈战役到进关，从平津战役到南下渡江，谈爸爸，谈妈妈，谈自己在摇篮里、在妈妈背上跟着部队跑的故事，所有的记忆都让他们沉醉。好学校、好老师、好同学就是我们茁壮成长的沃壤。

在这样的环境里接受教育，学生成才的有很多，大学毕业后成为学者、名师的也多。爸妈希望我考上大学，毕竟家中我这一代还没有大学生。那几年大学录取率较低。对我的学习，爸妈不会着急，也从不逼我，点到为止。宽松的学习环境，让我在平静的日子里平静地接到了大学录取通知书。

我当了大学老师后，深感教育理念应该是扬长避短或补短，且以扬长为主，将学生的长处发挥到极致。举一个例子：我带过两位医学生，一男一女。女生做手术很灵巧，男生则相反，喜欢思考，惧怕动手。毕业后，两人进了市医院，领导根据经验自然将男生分配到外科，将女生分配到内科。这样一来反而把两人的长处都埋没了，医者没扬长，患者没受益。我与几位教授一起去给领导提了建议，领导就将女生转到了妇产科，将男生转到了内分泌科。三年后，他俩都成为各自领域的优秀医师，女生还被破格评上了副高，男生的论文入选SCI 和国家级刊物。

每个人的资质、能力、思维、兴趣都不一样，短难补长，长也不应被削短。教育工作者应该在传授知识的过程中将求真、求善、求美、求爱的理念推行开来。

我又想说"如果"，如果我留在九江，一样会有幸福感。一样的种子在不同的土壤里会长出不一样的苗，不同的种子在同样的土壤里也会结出不同的果。我忽然想起那句话：我们不缺少植被，缺少的是适宜的土壤。我始终坚信、关注并遵循这条规律：幼苗能不能长成大树，还要看土壤、阳光、雨水。类比人的成长，土壤就是家庭、学校、社会的环境，包括与父母、师生、同学的关系。家庭的亲和力、学校的影响力、班级的凝聚力、良好的学习环境、互助互爱的同学关系、和谐友善的人际关系组合成催人奋进的沃土，也是培养孩子良好习惯与良好兴趣的土壤。

第十二章

沃土深耕青春树
医路勤读万卷书

当年，很多初中学生喜欢报考中专，因为三年后就可以参加工作。那个年代，从小学到高中，一路可能会走出一半学生。原因一是很多父母希望子女早点成家立业，那时工资收入差距不大；二是大学难考，招生不多。

1950年，全国有5.8万名大学新生入学，第二年是5.2万名，录取率为60%左右。1958年，高中毕业生有21.9万人，大学新生有26.5万人，录取率121.0%。这种高录取率的状态一直维持到1960年，那年高中毕业生29万人，大学新生32.3万人，录取率为111.4%。1962年，录取率降到24.3%，1963年为25%（均含大专）。今天，大学再不是精英教育，读大学只表示人生受过一次这样的教育。高考不是通向成功的独木桥，除自己努力外，家庭、学校、平台、机缘、社会需要、时代变迁……都是影响成功的因素。

（1）

我接到大学录取通知书时是上午十点半钟，通知书很厚。妈妈的同事好奇地要我打开看看，我没有拆。我飞快地回到三楼家中，一个人在房间里平复心情，静静思考。吃完晚饭，我拿出没有拆封的通知书递给父亲。父亲希望我报中医学院，他看了看信封，问："怎么少写了一个中字？"我也幽默地回答他："我擦了。"

妈妈问："是上午来的，还是下午来的？"我没回答，妈妈又说："中午你都不告诉我？"

"行，给妹妹做了一个榜样。你的通知书你自己看。要不要妈妈陪你去报到？"

"不要。"我说。

妈妈拆开了信封，有点吃惊："口腔系？那不是牙科医师？"

"牙科也好，不当夜班，没有抢救急诊。"父亲总是从好的方面说。

我家住房面积不大，晚上睡觉时一家四口挤在一起。为了让我获得这张通知书，爸妈给我买了一张折叠钢丝床，床架上安了一盏有夹子的台灯。现在，这床可以让给妹妹了，爸妈可以享受两个人一张床的睡眠了。厚厚的通知书告诉我，我已经跨进了大学的门槛，再不用担心了。我把通知书放在"书架"上，好好咀嚼一下这三年里的艰辛与未来的快乐。

为了能自主地买书、订杂志，我坚持努力了三年，不停地勤工俭学。最方便的工作是在妈妈工作的医院打工。那时输液药品都是医院自己配（医学院附属医院都如此），这样的做法一直延续到20世纪80年代。我的工作是帮忙洗药瓶子，把输液瓶送进高压箱消毒，再打开箱子取出输液瓶，每天可得七角钱，一小时不到一角钱。工作一个月，我赚到了 21 元，便不再去了。这项工作挣钱少，还有一定的危险性。打开高压消毒箱的盖子时，高压气流还存在，有时气压还很大，打开的一瞬间，里面的气体会冲出来，容易伤人。我遇上过一次，开盖瞬间，我听见箱里发出了奇异的声音。我迅速蹲下，输液瓶如炮弹般射出。幸好我反应快才没有受伤。这里可以用一下"如果"，如果伤到了，"今天的我"或"我的今天"也许就不存在了，我的家庭也不是这样的了。

我决定去卖黄瓜挣钱，在郊区以每斤 6 分钱的价格买进，挑到市区每斤可以卖 1 角，100 斤可挣得 4 元钱，合算。我不会短斤少两，每个顾客还会让一点秤，100 斤就变成了 80 斤，见了老人、穷人我又会让一两分钱利，最后只挣得 2 元钱。我对老人、穷人老喜欢让价，我不适合经商。

一次偶然的机会，我找到了一项稳定的适合自己的创收工作——写作。七医院职工上班前会在医院花园的一侧集体练太极拳。星期天，我跑步时遇到了这群太极拳爱好者，便停下了脚步。教练是王院长，因为我与王院长交流过太极拳，这次相遇，他邀请我帮助纠正大家的动作，我没推辞，还与王院长演示了一段推手，大家兴致很高。这兴趣与精神激发了我的灵感，我写了一篇散文——《洪山下的晨曲》。在小三角的灯下，我用一夜写完了稿子，第二天就寄给了《武汉晚报》。我本不指望能发表，却偏偏发表了，5 元稿费寄到了十五中。三者相比，写作所获的收入最高。第二次投稿，稿费竟然是 10 元。

人生的第一笔稿费，我交给了我妈。我妈立即用来补贴家用，买了几块油饼。饥饿年代的一块油饼，给妹妹留下了难以磨灭的记忆。婚前，我的收入都交给我妈；婚后，我的工资、奖金、稿费等一切收入都交给妻子，这是爸妈的要求，也是我的态度。除了一日三餐，没有消费。写作创收一直是我生活的一部分，我用稿费缓解自己的用钱之需。现今我连书都少买了，消费基本不发生。

高中三年，最辛苦的是与父亲一起种玉米的日子。自然灾害后，粮食减少，父亲总担心我与妹妹吃不饱。有一碗白米饭就已经很幸福了，我和妹妹还要平分一碗米饭。有次家里没菜，酱油瓶里的酱油也没了。我想了想，往酱油瓶里倒了一勺水，摇一摇，水就有了酱色，我全部倒进自己的碗里。饭的颜色好看了，妹妹抢着要吃我这碗。我当初不知道这碗也应该"二一添作五"，没答应妹妹，妹妹哭了，爸妈看在眼里，一定很难过。父亲在武汉钢铁厂附近寻到一块荒地，带我一起开荒种玉米，他买了锄头、铲子、耙子。已经是"六月六，晒蛋熟"的日子，父亲有点胖，爱流汗，戴一顶草帽不管用，荒地四周没有一棵树，我担心他中暑。每周六我都会背着书包过来，晚上复习备考，第二天一早上山浇水。父亲说玉米要靠天收，所幸老天爷没有辜负我们的汗水，国庆节后我们家吃上了玉米。

第二年三、四月间，我们又种上了玉米。因为马上要高考了，我们放弃了青山那块玉米地。医院里还有一小块蔬菜地，医院分给每一位职工，以便能种点菜解决吃菜难的问题。我们种的蔬菜品种变化多样，种了丝瓜、豆角和茄子，还种了几株辣椒以满足妈妈的口味。这块地直到1965年才荒废。几年后在赣州，见到那么好的地，我自然舍不得。

我的木工活也是在耳濡目染中学会的。初中时期的邻居陈木匠每逢休息都在家做家具，我先是好奇地看，跟他熟了以后便主动帮忙做点事，帮忙的过程就是学习的过程。我的书架也是我自己做的，所谓书架，实际是用两个木质药箱改装的。我把木箱的外壳刨光，用砂纸打磨平整，再根据书的高度在药箱里加上隔层，很简单。

我虽然忙于种地，但我要确保自己能考取大学。有保险公司确保吗？同学尹一冰给我的启发，让我找到了谁也不知道的"保险公司"。我家有一些在高校工作的亲戚，尽管平时不往来，但我瞒着父母，厚着脸皮一家一家地登门拜访了他们。我请他们帮我从内容和逻辑上厘清每门课程的重点，然后让他们根据他们所认为的重点向我提问，让我对课程内容有更为清晰的认识，使我的逻辑更有条理。政治我找了医学院政治教研室主任邓教授，他是我表叔；化学找了我舅舅，他是武汉师范学院的化学教授；物理找了民族学院的表姑。九江的同学还给我推荐了一位九江一中的生物老师。我买了一包白糖，一年一户只有一张半斤白糖票，我全拿来送礼了，可见我的真心。当晚乘船去九江，第二天一早找到他家，向他说明我的意图。老师很激动，表示很愿意辅导我。我的目的是跨进大学的门槛，只能成功，不能失败。

从收到录取通知书的这天起，我们一家人陪我平静地踏上了口腔医师的成长之路。

自创系以来，口腔系每年招收的学生都不多，三届加起来也不到百人。我是口腔系的第三届学生，这届设有两个班，共 33 人。关于口腔系是干什么的，当时的我的确不知道，我只知道这是新创办的，创办人是原四川医学院口腔系主任夏良才教授（1911—1975）。夏教授是四川仁寿人，是我国著名的口腔医学教育家、口腔颌面外科学专家，还是我国第一部《口腔颌面外科学》统编教科书的主编。1960 年夏良才、廖蕴玉（口腔修复专家）夫妇受命来武汉筹建口腔系与口腔医院。

当年招收第一批口腔系学生时，正值经济困难时期，创建口腔系并非易事，再加上无地、报考的人少，1962 年停招。夏教授夫妇与其学生没有打退堂鼓，他们提出："口腔系可以缓建，口腔医院不能停办，人员不能解散。"他带来的学生有口腔外科医师胡树立（1936—2023）、1959年毕业于苏联莫斯科口腔医学院的李金荣，后来口腔专业人才接踵而至，有口腔外科的东耀峻、口腔内科的樊明文和岳剑秋。夏良才教授是我的口腔颌面外科大课讲授老师，胡树立医师是我的口腔外科带教老师。

最初筹建口腔系和口腔医院的人员不足10人，夏良才教授四处奔走，筹集资金，选院址，买房屋，选购设备，终于在1962年5月建成了中南地区第一个口腔医院门诊部。同年9月，在武昌老长春观内建了一间有25张病床的病房，接待了第一批住院病人。后来我之所以努力参加创办江西的口腔系，是因为我知道与感受过湖北口腔医院创立与发展的艰难。

（2）

医学院校本部在东湖与水果湖的北边，一条公路将湖与医学院分开。学校大门正对东湖与珞珈山，对面的山下是武汉大学。当年我景仰武汉大学，没有想到，40年后两所学校合二为一了。口腔系为我们召开过一次入校50周年纪念会，主题是祝贺武汉大学校友50周年聚会。对于把我当成武汉大学校友这件事，我感觉徒有虚名，脸笑心慌。

当年入校的第一件大事当然是读书。如何读好书？

开学第三天我们领取了课本，政治、俄语、无机化学、有机化学、人体解剖、组织胚胎学……哎呀！又遇见了"死敌"——高等数学，厚厚一本，我怎么过？报到前我就打听了留校的标准，考试成绩平均分数要在75分以上，不能有补考，口腔系还加了一个条件，即要有成绩很好的业余爱好。夏教授爱足球，其子与我同班，是足球与田径运动员。过，一定要过！进校是目标，留校是目的。当晚我就开始执行计划，我快速地把政治课本翻看一遍，做到心中有底。上学期的无机化学是对高中知识的总结，稍加了一点新知识，不难。解剖学与胚胎组织学是两门新课。周日，我去外文书店买了一本俄语版的《解剖与口腔病理》，以备下学期使用，而且还可以帮助俄语学习。重点是数学，数学是我的短板，我几乎把半学期的时间都用在了数学上。我真理解父亲说我好傻的原因。

进大学后，我给自己立了规矩：超前预习，学习时要一丝不苟。我知道现在所学的知识是之后工作本领的基础，不能临时抱佛脚，不能偏科，每门课程都不能落下。教我们基础医学的老师有很多，对我人生影响较大的有教解剖的皮昕老师、教口腔病理的汪说之老师、教生理的张硕哉老师、教组织胚胎的张君老师。

在医学院前三年学的课程都是基础医学。当年学生少，人体解剖加口腔局部解剖课，是两人共用一具大体老师，这对现在的医学生来说是奢侈的事。上课之前，我们要低头默哀，向逝者致敬，这是每堂解剖课必做的事。

皮昕是小课老师。几次课后，他成了我们男生的偶像。他风度翩翩，有演员一样英俊的外表与好听的嗓音，讲课时会辅以丰富的肢体语言，他讲课极具魅力。每周六，学校都会组织学生外出打球，他组织了篮球、排球、羽毛球三支球队，每种球类他都算得上专业。有场篮球赛地点在我家隔壁的电力设计院，我去当啦啦队员。皮老师球打得好，课也讲得好，这让我知道了一个人是可以同时把两件甚至更多件事做好的，功夫在自己手上。

张君老师是皮老师的师姐，有一次，她当着学生的面直呼皮老师的大名说："皮昕，你老婆过了主治，准备升副主任了，你讲师怎么还不过？"谁能料到皮昕老师后来居上。1974 年，多所院校合作编写的《口腔解剖生理学》教材，皮昕受邀做编委。从 1979 年的第一版到 2003 年的第五版，主编都是他。这在我国口腔医学教材编写史上绝无仅有。他是这个领域的领军人物。

当年解剖考试的场景历历在目。那次是抽卷考试，我抽了一张考卷，得了满分，按理我是可以离去的。他要我再抽一张，再考一次，他认为我考满分是因为我运气好。我再次考了满分，我以为他会夸赞我，结果他来了句："你运气真好！"他还是认为我是偶然得满分的。我有点不满，赌气地说："我要像你一样，背得出这本书！"他笑了："那，我次次给你 100 分。"我确实是想像他一样：专业强，追求完美，业余生活丰富多彩，品质好，气质佳，素质高。如今他已经 90 岁了，却还在工作。对此，我自勉：奋斗探求，不达目的，誓不罢休！

口腔病理老师汪说之比较相信我。有次课间休息，他没去教室外面抽烟，来到我座位前，翻开我课桌上的俄文版病理书，问："你看得懂？"我说："每天都看，就懂了。"这话让他很满意。他没有放下书，翻了几页，大概是看书上有没有我涂写的痕迹。过了一会儿，他又说："要结合病理照片才记得牢，我办公室有片子，愿意就过来看。"有了更深的交往后，我对他特别敬佩。他打算把北京、上海、成都与军医大四所医学院的疑难病理切片全部读一遍。我问他："你哪有时间？"

"寒暑假。"

"经费呢？"

他补充说："工资呀。"

我多说了一句："老师，请你戒烟！"

20 世纪 70 年代发生了一些事情，耽误了他的工作。生活步入正常轨道后，他立即开始实施计划。他的努力在他不惑之年有所收获。在一次口腔病理国际学术会议上，一位丹麦专家直言不讳地说："中国口腔病理看片最准的当数汪说之。"他是教材《口腔组织病理学》的副主编、《口腔诊断病理学》的主编。在他身上，我看见了智力、能力、毅力的融合。

2004年3月，传来他去世的消息，我心一紧。老师做事都很有毅力，怎么戒烟就没有毅力呢？他才71岁啊！我劝他戒烟时，他说："我抽烟是为了提高工作效率，哪时不工作，哪时戒烟。"对于他的离世，我只有悲痛。好好学习是对他最好的思念。我也给自己提了要求，要向中国最好的颌面外科专家学习，参观他们的手术。言必信，行必果。1985年，我去了成都华西医科大学，听了中国口腔颌面外科界泰斗"三王"（王翰章、王模堂、王大章）的课，看了他们和他们的师弟、学生（毛祖彝、温玉民、周岳城、姚恒瑞、李声伟等）的手术。

又回到母校，再看了李金荣、东耀峻、胡传真老教授的手术，我的感受都一样。此时，胡树立已调往广州了。老师在提高，我也在进步，我学会了纵向比较、横向比较与总结。90年代初，我去了上海九院，并邀请九院专家来我院做手术，他们是邱蔚六院士的博士张陈平、竺函光、孙坚、季彤诸教授。我还专程去北京看了马大权的腮腺手术，当年同行对他的腮腺手术评价很高。这些教授让我终身受益。

60年前，张硕哉老师就是讲授生理学的知名教授。他的讲课风格久久地印在了我的记忆里，深深地影响着我。他很有气场，走上讲台，一开口就让我觉得正气满堂、熠熠生辉。那时没有扩音设备，他声音洪亮，偌大的阶梯教室都有回音。他讲课用词十分讲究，内容讲解形象生动、易懂、易记。以讲动、静脉的区别为例，动脉的作用是输送氧气与营养物质，所以颜色鲜红、压力大，他就用京汉线来比喻大动脉。静脉则是把血从人体组织送回心脏，氧气含量较低，二氧化碳含量较高，管壁薄，弹性小，管腔大，管内血流速度较慢。一些静脉管腔中有瓣膜，可以防止血液倒流。静脉血流受阻，血液难以回流，表现是"青筋"暴起；外伤后鼻青眼肿，则说明是静脉出血。十余年后，我也登上了讲台，会自觉或不自觉地模仿张老师。2014年1月6日，他以95岁的高龄辞世。我至今仍然怀念他。

张君老师谦逊和气，视生如友。她面对的学生都是刚刚离开中学的小青年，他们刚进入一个全新的环境，面对"人体"时会感到好奇惊怕，个别女生还会有点胆怯。她用饱含母性光辉的言语与动作引导、宽慰刚入大学的学生们。

1965年，成立咸宁分校，调她去任教。她丝毫没有犹豫，说走就走。她离开的那天，我正好遇见了她，校报记者也在，于是我拉着她还有几个同学一起在教学大楼门口照了一张相。那是135的相机，现在照片只能用放大镜看了。善良的她，在20年前就永远地离开了我们，我只能叹息。

我多次被评为"优秀教师"，这无疑与我刚踏进大学门槛时所遇见的老师有关，他们的形象至今还在我脑海里。我给学生上课时常常会提到这些老师，在我身上可以找到他们的影子，不仅是文化知识，还有理念。我始终认为这是做一名好医师的基础。我会将他们的优良品质和精神传递给我的学生。虽然目前我不知道我的学生学到了多少，但我相信，他们多少会有一点感触的。在历史的长河中，每个人都有可能自觉或不自觉地成为接力者与传递者。

入学的第二件大事是排节目，为了迎接建校20周年庆祝大会。

1943年5月14日，湖北医学院在湖北恩施宣告成立，朱裕璧出任首任院长。这是湖北省唯一一所创建于中华人民共和国成立之前并延续发展的省属重点高等学校，也是中国高等医学院校中的老校，是民国时期的22所医科院校之一。朱院长1926年毕业于上海同德医学院，1929 年在德国哥廷根大学医学院留学，1934 年被授予德国医学博士学位。回国后，他成为中山大学医学院外科副教授、教授，北京协和医学院外科研究员。1939 年，他回到湖北恩施，主持医学院筹建工作，自湖北医学院成立至 1957 年，他都是院长。我入校时，他在图书馆"打工"。高年级的同学悄悄地指着一位手中拧着一个闹钟的老人说："他就是老院长朱裕璧。"可以看出，他非常受人尊敬。

我入校的这年，正好是 20 周年校庆，学校把校庆时间安排在国庆节前后。新生、老生一起排节目，学生会安排给我们年级的节目是舞蹈。刚入学，班干部都是学校指定的，我负责文体活动，排节目这种事自然找上了我。我们新生相识只有几天，离上台演出的时间也只有几天。口腔系新生只有 30 余名，连老生一起也不足 100 人。找谁跳？跳什么？从小学到中学，我还真没有跳过舞，也不知道怎么跳。好在医疗系的文体委员来了，给我们展示了三个舞蹈：《游击队员之歌》《台湾渔民》《花儿与少年》，后两个男女互动比较多，带有一点爱情的味道，我们不适应，而且需要更多的参与者。所以，我选了第一个，与校庆气氛相符，而且只要三男两女，好组织，配曲是大家都熟悉的《游击队员之歌》，好把握节奏。

我们将练习时间定在每天的晚自习之后，大概排练了 15 天。正式演出是在下午，晚上学校安排了看电影。结束时院报记者没有拍摄到我们最后的造型动作。下台之后，我们准备卸妆，舞台监督却要我们 5 个人再摆好造型，咔嚓一声，镁光灯一闪，留下了我入校后的第一张演出照片。一下台，我就找到了院报记者，请他送我一张照片。于是，这张宝贵的照片一直留在我的相簿里。

在皮昕老师眼里，我不是一个踏实刻苦读书的学生。刚开学，就开始做"不务正业"的事，往后五年怎么办？我在二、三年级时的表现证明了他的判断。每年节日我都要在舞台上露个脸。

校庆后不久，61级的学生排演话剧《年轻的一代》，有两位口腔系的师姐参加了，她们邀请我去做剧务。他们请了湖北话剧团副团长任导演，他是南下的老同志、老演员。演出很成功，后来又去了一附院、二附院与武汉医学院演出。遗憾的是我没能扮演林育生。

那段跟着话剧团学习话剧知识的日子，无形中增加了我的人生维度，丰富了我的生活色彩。后来我能在特殊情况下写话剧、歌剧、歌词，甚至编舞，都与这段生活密切相关。

大学期间，我与夏宁合作，负责年级周末的墙报，我诗文脱口而出，他毛笔字龙飞凤舞，两小时即可将墙报展现在同学们眼前。

校庆刚过，接下来是秋季运动会。我毫无悬念地成了运动员，参加了一个个人项目：100米短跑。两个集体项目：4×100米接力赛、年级足球赛。这又需要每天锻炼，我只能选下午。比赛成绩出来了，我的100米短跑成绩为11.2秒，4×100米接力排第四。

我被选进了田径队，准备参加武汉市大专学校运动会。为了这次运动会，学校安排了专门的时间、地点和教练给我们进行规范训练。学校有给体育队的队员伙食补贴，武汉的大学生每月伙食费是13.5元，运动员可以补贴1.5元。不要小看这补贴，早餐有油条，那可是当年的奢侈品啊！当时的素菜是3分~5分钱1份，葱爆肉是2角钱1份，每天的伙食费开支不会超过4角钱。

不做则罢，做了就要出成绩。我已经多年没有参加这样的正规训练了，一切得从头开始。早晨体育锻炼是在体育场。田径队队员的运动量比普通人大多了，我们需要练耐力，还要练正确的跑步动作。教练每天下午都要纠正队员的动作，起跑、途中跑、冲线、摆手、高抬腿、后蹬跑、跨步跑、转身交叉跑。每一个动作都要反复练习几十遍，我累得晚上没有精力看书。

运动会上强者如云，与我同一组的柳光明老师是专业运动员，他是原江西田径队的百米短跑的第一名，在武汉体育学院读书（也可能是进修）。他在第 3 跑道，我在第 6 跑道，他当然冲在我前面。好在我的成绩有了提高，是 11.1 秒，进入了决赛。比完赛之后，我记得我院一位女体育老师还特地来为我按摩。那样的享受，我至今还记在心中。

学院还有一个女老师，姓刘，武术专业毕业。她成立了武术队，我没报名。武术队器械，刀、枪、剑、棍，样样都有。离开九江之后我就再也没有摸过这些器械了。有一次，她不在，我拿起单刀过了把瘾。"双刀看走，单刀看手。""枪走一条线，棍打一大片。"我在心里默念着这些口诀，练到喘不过气来方住手。刘老师来了，她看到了我刚刚的动作，上来握着我的手说："这里还藏着一位高手。少林派的吧？"我慌忙地摇头又摇手，连说："门外汉，门外汉。"师傅要我记住两句话：一是"天下只有第七"，二是当代武术只有健身、健美、表演、传承的作用，已经完全失去了技击的作用与意义。刘老师坦诚地说："我早知道你会武术，但不知道你动作这样规范。本来就想找你聊聊，今天就开门见山地说了，我已经请示过领导，请你来当武术队教练。"我的妈呀！我这是读医学院，还是读体育学院？我坚决不同意。她毕竟是老师，又是体育行家，几句劝解，就让我答应了。她的理由很简单也很实在："足球于你，不是为了参赛的专业运动，而是爱好。跑步于你，成绩已经过了国家二级运动员的标准，保持与提高对你来说不难。而武术，你教会了他们，就能让热爱武术的人多一些，让武术运动更加普及一些。你们将来都是医师，保健治病是你们的职责，武术与跑步是体育保健最简单、最经济的方式。你教会了他们，他们又传给新的爱好者，与你过过球瘾相比较，教武术是不是更具公益性？"我"投降"了。

武术队有近30人，我完全是按照师傅那个方式和流程来教他们基本功。教压腿站桩，先教十二路谭腿；再教国家规定的拳与刀、枪、剑、棍套路。先集体练，再个别学。后来，有些身体差的同学想学太极拳，我又组织了太极拳组，教他们练简式太极拳。1964年，我们全队报名参加了武汉大专院校的武术比赛。比赛地点是汉口体育馆，学院安排了车接送我们。这次比赛，有几个队员获了奖，我获得了花枪表演奖。

两年的大学生活，充满了青春活力，紧张有序，又多彩多姿。我的个人生活也如此。

大学的第一个春节，我回了一趟九江，与九江市的初中同学相聚。她穿着便装来了，客气地问我："光头，你怎么读口腔系了？"我自豪地说："这是稀有专业。""啊，那你将来是稀有人物了。"我不知她这是讽刺还是赞美，便回了一句："稀有矿物当然会受重视。"同学们一起到照相馆照相，一起的还有几个女同学，没有任何人建议，我们无意地肩并肩站在了一起。这是她当兵、我读大学后的第一次见面。还有一年我就要上临床，学习内、外、妇、儿各科的知识，穿白大褂与患者交流，为病人服务了。

（3）

这是1965年的9月，学校宣布我们年级的学生要下连当兵，不是军训，是到部队里与战士同吃同住同训练，除了服装不一样外，完全是军事化的生活。从武昌到应城，我们下了火车之后没有汽车来接，需要排队步行到部队驻地。一开始，我们都以为驻地在郊区，同学们还有点吊儿郎当地散步走。可带队的首长告诉我们，驻地在山里，路途遥远，一定要在规定的时间内赶到，必须排队跑步，大家这才开始紧张。首长下令整理内务，打好绷带。我们的被子是自己带的，鞋子也是各色各样的，根本没绷带，于是我们只是照例自己检查好自己的行李而已。随后，首长一声令下："出发！"

鼓动队由五六个同学组成，我是其中之一。我们的任务是一路为大队伍鼓劲，所以我们要走在队伍的前面。编写唱词的任务给了我，推托也没用，那就编呗："打竹板，迈开步，前面到了十里铺，咱是新兵老同学，下连当兵不怕苦！"队伍走过之后，我们几个人就在队伍后面，扶好背包，各自抱着自己的乐器向前冲，要冲到第一排。出了城是丘陵，大家不断喘着粗气。队伍一慢下来，我们就又开始为大家鼓劲，唱出新编的快板词："不怕苦，不怕累，我们当兵到部队。人人都是铁脚板，革命的歌儿满天飞。"来，大家唱："日落西山红霞飞，战士打靶把营归……"远处飘来的歌声是《全军上下一片红》："红色的帽徽红领章，红色的战士红思想……"

终于到了驻地！迎接我们的军人在路口等着。驻地只有一排一排战士们住的平房，没有围墙，就更没有所谓的大门了。一片绿地就是练兵场，周边有农民，还有懒散的牛在路边走动着。远处是山丘，更远处是大别山的余脉。

我们所在的部队是29师，全年级学生分布在29师的各个连队里，每个连都有卫生兵、急救箱和常用药物。他们知道我们是医学院的学生，还特地向我们请教。我脸红了，因为我还没有上过临床课。看来处处都需要医师，医师多重要啊！

晚上连里开了欢迎会，给我们介绍军营生活。晚会是连队自己办的，饭堂就是礼堂。我和班长唱了一首歌——《我和班长》："班长拉琴我唱歌，歌声朗朗像小河……"班长是河南人，他的歌唱出来几乎都像河南梆子。我跟他学用河南话唱《说打就打》："说打就打，说干就干，练一练手中枪刺刀手榴弹……"

那时没有军号仪，起床、练操、吃饭全靠司号员吹出嘹亮的号声。早、中、晚三餐饭，进食堂前都要唱歌。一早练兵，早饭后上练兵场，或上课堂。操练的内容有很多：刺杀、射击、瞄准……学生不参加拉练，每周末晚上都有露天电影看。操场队伍多，散场后很容易跟错队伍，回不了连队。

我很喜欢上军事课，就是晚上的紧急集合让我有点受不了。由于我的背包没打好，第一次跑步时，我的背包散了。半夜两点钟，一片漆黑，班长帮我重新打背包，然后才继续跑步追赶队伍。

三个月很快就过去了，在离开之前，师部让学生参加了一次实弹射击，我获得了一组吉祥的成绩：10 发 8 环。营部杀了一头猪，是他们自己养的，各连也分别举行了欢送会。在连部欢送会上，又要表演节目。我个人学着班长的口音与新兵的步伐唱了那支老歌《说打就打》，引得满堂哄笑。

到说再见的时刻了。我和班长是上下铺，他睡上铺，我睡下铺，三个月的相处，让我俩的关系更亲密了，我们紧紧地拥抱了很久。他在我耳边轻轻地、沉重地说："我要离开军营了。"我知道，两年前他就该脱下军装了，但他表现实在好，部队又让他留下来去训练新兵，他就这样多干了两年。他松开了拥抱我的手，又与我紧紧相握，我们的眼眶是湿润的，手掌是温暖的。我说："我们常联系吧。"他点点头。他送给了我一本他最珍爱的书——《毛主席语录》（那时只有部队有）。分别后，我们再也没有获知对方的点滴消息。

三个月的军营经历，自然让我想起了我心中的女兵。我下决心抓紧学好医学基础课，明年我们得统统住进医院的学生宿舍，穿上白色工作服值日夜班，过实习医师的生活。五年大学步入尾声，毕业考试一过，我便踏上了医路。

1966年春节我是在九江与奶奶度过的。在寒假前，学校就通知初五返校报到，要做什么还不知道。几个初中女同学来送我，其中两个女生的男朋友，一个是大专的青年教师，一个是部队参谋。谁也无法预测未来，十几年后这两个女生竟成了部级首长夫人。她也来送了我，手臂上搭着一件军用雨衣，微笑着不说话。我要上船了，当我踏上跳板时，她突然把那件军用雨衣抛到了我手里。我望望她，她抬起头，依然微笑着。就这样，我的人生悄悄地走进了恋爱季。

我回到了学校。学校安排我们年级的同学到洪湖县新堤镇集中学习。坐在轮船上的时间是欢乐的，因为很多同学没有坐过轮船，也没乘过船游长江。他们高兴地从船舱走到走廊，进进出出，不亦乐乎。武汉往西，我还没去过，西边江面要窄些，两岸的繁华程度肯定不如长江东部沿岸。船体较小，我回到船舱躺下，感到有点沉闷。大家不知去做什么、学什么，老师也不知道。似乎在保密。

新堤镇是洪湖县政府所在地。我们大队人马都住在办公室里，床铺不够，只能用稻草铺在地上当床。幸好她给了我军用雨衣，我可以在稻草上多加一层，更保暖。房里大都是石首县的干部，他们告诉我，我们要去的地方是洪湖新滩口区北州公社。跟我睡在一起的不是我的同学，是要跟我去同一个公社的工作队队员。他们都是有经验的基层干部，都很善谈。早饭过后我们收到了通知，要开大会，下午讨论中央印发的《农村社会主义教育运动中目前提出的一些问题》。这份文件的内容是：前期在农村开展"清工分，清账目，清仓库和清财物"运动，后期是"清思想，清政治，清组织和清经济"（简称"四清运动"）。我们被称为"四清工作队"。我们上半年的工作为"点"的教育，下半年则为"面"的教育，工作队也改称"社教工作队"。

我们在新堤镇住了7天，这7天都不能离开这栋楼。楼周边有一个公园，每天早晨都有人唱歌、吊嗓子。我想听的《洪湖赤卫队》没人唱，京剧、汉剧、楚剧的吊嗓者倒是不少。广袤无垠的洪湖虽不远，但也不能去看。

我们要离开新堤镇了，路过新滩口，直接去北洲公社老洲大队。老洲大队虽在江边，却没有码头，我们下船时只搭了一块很长的跳板，船在摇晃，跳板也在摇晃，我们队13人颤颤巍巍地下了船，在沙滩上放下了行李。远处，一位农民赶着一辆牛车慢慢走过来。队长是石首县银行副行长，他是转业军人，不允许我们坐牛车，要求我们自己挑着担子步行去大队。

这是正月新春的长江，东西两岸的沙滩很宽，江水离堤坝有一里远，寒风料峭，行李在背上，汗在额上。上了堤坝，这是国家修的长江大堤。与这条长堤垂直，往南的大堤是公社修的，公社修的大堤将大队部与长江大堤连接起来了，船码头就设在这里。牛车吃力地爬上江堤，踏上回家的路。这条垂直的堤至少有五里长，堤的两边是稻田，间有藕田，没有一间农舍。走了一段路之后，我们终于看到了一间小杂货铺，是村口了。我们先在大堤脚下的仓库里住下了，当晚工作队就开会分工。我任材料员，负责记录、整理文件。我需要先调查清楚村民的家庭成分，再住进农民家中。我被安排在一对老夫妻的家里住。老人是河南人，逃荒到这里安了家，他们夫妇没有床，只用泥土堆了一个北方的炕，连桌子、凳子都是用黄泥巴堆的。我怎么睡？我只能回到仓库。这是我人生中第一次看到如此贫穷的家庭，这应该是活着的最低标准了吧？我没想到的是，开始工作之后，我对贫困程度的认知不断被刷新。

我们的主要工作是发动群众，宣传党的政策，组织骨干力量，对各项目进行排查，发现问题，最重要的是，要发现并解决部分人工分偏高的不公平的问题。这部分人往往是干部或干部亲属。我们对各时期的各种账目进行了审核，了解群众的意见，力图改变不公平待遇。

我走村串户，发现了另外一个问题——大队有 106 户人家，却没有一个乡村医师，老人、孩子生病了怎么办？这里 80% 的居民都是早年外地逃荒来的农户，他们主要来自湖南、安徽、河南。本地人也是穷到极致才来这里落户，本地唯一一户富农，也是逃荒来的。书记是退伍兵，姓胡；队长是一个老农民，姓罗。我和书记单独交谈过，我叫他胡书记，他不应，他说："叫老胡吧。书记是帽子，随时可脱。老胡、党员才是永久的身份。"他告诉我，这里是江州公社最穷的大队。

调查之后，老胡的讲述得到了印证。这里的农房全部建在内堤上，偶有几家建在堤脚下，村口那间杂货铺是标志，垂直距离就到那里为止。无论是富农，还是极贫者，房屋都搭建得很简单，除了四根柱子与瓦梁是木桩外，墙体部分全是竹篾，内外涂有黄泥，冬天将四壁密封起来，夏天就用锐器划个适当的口子做窗户，通通风，也有年轻人不封窗。我们中午走到哪家，就在哪家吃饭，每天交 0.12 元伙食费。饭一般是玉米、白米饭，菜是豆腐乳、腌菜，很少有新鲜蔬菜。他们的家中很少有像样的桌椅，就更不要说其他家具了。

天气转暖后，我发现大队的孩子全是光脚板。我担心地问："不怕刺伤脚？"他们笑了："什么东西能刺伤我们？"我才发现全村农舍都没有玻璃窗，路上也找不到一粒石子、半块砖头。这里原来就是湖的一部分，如今湖变小了，露出了更多地面，居民就在上面建房子。这块地原先是湖底，土质松软肥沃，种子下了地，一定会丰收，人就饿不死了。他们房子所在的内堤不宽，每户都没有前后邻居。堤下是农田，泥土松软，赤脚行走很易陷进去。我就陷进去过一次，是老胡甩来一根绳子拉住了我，我才得救。我建议村民在宽一点的地方养几只鸡，种点小菜。老胡摇头说："政策不稳定，农民不敢。"

老胡陪我去江对面的簰洲做过一次外调，我们的调查对象是队里唯一的富农户。我们坐在渡江的小筏子里，差点被大轮船掀起的浪花打翻。筏子上没有救生圈，要是落入江中，真是不知是生是死了。这时，老胡真情流露地说："我来这里，真想带领大家富起来。富了，我死了也心甘。"我也告诉他我们工作的真实情况："工作大队布置的有些事，我们没做到。"

我们的任务里有一项是教学生唱歌，唱完歌之后是忆苦思甜，要请老贫农来讲他们的经历，吃忆苦饭，最后召开批斗会。这里没有学校，也没有批斗对象，所以这项工作就没做。如果夜晚有月亮，我们就召开社员大会，给大家讲大好形势，若是大雨大风的天气，就各自在家待着。

在这里，我与外界基本没有了联系，几天难得看到一次报纸。三个月过去了，学校也没有一点消息。我的身边只有一本《毛泽东著作选读》与之前班长送我的《毛主席语录》。初夏，我病了，高烧不退。这里没有乡村医师，也没有卫生所，队员用牛把我送到了江州卫生院，这是我来后第一次离开老洲。由于体温太高，卫生院不敢收治，要我自己伏在牛背上，沿堤继续往前到新滩口镇卫生院去治病。路上我摔下来了没人知道怎么办？幸好，我遇上了跟我同年级的张同学，他表示愿意牵着牛送我。我迷迷糊糊地伏在牛背上，不知走了多长时间，终于到了镇卫生院。在镇卫生院输了液，吃了喹啉，烧总算是退了，但医师让我多住了几天。

我发现，留在镇上的同学太幸福了。他们在食堂吃饭，晚上可以在球场上打球，周六能去电影院，馋了还有饭店可去。好在那时我们不会去攀比，我认为是分工不同。

病好之后，我匆匆回到老洲，又开始了走乡串户的工作。这次生病后，我走乡串户时多问了村民一个问题："你们病了怎么办？"

"熬哇！"

"不出去看？不吃药？"

"吃什么药？谁会给我们吃药？不会死，就不会出去。"

"你怎么知道不会死？"

"熬不住了就会死。"

有几代人是像这样躺在用黄泥巴糊的房子里熬住了的？熬不住的又有多少？我没有多问。在调查的报告里，他们只会是数字。

江水流逝，斗转星移。"四清"工作接近尾声，我们请老队长收回了几笔不合理的高工分者的收入，并让他写了份检查。老洲大队就这样平安度过了这次"四清"。

9月到了，已是开学季，学校好像忘记了我们。正好公社召开汇报会，工作队派我去参加。久别相聚的同学竟然都无言，面容冷漠。我的一个球友慢慢移到我身边，伏在我耳边压低了声音说："医学院书记与院长都被打倒了，老朱院长也被批斗了，你知道吗？"我蒙了，世界上竟会有这样的事？

会议很短，我匆匆回到老洲。一周后，我接到通知，要我们这些学生到新滩口集合，回校。我没有返校，直接回家看望父母了。妈妈见到我的第一句话就是："瘦了！"爸回到家时，天色已晚，他把我拉到窗前仔细看了两眼，又把了我的脉，问："你病过了吧？"

我点点头说："打摆子。"

我爷爷是打摆子去世的，我爸笑了："这病也能'遗传'啊？好了就好。哪天去学校？"

"后天。"我说。

突然，走廊传来了吵闹声，我准备出去看看，我爸立马阻止了我。吵闹声越来越大，我还是出去了，是抄家的。一群人在卫生间、厨房里乱翻，我上前阻止。他们冷笑着问："你是什么人？"工作队的证还在我口袋里，我理直气壮地说："我是省社教工作队队员。你们是谁派来抄家的？这是公用区，你们手上的物品都是左邻右舍的，也有我家的。这侵犯了我们的利益，不符合政策。"他们理屈，走了。等他们到了一楼，我爸拉我进房说："到了学校，决不能出头。"我不知道社会上到底发生了什么。

去了学校之后，我没有直接去寝室，而是先去了教室。一路上都是当年我们用来做墙报的架子，架子上贴满了标语。我去了阶梯教室，里面空空荡荡的。又去了足球场，球场中间绿草茵茵，冒高的草弯下了腰。我无意识地在跑道上做了几个转身交叉跑。一位女性走了过来，她还带了跑鞋。她是校卫生所的医师，我们是因为都爱好体育才相识的。她下班常来跑步，是我在跑道上的"忘年交"。我叫了她一声"老师"。"好久没看到你来操场了。"她平静地问。我告诉她，我下连当兵之后又下乡社教去了。

"很苦吧？"

我点点头。

"啊，也有人没去。他们在学校照样读书锻炼打球。我知道，他们当中好多人是想躲避这个苦。"

"我喜欢。这次学到的知识、更新的理念，在学校未必能学到。"

"你这样想得开？"

我说了句格言："苦与累是人生的必需品。"

操场上只有我们两人，她告诉我为什么有人敢抄家、为什么停课、为什么足球场上有垂头的青草。她的那句"躲避这个苦"让我茅塞顿开。我为何不学他们"躲避"目前的这个状态呢？于是我选择了离校去北京，我知道学生免费乘车去北京的政策还在继续生效。我尝试着组织了七八个同学一起去北京，我们将这个临时的组合取名为"想念毛主席小分队"。当时没有报纸，也没有广播，没有任何与外界联系的工具，很多同学竟不知自己处在何种状态中。事不关己、高高挂起的同学在等待上课的通知。在老洲，没有谁知道外面发生了什么，也不需要知道。井底之蛙能看到一圈蓝天就很满足了。在老洲的那段日子让我想起了一句话：贫穷限制了想象力。这个贫穷不只是经济上的贫困，还包括思想、知识、理念、信息等方面的贫瘠。

首都真是不一样，每节车厢都安排了人来接车。我们在居委会大院里免费吃住，落脚后才登记姓名。第二天，国庆节过天安门的队伍的序号安排结果就出来了，我是 15 队 11 路 8 号。来自全国各地的同胞有近万人，在没有计算机的时代，能将排序工作做得这样快速精确，我不得不感叹工作人员的精干。

两天后才是国庆节，这两天可以自由活动，中午不回居委会大院吃饭的要告知工作人员。一切都有条不紊。我们去了颐和园、景山公园与北海。10 月 1 日凌晨 3 点我们就起床了，在指定的地点集合，排队出发，到上午 10 点钟，第 15 方队才通过天安门广场，我们看见了毛主席招手。

（4）

到北京之后我就给她写了一封信，直到我从北京返校，都没有收到她的回信。她在部队里，应是无事。校园里派系斗争激烈，我们参加过社教工作队回校的同学大多数都感到不适应，回校的同学尽量相互回避，不议论，不参与。我们该如何面对这样的情况？回家？到教室里去读书？躺在寝室里？也参加斗争？都不可能。学校已经没有一块安静之地，我找了64级的几个同学商量，看能不能组织成立一支毛泽东思想宣传队。这次报名的人很多，64级与65级的最多。宣传队主要由乐队组成，所以我与几个同学提出了一些条件：至少要在学校舞台演出过或擅长一种乐器。西洋乐器有小提琴、大提琴、黑管、双簧管、萨克斯，还有手风琴；民族乐器有二胡、板胡、京胡、笛子。

宣传队基本组织起来了，乐队里大都是男生，唱歌、跳舞的都是女生，我们还找了两个会曲艺的男生兼任鼓手。我去汉口找人做了一面旗子，金黄色的字十分大气显眼。我与64级的管乐高手戴氏兄弟商量节目单，我们认为曾经演出过的节目也可以安排上，演出时间要在90分钟左右。最终，我们定下了节目单，舞蹈有《北京的金山上》《洗衣歌》《草原上的红卫兵》《美丽的壮锦》《阿瓦人民唱新歌》；演唱有《逛新城》《老两口学毛选》；男声合唱《雄伟的井冈山》《打靶归来》《游击队员之歌》；男声独唱有《远飞的大雁》《红梅赞》；女声独唱有《绣红旗》；二胡独奏为《江河水》。男声独唱、女声独唱和二胡独奏都要加伴舞，样板戏则为清唱。

我们还认真地讨论了节目的排序，他俩希望开幕即能吸引观众的目光，建议第一个节目为大合唱。我的意见是根据不同单位的情况而做出不同的安排，如果是兄弟院校，就将舞蹈与器乐节目放在前面，如萨克斯、黑管双重奏和二胡独奏伴舞；如果去工厂，就把歌舞放在前面，最后一个节目最好是艺术性强一点的，能让观众意犹未尽。最后，我们通过了因地制宜的提议。

1967年的春节，我们第一站去了汉口的一家工厂。几个月后，我们联系了长江航运局，乘船去宜昌，在那里演出了两场，效果都不错。队员们团结认真，回武汉后还陆陆续续地演出了几次。这时，我收到了她的回信，她要我回一趟九江。没有我这粒芝麻一样能做好饼，我决定暂时告别宣传队。

国庆节后，国家发出复课通知，我立即回了校。62 级与 63 级的学生穿上了白大褂，走进了医院。去医院之前，军宣队要求我们为全院师生演出一场，演完后感觉效果不错，又派我们去一附院演了一场。

1968 年春节的三天后，我们进入了实习阶段。我们要实习的科目有：内科、外科、妇科、儿科、眼科和耳鼻喉科。内科和外科的临床实习安排在武昌县人民医院，地点在纸坊镇，离武昌有七八十里地，得坐火车，慢车要 1 个小时。妇科、儿科、眼科和耳鼻喉科的实习在武昌一附院，见习任务要在 1 年内消化掉，时间十分有限。消化不了我们要如何面对生命？如何当医师？

内科和外科的两位带教老师分别是消化内科的于皆平老师与泌尿外科的吴漾光老师。于皆平老师那年 35 岁，毕业 6 年，而他从医却有 20 年。1947 年，15 岁的他在中国人民解放军野战医院做卫生员，在淮海战役中荣立三等功，在十兵团荣立四等功。但他没有停下学习的脚步，于 1955 年考入中山医学院医疗系。

于皆平老师带我做过一次抽腹水。于老师说，如果腹腔内液体超过 200 ml 不及时处理的话就会出现并发症。肝源性、心源性、肾源性、肿瘤性疾病都会引起腹水。抽腹水是一种治疗腹腔积水的方式。抽腹水具有一定危险性，也有禁忌证，肠梗阻患者、肝脾肿大者和孕妇不可轻易做。抽腹水前要检查凝血情况和血小板数量，有出血倾向的也不可以做。我给患者消毒铺巾，于老师打麻醉。那时没有彩超、CT，完全靠"视触叩听"。于老师指定好位置，我把 50 cc 的穿刺针插入患者的腹腔，负压吸引，针管内开始出现腹水。

那时，于皆平老师总是春风满面，脸带笑容，愿意与学生交谈。我们师生同住一室，宿舍在负一楼。晚饭后，于老师会领着我们在医院里散步，一路上谈的都是医学，真是三句不离本行。

24年后，于皆平老师获得了国务院授予的"有特殊贡献的专家"称号。1994年，他获得博士生导师资格。他还曾应邀出访美国、法国、瑞士等20多个国家。出任消化病研究室主任、消化内科主任、武汉大学人民医院学术委员会委员。

百年前医学家就开始寻找导致胃十二指肠黏膜屏障功能受损的因素，至今尚无定论。于老师说："等你们啦！"那时没有胃镜，主要靠影像，即钡餐，吞钡。胃病不好治疗，给大家普及胃病的知识十分重要。因为是慢性病，胃病患者要学会自己判断病情。首先，要清楚是急性的还是慢性的，突然胃疼，可能是急性。患者要回忆是否吃了刺激性食物，是否喝酒、受寒、生气。医师要告知病人调整生活习惯：戒酒戒烟，注意保暖，心态平和，这样疼痛会有所缓解。如果经常嗳酸水，口服一点小苏打，观察是否有效，再做进一步检查。如果胃疼没有规律，还便血，伴有贫血、消瘦，那就赶紧来医院做钡餐，现在是做肠镜或胃镜。那时，医学界通常认为胃酸过多是溃疡病的罪魁祸首，中和与减少胃酸分泌是治愈溃疡病的唯一方法。世界各国医师不断追踪，直至1983年，两位澳大利亚医学家证实了幽门螺杆菌是溃疡的元凶，与人的多种疾病有明显相关性，如口臭。幽门螺杆菌是传染性病毒，传播方式主要为口口传播或者密切生活接触传播。1995年我开始研究口腔与胃里的幽门螺杆菌DNA的异同。2005年，两位澳大利亚医学家同时获得诺贝尔生理学或医学奖。医学在进步，学习也要尽量同步。

吴漾光老师是一位努力上进的好医师，在普外轮科五年后定在了泌尿外科。他在武昌县纸坊医院带我们实习时，什么手术都能做。让我印象最深刻的是一例慢性髂骨骨髓炎的手术。患者是一位农民，右髂骨处溢脓有五六年了，当年受外伤没钱去治疗，只在卫生所吃吃药、打打针、敷敷草药，就这样一直拖着，这次听说省里来了医师才来看病。吴漾光老师接诊后建议他做手术。但是费用高，他拿不出那么多钱，便问："会死吗？只要一时半会儿不会死，就不开刀。"不能见死不救。吴老师找到院长，问院长能不能只收一点成本费，其他费用都免去，医疗责任他来担，院长同意了。

我参与了这台手术，是第二助手。手术区域面积很大，渗血很多。术中，稳重的吴老师突然对我说："你立刻脱手套，到医务科请他们找输血员。"那时没有电话，一般情况是手术的头一天就要通知输血员在手术室门口等待。现在我要按地址去输血员家里找人，这一刻我真正体会到了什么叫"时间就是生命"。拿到地址和线路图后，我就像是在跑道上的运动员，直冲目的地。找到输血员后，我要他加快步伐。他虽然年纪大跑不动，但他知道救人一刻也不能耽搁的道理，还是喘着气跟我跑到了手术室门口。到了之后，我的第一句话是："吴老师，输血员到了。"吴老师头也不抬地说："抽血，血型鉴定，准备输血。"他手上的动作没停下，我知道，我的任务完成了。

一位患肾结石的邻居知道我是吴老师的学生，要我带他去吴老师家看病，我贸然同意了。他带去的礼物也是半斤白砂糖。我想起自己给九江老师送的礼，笑了：我们基层平民的办事思维怎么都是一样的？

好在课余时间我都待在产科手术室里，否则一年后的四次接生就要出事。我没有紧跟一个老师，而是游走性地关注各位老师的手术，妇产科老师的姓名我一个都没记住，实在对不起她们。儿科每天都是哭声一片，对小儿的视、触、叩、听，我完全是自己骗自己混过去的，只保留与记住了小儿用药手册。眼科带教老师一开口就说："这不是你们的专业，知道就行了。"他根本没带教，只让我们自己看。好在遇见了几个好师姐，我们跟在她们身边，她们耐心地讲了一些病例。至少，我们知道了一些术语，懂了一些常见病，师姐还带我们做了一些操作。如今师姐们都已80岁了，但她们青春的倩影还在我的脑海里。

耳鼻喉科的老师不但带教认真，还对我们特别照顾。尽管我们实习的时间很短，他还是把我们分了住院部与门诊两组，让杨强老师与吴展元老师各带一组。杨强老师大我12岁，我们都属猴，都是军属。有一次我们在轮渡上相遇，他看见了我和妻子，主动过来说他刚从部队探亲回来。我们是师生，似乎又是战友。我与吴展元老师相差10岁，他做手术特别精细，做上颌骨全切手术，每一根神经与血管都解剖得清清楚楚，手术也没见一滴活动性出血，是典型的示教手术。25年后，我邀请吴展元老师与杨强老师当我主编的《现代手术并发症学》耳鼻喉分册的主编。20世纪80年代，他们都成为享受国务院政府特殊津贴的专家与博士生导师。与好老师相处，即使只有三周，所获得的知识也不亚于半年所学。感谢他们，至今怀念他们。

进入口腔临床专科实习，我们要搬进口腔医院顶楼的学生宿舍。经过了五年的努力，我们本应毕业了，可是我们才进入口腔临床实习阶段。相信每一位同学都有自己的思考，只是不言，都会暗暗地为书写自己的人生而努力。口腔医院的实习带教老师是一带一，我们动手的机会很多。我的老师是胡树立，他身材魁伟，操着一口四川话，同事都敬称他为"胡老大"。他的手术风格与吴展元老师相比，完全不同，他是精、准、快。刚入门的学生初看他的手术可能会一脸蒙，因为还在思考第一步时，他可能已经进入了第三步，思考赶不上他手术的速度。尤其是女生，看他手术时总是噘着嘴，自言自语地埋怨。胡老师认为缩短手术时间能减少出血，减少麻醉时间，对病人更有利。在观摩手术之前，学生应该事先预习、熟悉解剖，愿意从事颌面外科的学生将来一定会认可。不愿或没有条件从事外科的学生只要了解就行，不必细究。胡老师的话也在理。我与胡老师是师也是友，我多次邀请他来南昌讲课，陪他参观八一起义纪念馆。他去年离世，我只能在南昌遥遥祭祷。

带我在颌面外科实习的是东耀峻老师，他的手术风格处在吴展元与胡树立之间，缓中求快，快中求精。他送了我一本他主编的正颌外科教材，我也邀请他在我主编的书中写了"正颌外科"这个章节。我对外科很感兴趣，表现为"两个自觉"：一是自觉做笔记，每做一次手术、每遇见一个病例我都会在本子上做记录，晚上再整理，画图解与写文字，自命"实习笔记"；二是自觉到图书馆查找与这些病例有关的资料。工作后，我依然乐于写病例个案报告，写自己的思考总结，写多了自然落笔成文，字叠成章。65岁开始，我的10余本报告文学陆续出版，也就有了出书过百一说。

实习期间发生了一次有趣的师生之争，地点在口腔医院手术室。那是一台局麻的颌骨囊肿手术，主刀是女老师小陈。她是一位刚刚出道的医师。一位与她同龄的学生是她助手，在手术时竟夺过她手中的手术器械自己上手做，陈老师气得流下了眼泪。这位学生忘记她是老师，是主刀。用现在的话说，小陈老师是第一责任人，这位学生可以给她建议、提醒，但直接夺过手术器械来操作肯定是不行的。因为是局麻，患者是清醒的，这样的事会给患者留下不好的印象。我当时也在手术室，见此情景，急忙向手术室护士长汇报，请她做一个中间人迅速解决此事。

口腔内科的樊明文老师大我5岁。樊明文老师是那时的学术领头人，在他带领的团队的努力之下，湖北口腔医院踏进国内名校之列，口腔内科也走向前排。我们实习时，发现家属区最后一个熄灯的房间必定是樊老师的，深夜还可以看到他在窗下读书的身影。当初湖北口腔医院建院时的强项是颌面外科，颌面外科的几位主治医师还是樊明文的师兄。结果樊明文老师后来居上，成了湖北口腔医学院的学科带头人。这让他师弟与学生不能不感叹。1983年他从加拿大回国后，一直致力于免疫防龋研究，包括被动免疫和主动免疫研究。20世纪90年代中期，他在国际上率先构建了DNA防龋疫苗，1997年DNA防龋疫苗制备及动物实验获得成功。此后他又相继研制成功了DNA融合疫苗及靶向定位融合DNA防龋疫苗，使疫苗免疫原性提高了10倍以上。同时，他还确立了鼻黏膜免疫途径，易于推广。他编写了《口腔生物学》，还是全国教材《牙体牙髓病学》的主编。他的夫人程祥荣是我的修复科老师，参编了《口腔修复学》。因为留校无望，我对修复课的态度就像对数学一样。那时没有配套加工厂，修复科医师跟技工差不多，只不过是穿着白大褂捶捶打打，没有医师的感觉。我想，在程老师眼中我不是一个好学生。但他们俩是我母校老师中让我最敬佩的人。

主任医师、教授、博士生导师施斌是我师弟，我进校那年他才出生。他于1979年入校，1984年留校。1985年，我们同在华西进修，他睡上铺，我睡下铺，我们相处了6个月。说到樊老师，我们都感到激动，都很敬佩他。

几个月后，大学生活结束了。想考研究生的可能没有了，专家还没有"解放"，还在接受监督劳动。欣慰的是，我终于成为医师了。领到了毕业证，有了一份工资。这一切都要归功于我爸，因为是他果断提出要我转学，为我重新画了一条起跑线。

第十三章

亲情河长亲国医
自学苦读自传承

上善若水情有源，泽被万物缘在根。生命是在亲情河里诞生的，在亲人的呵护下长大并认识这个世界。亲情的珍爱与温暖为世人所赞美，我们都期待人世间充满这种爱。父母对子女的感情是人世间最真切、最纯粹、最厚重的感情。"医者父母心"是世人皆知、代代相传的名言，这五个字是患者对医者的信任、赞美与期望，他们将自己的生命与健康托付给医师。没有亲情岂敢以命交付？不是亲情胜似亲情，希望医师对待病人的心与天下父母对待孩子的心一样，是牵挂呵护之心，是平等对待之心，是医师和医院理应遵守的基本职业操守之心。

（1）

回溯流淌不息的亲情河，几乎人人都感受过如山的父爱、如海的母爱。父母用爱把孩子养大，帮助他们独立走向社会、组建新家庭，家族情感就这样代代相传。

我妈毕业于助产学校，她不会让接生婆来听她孕育的第一个生命的第一声美妙惊喜的啼哭，迎接我降临人间的必须是她老师或是她师姐。没有人告诉我，我的哭声是湘腔还是鄂音。

据说我的祖辈是 600 年前从山西大槐树迁徙而来的，那次人口大迁徙在中国历史上是空前的。我的祖先先是落脚在眠牛岭山麓，过着朴素的农耕生活。我爷爷的爷爷因为被犁尖伤了脚，一气之下，弃犁离乡，往南过孔珑，到小池，渡长江，直奔庐山白鹿洞书院求学。

我爷爷 14 岁中秀才，16 岁中举人。中举那天，他骑着白马穿过县城大街，引来不少围观者。一个姑娘也出来看热闹，一眼就看中了他，这个姑娘就是我奶奶。石家是当地的大户人家，出了很多名人，演赵一曼的演员石联星是我奶奶的侄女。奶奶大爷爷两岁，"女大二，金满罐"，两家都对这门亲事很满意。两年后爆发了辛亥革命，改朝换代。又过了两年，爷爷受命出任海南琼山县的第四任知事。这年姑姑已是能四处乱跑的小姑娘，爷爷带着一家三口去了海南琼山。

爷爷在琼山做了很多事，最有影响的一件事是：在琼崖中学无钱办学之际，他带头捐款，四处筹款，把琼崖中学收归政府管理，使其稳定地办下去，让更多的贫穷孩子能读书。因为他是读书的受益者，深知读书可以改变命运这个道理。2009 年，我去海南参加学术会议。与妻子参观琼崖中学时，我竟然在校史上看到了爷爷的名字。遗憾的是，琼山人都不知这位知事是何方人氏。

1918 年的春末夏初，姑姑已近 7 岁，奶奶又有了身孕。爷爷决定返家省亲，此后就再也没有返回海南琼山了。一家人坐海船离开琼山，经香港到广州，乘粤汉火车到达武昌，过汉口，坐江轮抵达九江，又上轮渡去江北小池口镇，坐牛车回到老家东山下的眠牛岭。去回两趟旅行，是奶奶一生最引以为豪的事。她经历那个年代多少人没有经历过的大事，见过了那个年代多少人没有见过的景观，品尝了那个年代多少人没有品尝过的食物。一路上，虽然很累，但美丽的风景让人顿觉辛苦减半，疲劳全忘。这年爷爷 29 岁。

回到家乡几天后，爷爷发热，高烧不退，奶奶请来了县城名医洪新甫（1883—1966）为爷爷治病。那时正是夏天，据说，爷爷较胖，高温寒战，一会儿大汗淋漓，一会儿两层被子裹身都喊冷。洪医师按"伤寒"给爷爷进行治疗，几包中药下肚，爷爷再没醒来。虽然奶奶不懂医术和疾病，但她相信医者仁心，相信洪医师已经尽力了。

洪医师本是书生，不知为何，他弃文从医，拜了孔垅名医陈钟铭为师，于 1916 年在家乡正街开了一家洪培元药店，独立行医。他每天清早开门就有人候诊，中午忙时有时能扒几口饭，有时就只能饿着。那时没有班车，洪医师总担心病人赶夜路回家，怕病人在路上饿，还会叫家人送几块自己做的煎饼。凡遇灾年，他都免费赠药治病。20 世纪 50 年代，他积极呼吁创办中医院。他是湖北省中医学院的客座教授。现在的县中医院年接待门诊 18 万余人次，纯中医治疗的三个科室共 210 张床位：骨伤科 120 张、康复科 60 张、肛肠科 30 张。今天这里的老百姓对中医的信任与当年洪新甫名贯三省的影响与铺垫是分不开的。我考大学前，我爸特地叫我妈送我去他家住了几天，接受中医的熏陶。我住了，也熏了，但还是违了父命。我爸对此事感到十分遗憾，只能一声叹息。

按照西医的说法，爷爷患的病是疟疾，俗称"打摆子"。现在，疟疾是一种普通的病，但那时民间基本无药可治，从上到下，中国因为"打摆子"去世的人不在少数。三国时期，诸葛亮率军南下到达云南泸水时，士兵因染"瘴气"，一批批地死去，这"瘴气"就是"摆子"。1693 年，康熙皇帝患上疟疾，被病魔折磨得生不如死，后来云南进贡了金鸡纳霜，康熙皇帝才得救。毛主席也患过疟疾，当时的瑞金中央红色医院院长傅连暲送来一包奎宁，毛主席才得以恢复健康。

疟疾是热带、亚热带地区的一种流行病，曾经夺走了成千上万人的生命。南美洲的印第安人发现金鸡纳树的树皮能治疟疾，于是他们将树皮剥下，晾干后研成粉末，以便保存。印第安人严守"金鸡纳"的秘密，如有人泄露此秘密，就要受到严厉的惩罚。直到1643年，一位比利时医师知道了这种树，并称之为"退烧树"。后来欧洲开始广泛使用这种树皮来治疗疟疾，并采用了"奎宁"这个名字。到了1972年，屠呦呦成功提取了青蒿素，挽救了全球数百万疟疾患者的生命。她也因此于2015年10月获得诺贝尔生理学或医学奖，成为首位获科学类诺贝尔奖的中国人。这年，距爷爷离世已有97年，医学艰难地在生命之路上前行。

奶奶说，我爸差一点死在她肚子里。望着爷爷的遗体，奶奶呼天抢地地哭着，不想活了。可是她肚子里还有一个孩子，一定要活下去！姑姑牵着奶奶的衣角，哭着喊："我要妈妈！我要弟弟！"亲朋好友也劝奶奶："你要想积大德，就要为哥留个后。""我要弟弟！一定是男的！"姑姑的话，终于让奶奶留下了这棵独根苗，这根苗就是我爸。他是遗腹子，爷爷去世半年后他才出生。这里不能简单地用"含辛茹苦"来形容奶奶。爷爷去世后，同族几个弟弟各持己见，让奶奶很是为难。但奶奶是见过世面的人，她教孩子的模式与长期住在乡下的人不一样，她顶着阻力，叫我爸拜洪新甫为义父，把两个孩子送出乡，接受教育。

爷爷那辈人经历了北伐战争、抗日战争与解放战争，有从军的，有读书的，也有经商的。大伯父蒋永尧（1903—1927）上过黄埔军校，参加了八一起义，牺牲于会昌战役中；二伯父蒋永孚（1916—1941）在抗日战争中牺牲，他的名字留在了烈士纪念馆里。40年代末，活着的下一代人大多数都远离了眠牛岭，参军南下，在重庆、贵州、昆明等地有了新的家。我爸这代人离世后，我们便与他们中断了联系，也许他们的籍贯都改了，再也不回眠牛岭了，眠牛岭的一切都成了记忆。

（2）

2018 年，是我爸 100 周年诞辰。那一年，我人生第一次回乡寻根问祖，我去了四祖、五祖，去了王枫树，从西到东，从南到北，就是没有找到眠牛岭。在县城古塔东边近 30 里地的公路上转向北，有一段难以行车的弯弯的小路。我沿着这条路进去，找到了一个叫蒋家新屋的小村，见到了一位蒋家大嫂。听我讲明来意之后，她拿出了蒋氏家谱，她居然知道一个从石家大屋嫁过来的媳妇独自一人艰难地带大了蒋家遗腹子的故事。我说，我就是那个遗腹子的儿子。她带我去看了残缺的老屋和门前的耕田。我难以想象奶奶是怎样用她的"三寸金莲"走出这百年前用碎石铺就的乡间小路的。我在老屋前照了相，在地上捧了一抔黄土。那个大嫂告诉我，这栋房子是后盖的，真正的老房子都是灰砖黑瓦，已经全拆了。她指着远处的一座山说："你爷爷可能埋葬在那里，那儿是不是叫眠牛岭，我不知道。"百年变迁，岁月冲刷，能留下这点记忆，我已感到很庆幸，至于后代会不会知道这段过往，已经无所谓了。正如当代人所言："一代管一代。"

我爸出生的那天，洪新甫医师特来祝贺，还带了三包中药，是给新生儿洗药浴的。洪医师将中药煮成汁，倒在洗澡水中，亲自动手帮新生儿洗药浴，尽显"医者父母心"。新生儿洗药浴的作用是，让皮肤吸收中药，加速去除新生儿黄疸，那时叫"除胎毒"。

为了让我爸健康成长，奶奶忍气吞声，坚韧地养育孩子。如果奶奶没有出过山乡，姑姑与我爸也许就与眠牛岭的大多数孩子一样，继续生活在小山村里。姑姑与我爸是奶奶的希望，但她从不溺爱孩子，对两个孩子的管教都很严格。奶奶做的一切，都是为孩子的前途着想。孩子要经历风雨，才能学会独立生存。奶奶不愿让我爸读自己家族办的私塾，在我爸有独立生活的能力时，奶奶就把他寄养在县城的洪家接触社会。洪新甫医师不仅支持我爸，还愿意资助我爸上学。

这里历史上教育发达，据说八角亭中学的历史可追溯到1555年。1904年办的小学，是现在的县一小。姑姑上初中时，我爸进了小学，奶奶隔三岔五地就会蒸一碗香肠，炒两个鸡蛋从蒋家新屋送到城里让孩子"打牙祭"。腊肉、香肠都是奶奶在春节前腌制的。看到我爸吃得津津有味，她轻轻地问："吃饱没？"我爸点点头，奶奶眼眶里涌出了泪花，她掏出胸前的手帕，帮我爸擦干净嘴边的饭粒，又说："还想吃什么？妈给你们做。"奶奶还会做故乡的特产，鱼面、豆巴、芝麻糖，味道好极了。至今，我都会经常托我的学生欧阳锴帮我买一点家乡的特产，但他总是不收我的钱，我不好意思，只好改掉这个好吃的"恶习"。

姑姑与我爸从小到大的衣服都是奶奶亲手做的，奶奶有时还会特地为姑姑的衣服绣上几朵小花。小学与初中我都是在奶奶身边生活的，我的内衣、布鞋也都是奶奶做的。奶奶做的鞋我真不想穿，因为总是不分左右。待我学会踢小皮球时，右脚大脚趾还会露出鞋外，奶奶说，左右换一下，照样可以踢。我照办，但左脚的小脚趾又露在了外面，奶奶只好给我补鞋。我长大之后，才知道奶奶的手艺叫"女红"，是过去的名门闺秀的必备技能。奶奶省吃俭用照料我十余年。奶奶的习惯也传给了我，我这一生，几乎不会"消费"，也稀里糊涂选择了"消费少"的职业：医师。

奶奶本想让我爸跟着洪爹学中医，但洪爹拒绝了。他儿子在武昌读书，他建议我爸也去武昌，那年我爸 12 岁。我爸回忆说："长大了，读到安徒生的童话《卖火柴的小女孩》才知道，自己是一个'玩火柴的小男孩'。"大雪纷飞的冬夜，我爸在武昌的一间出租屋里，点一盏豆油灯，昏暗寒冷。他一个人远离故乡，妈妈和姐姐不在身边。他孤单，想妈妈，想姐姐，想干爹，他想哭。后来姑姑给他写了信，告诉他，她也是一个人。他拿出了火柴，点了一根又一根。他比小女孩好，至少他在屋里，不冷，有饭吃，也不饿。

得知奶奶用钱紧张，我爸自行改了学医的计划，原因是他报的学校可以免费就读。我爸不知道 1937 年南昌中正医学院免收学费。这个消息没有传到武昌，那年全省数学会考，我爸成绩排第二，他报考了湖北商业高等专科学校（湖北经济学院的前身之一）。我相信我爸的智力与努力。他没有叹息后悔，他早下决心拜洪爹为师，学习中医。中医知识给了他一生最好的抚慰。我爸的证书与奖金册我一直保留着。我就想不通，他从小没有受到很好的数学教育，为什么数学那么好？反过来一想，也好，"傻"也促成了我学医。

往往一个转身就改变了一个人的命运，黎家三兄弟就是如此。他们出生在长沙一个普通的家庭，黎鳌遵从父亲之意，于 1935 年夏天考入国立上海医学院。黎鳌得知中正医学院读书免费，遂劝两个弟弟放弃理工，报考中正医学院。大弟黎介寿、二弟黎磊石不愿告别已考取的重庆理工大学。但重庆理工大学收费很高，苦于家中贫困（当时路费都筹集不到，就更不用说学费了），只得放弃。学解剖时，黎磊石尚不爱医学，与病人接触后，才爱上了医师这个职业。后来他们一起攀上了医学高峰，三兄弟都成了医学院士，享誉全球。

武汉保卫战开始了，日本鬼子沿江而上。爸爸担心奶奶，回眠牛岭接奶奶一起西迁，带着怀了我的妈妈，随难民辗转到了长沙。从此以后，他们再也没有回过眠牛岭。奶奶裹了小脚，行走不便，我爸为她租了一顶轿子，行警（银行警察的简称）提供有偿服务。保卫长沙的战斗在激烈进行中，满天飞的子弹不长眼睛，炸伤了爸的腰与双腿。战争夺去了多少人的生命，拆散了多少人的家庭！幸运的是，我爸活了下来，中医为他接骨固定后也没有留下残疾。真善美与中医是他一生的爱与追求。到湖南耒阳之后，他做爸爸了，我的哭声给在炮火中保住了生命的奶奶与爸爸带来了笑声。四年后，我妹妹来到了这世界。为感谢先辈的恩泽、恩惠，父母为我和妹妹取名为泽先、泽惠。

抗战胜利后，我爸没随王家去萍乡，而是选择了回汉口，后进入工商银行工作。我爸年轻时就喜欢唱歌，我听他唱过《敖包相会》《跑马溜溜的山上》。他也喜欢看书，可惜1957年之后，家中的藏书当废纸卖了，只留下了医书，歌声也消失了。我爸一生没出过差，也没加过工资，20世纪50年代的科级工资一直领到去世。他去世时正逢加工资，我给他们领导写了一封信，讲述了我爸的病情，顺便提了一个要求，给我爸加一次工资，以慰他在天之灵，谁知领导竟同意了，尽管只领了一个月。我爸单位派人来我家看望我们，他们向我们解释了我爸这辈子未加工资的缘由：每次加工资时，我爸都把机会让给了比他工资更低的同事。他一生不沾烟、酒、茶，没有手表、收音机、照相机，工资除了用来买中医书外，只是维持基本生活所需，没有其他消费。也许我继承了他这个秉性：一生不沾烟、酒、茶，也没有手表，年轻时家中没有照相机、收音机，那时更没有电视机，也从不上街购物消费。

我家有一个吃烂苹果的故事：好的舍不得吃，烂了就马上吃。姑姑就是那个总是吃烂苹果的人，她比我爸还要节省。我爸爱岗敬业，一丝不苟，一生不惹是生非。我爸曾对我妈说，也许是有意说给我听："人世间，社会金字塔的底层是布衣平民。独善其身、与世无争、苦中寻乐、乐于助人是我们做人的准则。"我爸说这话的那天刚好是小满，他特地指着日历补充了一句："天道忌满，人事忌全。"小暑之后有大暑，小雪之后有大雪，小寒之后有大寒，小满过后无大满，这是人生之理。选择学医，让我这辈子与善相伴，与爱同行，这是我妻子爱我一辈子的原因。

（3）

初中尚未毕业的姑姑，经苦竹乡石美玉的亲戚推荐去了九江的但福德护校读书。石美玉是一个布道者，曾就读于密歇根大学，是中国医学界最早留学美国的女医师之一。她与九江的同学康爱德每学年月考都名列前茅，大学结业时，获得了许多人的激赏，她们两人均获得了医学博士学位。毕业之后，她们谢绝了美国的挽留，选择回国办医院。石美玉与康爱德在友人但福德医师的资助下，于 1901 年 12 月创建了但福德医院（现在的九江妇幼保健院），自任院长。接着又创办了但福德医院护士学校，这是中国近代医学史上由海归女医师创办的最早的一家护士学校。1897 年，康爱德在南昌开办了第一家西医诊所，1908 年扩建为南昌卫理医院，是江西省人民医院的前身。后又创建了南昌妇幼医院，即江西省妇幼保健院的前身。她们终身未嫁，为病人服务了一生，姑姑一辈子都受到了这些女性的影响。

姑姑在读书时与永莪哥、永孚弟在一起上过地下党办的夜校，读过他们编发的传单。那时，她在南昌法国医院（现南昌市第三人民医院）见习。1927 年 8 月 1 日南昌起义时，她自动参加了照顾伤员的护理工作。姑姑由此随军南下，经历了会昌战役后，由福建长汀挺进广州。广州起义失败后，她返回了武汉。因随军南下，未能获得但福德护校毕业证，于是去九江生命活水医院做了护理员。几经联系，又去了泰和的护校补读，终于获得了毕业证书。毕业后，经人介绍，姑姑去了湖南祁阳林可胜办的后方医院任护士长，给患有皮肤病的官兵灭虱治疗。她把大汽油桶改装成锅炉，设置成简易的灭虱治疗站。1940年夏，林可胜率领全院医护人员深入各战区考察医疗预防设施，她随队而行。各战区的军队驻地不通公路，无法乘坐汽车前往，只能靠双腿走过去。盛夏烈日之下，男官兵光着上身，头上包着白布，走在前头，女性就披着外衣，举着阔叶树枝，跟在后面行走了70天。在贵阳，他们拟定了一个"水与污物管制计划"，目的是预防水不干净导致的肠胃型传染病，改善官兵生活环境，增强军队战斗力。1942年，林可胜奉命随中国远征军到缅甸，姑姑留在贵州。抗战胜利后，她返回南昌中正医学院附属医院，与同学卢翡翠、郭德秀重逢。卢翡翠、郭德秀都是一附院护理部主任。姑姑于1948年回到九江生命活水医院，依然任护士长。她把奶奶从武汉接到身边照顾，直到离开这个世界。

从1950年到1965年，这15年，姑姑每年都是先进劳模。那时的奖励是一张奖状、一个本子、一支笔，后来是茶杯。抗美援朝时，他们医院负责接待从朝鲜战场上回来的经过了应急处理后生命体征平稳的军人的后续治疗工作。当时很多护士还很年轻，没有什么护理经验，为这些未婚的年轻战士做全身护理，她们都很不好意思，姑姑就带着她们为志愿军战士洗背擦身。记忆里有一位失去了双手的排长，一切生活全靠护理。一开始，他很悲观，但是姑姑耐心地扶他上卫生间，给他喂饭、穿衣、盖被，他感动得表示要活下去。

年老的奶奶从不麻烦姑姑，让她全身心投入工作。记得有一次，奶奶牙龈出血，读小学的我不知所措。奶奶叫我不要告诉姑姑，她自己用豆渣进行全口压迫，冷静地坐着等血止住。可能姑姑一直都不知道这件事。医院书记亲自找姑姑谈过入党的事，姑姑的回答是："我差得远呢。"书记提出让她当护理部主任，她也拒绝了："没有病人的地方我不去。"20 世纪 50 年代后，她一共就去了三个地方：去北京开先进工作者会，在庐山参加劳模疗养，去德安磨溪乡插队落户。下乡插队她毫无怨言，扛起箱子就上了卡车，这年她 58 岁。

20 世纪 50 年代到 70 年代，我国医师的工资标准有八个等级，一级工资为 35.5 元，二级工资为 41.5 元，三级工资为 48 元，四级工资为 56.87 元，五级工资为 66.53 元，六级工资为 77.85 元，七级工资为 90.08 元，八级工资为 112.5 元。我妈是一级，我爸是五级，姑姑是八级。1958 年，姑姑自己主动要求降一级，90.08 元的工资一直拿到退休。

1989 年我爸患病，76 岁的姑姑来南昌照顾我爸。我那 10 平方米的低矮厨房，是他们告别人间的地方。姑姑年轻时不麻烦老人，老了也不麻烦孩子。她孤身一人，终身未嫁，没有存款，一世贫穷。以她的收入来说，她不应贫穷，但她的工资都用于助贫了。1995 年夏天，她料到自己就要离开人世了，淡淡地对我说："泽先，我想找件好衣服穿着去见奶奶，可是我没找到一件。你现在去帮我买一张白布床单，死前帮我洗个澡，穿上内衣，用新床单把我包裹好。骨灰送到九江，埋到奶奶身边。我手上还有一千块钱，你看看。你遇见哪个贫穷的病人需要就资助他。我死了你不要哭，比起永尧哥、永孚弟，我能活到现在，就是幸福的。"人生皆过客，何必惹尘埃。她与我爸都没有遗产，遗物就是几件破旧的换洗衣服。姑姑留给我的最好的遗产就是一句话：苍天让你来到人间，就是对你的厚爱，乐于助人就是感恩回报。生死是两个世界，只看你自己如何对待。姑姑和我爸都是这样，他们平淡地走完了自己的一生。

读中学时，我读过苏联著名作家肖洛霍夫的小说《静静的顿河》，书里葛利高里善良、勤劳、淳朴的形象让我难以忘怀。姑姑在动荡的年代里走了一条独特、坎坷的人生道路。姑姑曲折的人生道路，触动了我的神经，我想写一本中国式的《静静的顿河》，可惜，事与愿违，选题一直未批。根据姑姑的经历，我完成了一本历史小说——《1927，南昌城》。1949年，中国知识分子包括我家亲戚石、王、桂几家夜夜都在偷听解放区的电台：留还是走？姑姑不听，她心早定：留。关于她决心留下的故事，我准备再写一本《1949，南昌城》。

奶奶一家三口艰难地在动荡的年代里生存着，中流击水，迎风接浪。他们是乐观的，连我的年龄、诞生时间，他们都不在意。爸妈有过争执，爸说我是1943年出生的，妈说我与她同是属猴的，奶奶笑了。如果与妈妈同属猴的话，我应是1944年出生的。我的生日是农历十月初五，这个日子没有争议。我长大之后问他们："我到底出生在哪年？"我爸说："是羊是猴，你自由选择。"我高兴地选择了猴，因为我喜欢猴子。小时候我难得看一次猴子玩把戏，我还喜欢看猴子骑在山羊的腰上，羊一圈圈地奔跑。其实我选猴还因为我内心有一个秘密：我希望自己年龄小一点。

（4）

我妈是大河铺村王枫树人，王家是当地的大姓之一。1876年，这里还叫王家村，离四祖庙不远，距县城30余里。蒋家新屋与王家村在县城东西两头。王家村头有户人家门口有一棵大枫树，高15米，粗3米，两三人围抱都抱不住。风水先生说，大树底下好乘凉，根深叶茂挡风雨，树边风水好，于是王家村改名为王枫树村。

外公的弟弟努力刻苦，于1912年自费出国留学，就读于科罗拉多州矿业学院冶金系，后转入麻省理工学院冶金系冶铜专业，获硕士学位，通晓英、德两种外语。1924年，他回国在湖北大冶创办煤矿公司，参加了中国第一条越山运煤架空索道的修建工作。抗日战争时调往江西萍乡煤矿厂，后调湖南湘南矿务局任局长。1943 年调任粤北工矿公司总经理。抗日战争胜利后负责接管萍乡煤矿。1955 年任湖北工业厅副厅长。1965 年病故。他是中国第一代探矿专家王季良。在他的影响下，王家千余人走出了王枫树村，在他工作过的地方生根落户，妈妈是其中之一。我长大后问过妈妈："我哪有那么多舅舅？"萍乡、武汉、衡阳、韶关，每地都有好几家。妈妈说，每个地方都有我的舅舅。

外公喜欢潜心读书，他深信"男儿若遂平生志，六经勤向窗前读"。用现代理念去解释，读书就是接受教育，只有掌握知识技能，才能投身社会，服务群众。他始终认为读书可以丰富生活、幸福人生。

我外婆桂氏有自己的精神享受——"唱调哪"。据史料记载，"唱调哪"兴起于唐代，经宋代发展，受元代杂剧影响，至明代形成雏形。现在理解就是唱"民歌"，民间的"俗歌"。黄梅文化人对"唱调哪"有点不屑，"唱调哪"只被认为是一种民间老百姓喜闻乐见的口头文化。外公拉二胡，外婆唱，一拉一唱，在家乡唱出了一点名气，尽管如此，"唱调哪"也只在家乡传播。

外婆家族里有一个叫桂林栖的人，老共产党员，中华人民共和国成立后曾任中共安徽省委常务书记。他深谙"唱调哪"在家乡没有发展前景，不妨去外地推广。于是，他组织了由严凤英、王少舫、潘璟琍等人为主的演出团，赴沪演出。首场演出便产生了轰动效果，惊动了华东地区和上海文艺界。1953 年，安徽省委决定组建安徽省戏剧团，将"唱调哪"冠名为"黄梅"，仍由桂林栖负责，他们将传统剧目《天仙配》《女驸马》改编后搬上了舞台。1958 年，成立了安徽省黄梅戏学校。黄梅戏与京剧、越剧、评剧、豫剧并列，被誉为中国剧坛"五朵金花"，蜚声中外。

　　黄梅戏虽然起源于湖北省黄梅县，但发展壮大于安庆市。2006年5月20日，黄梅戏经国务院批准列入第一批国家级非物质文化遗产名录。2011年6月9日，安徽省黄梅戏剧团申报的黄梅戏经批准列入第三批国家级非物质文化遗产代表性项目名录扩展项目名录。2021年5月24日，湖北省申报的黄梅戏经国务院批准列入国家级非物质文化遗产代表性项目名录扩展项目名录。黄梅县爱"唱调哪"的人没有什么可遗憾的了。

　　外婆生了三个女儿，分别以岁寒三友取名松、竹、梅，我妈是老二。外公想到农村生孩子死亡率很高，决定让我妈去武昌读助产学校。1933年，汉口红十字会创建了一所高级助产职业学校，学制3年（含实习1年），地点在汉口药帮巷。我妈去了，毕业之后没有回家乡。当时，一般家庭都在家中生孩子，去医院生孩子的都是官僚、富豪。妈妈决定先去找叔父王季良谋生，同时兼顾助产士的工作。

　　我爸妈是读书时在同乡会里相识的。那个年代学校里也有同乡会，方便各地学生进行交往。大姨景松嫁给了民国政府的一位张姓官员，儿子比我大2岁，1949年去了香港。大姨几经搬迁，我们再无书信往来。小姨景梅嫁给了外婆的侄儿，外婆与他们住在一起。小姨生了一个儿子，后来姨父接受改造，儿子为了与父亲划清界限，远去新疆，只有外婆与小姨相伴。幸好小姨女红不错，进了服装厂，由于追求进步，提升为门店负责人，即现在的店长。她们在长湖南村租了间小房子住了一辈子，这小房子还借给我做了三天新房。几十年后，小姨母子相继检查出早期癌症，我劝他们及时治疗，两人生性固执，坚决拒绝。

　　婚后我爸明确地对我妈表示，一儿一女一枝花，多儿多女多冤家。生两个就可以了。按传统观念，遗腹子要多生，传宗接代。后来我爸当了爷爷后，用同样的话安慰我妻子：一儿一女就可以了。

1950年后，我妈进入了武汉市银行职工医院工作。1958年，武汉市银行职工医院改为武汉市第七医院，迁到武昌何家垴。宿舍是医院原来的办公楼，一家一间房，走廊不宽，不到夜间睡时，各家都不会关门。虽然有公用厨房与公共卫生间，但大家都乐意在家门口的走廊上煮饭炒菜。在这里，几乎所有的节日习俗都"消失"了：过年没放鞭炮，没对联；端午节忘了吃粽子；中秋节忘了吃月饼。父母们一心忙于工作。我爸早上6点出门，晚上8点才回家，周六晚上和周日全天都在读医书，读过的中医书不下一千本，本本都会做笔记。这期间，我爸与我都去请教过洪爹。

妈妈由助产士转岗为护师，为取得护师证书，她每夜都要去护校上课。妈妈的证书刚到手，医院就搬到了荆门，我妈也随之换岗，竟然到了总务科。可能是受外公的影响，她视钱财如粪土，宁愿吃亏也不占便宜。一年后，我妈负责采购医疗设备，钱来钱往，她两袖清风，领导很放心。家里人常说她太累了，我妈只是莞尔一笑。她的领导退休后对我说："你妈的确厚道。"我妈自己早想通透了：其实我们都是统计学里的一个数字而已。我们是算盘子，你想拨就拨，没事。

我妈安然的性格，让她平静地度过了一生。她十分想去看北京天安门、上海大世界，我这个儿子未办到。当我知道要在万县召开全国整形美容学术会议时，我立马想到了妈妈，我和妻子先到荆门，准备带妈妈去重庆旅游。我们没有去很多地方玩，妈妈就喜欢我牵着她逛街的感觉。返回时，我去万县开会，妈妈与妻子乘船从重庆到宜昌。天下事那么巧，一小时后，轮船航行到江面狭窄处，乘客纷纷来到舱外走廊上。我所乘坐的轮船与另外一艘轮船上的乘客几乎可以交臂。我突然看见了妈妈，我大声地喊："妈妈，妈妈！"她也高兴喊我：

"泽先，泽先！"我仿佛看见了她眼眶流下了泪花，我们的呼喊声在峡谷里回荡了很久很久。我想，天下什么旋律都不会有峡谷中我们母子的呼喊声那样动听。

我妈最快乐的事就是亲人在一起回忆往事。我妈 80 岁，她要看孙子，她要孙子在身边，她反复摩挲着孙子的手，回忆往事，说孙子与我小时候一样，我们沉浸在亲情的快乐之中。现在年轻人问我：往事有用吗？有用啊！

（5）

武汉市第七医院三楼的艰苦日子，应算是我们一家人医路的一部分。在那里，我爸开始每周日都免费为大家看病。来求医的人不少，大都是熟人或熟人之友，也包括卫生界的一些朋友。那个年代自学中医的人很多，自认学成便可行医，大都无证。没有人认为我爸无证行医是违法的，反而说是做好人好事。认识他的人除叫他"老蒋"外，还叫他"蒋医师"。

我爸热爱中医与善于做饭都无形中给他人生安排了一个回旋通道，在那个动荡的年代，他没有被下放，单位没有让他随便去参加什么会。只要有纷争，领导就会安排他去厨房做饭。

早期，我爸各种病都治，后来以治不孕症为主。找中医看病的患者诉说自己的病症时都是说主观感受，治愈标准还是病人主观感受。但不孕症的患者生了子女，是无法否认的疗效。我爸的患者已不限于金融界人士，也不限于武汉市的市民了。那时没有电话，只能靠写信预约。我记得有一对从武穴市坐船来的，结婚十余年未育的夫妇。我爸仔细翻看了他们的病历，确认女方无器质性病变，给她把脉后我爸胸有成竹地说："你吃 10 剂调理药，你先生要吃 3 个月到半年。这期间，要分房睡。15 天之后来调整方子。后期，你以食疗为主，待我把脉后，方能同房。"半年后她真的怀孕了。还有一位女性，自诉自己是宫寒。宫寒是什么意思？她又怎么知道？她直言每次同房时肚脐眼周围都会发冷，她问了发小，得到的回答是交欢时会发热，她却发冷要盖被子。我爸给她解释道："宫寒不孕，遂精子入宫胎胞不纳。"寒者，热之是原则，散寒暖宫是方案。我爸给她开了鹿茸、鹿角、人参、肉桂、肉苁蓉、补骨脂、巴戟天等药，这是大处方了。处方让患者拿走，她可随意到任何一家药房购药。

我爸希望我帮他整理医案，尤其关于是不育症的。至今，还有两个问题在我心中萦绕。一是当年被诊断为不孕症的病人的确是不孕症吗？诊断是否有误？我真怀疑当时诊断水平过低，会发生误诊的情况。二是中药会导致胎儿畸形吗？如桃仁、蒲黄、红花、枳实、没药、麝香、毒虫类等，这些药物能加快人体血液循环，刺激子宫收缩，导致宫内缺氧，可能使胎儿畸形。孩子都来看望过他，脏器查过吗？当然，中医可以解释，在配伍中消除或减少了禁忌。我爸对自己的要求是：把准脉、辨好症、下对方，以疗效说话。治病治病，病好才算付出了仁心，自诩治好就是骗人。

中医治疗不孕症的优势是从根本上改善体质。实话实说，以我多年担任江西省执业医师考试主考官的经历来说，我爸的水平应该相当于中医主治医师，专治不孕症的水平会更高一筹，可以达到副高水平。

凡经我爸治疗后怀上孩子的患者都给我爸送过礼：一包红枣、几两茶叶、半斤白砂糖……但我家好像没有留下一丝礼物的影子。每周日，我爸都会泡一壶茶给病人解渴，还会叫妈妈多买几个馒头，给外地来的病人充饥，拿白砂糖给他们蘸馒头吃。

姑姑与妈妈的青春都献给了病人，我爸尽管是在业余时间行医，也一样地尊重病人、关心病人。我拿到毕业证那天，我爸对我说："中医看病收钱少或不收钱，遇到贫穷人家还赠药，这叫仁心。看病要因人而异、因季而变、因地而思，不能墨守成规，要与时俱进，与名家多交流，这叫仁术。"周围人感到奇怪的是他为什么不收钱。我爸以治好病为乐，他最快乐、最得意的事是夫妻俩双双来报喜说他们有孩子了，是阅读那些做了父母的患者的来信。我爸这样的品质源于奶奶与洪爹的良好教育，还有良好的社会环境。这样的种子、这样的土壤，才结出这样的果实。不改仁心，追求仁术。

我爸病重时，睡在我搭建的低矮的厨房里的竹躺椅上，轻轻地念着我的名字，叮嘱我看病不要分心。我不知道哪天他会与人间告别，每天上班前，我都会去与他打招呼："爸，我上班了哈，你放心，我会认真看病的。"他点点头，露出慈祥的微笑。我知道，爸爸去世的那天心中一定在想我，而我心中并没有想他，我在按他的要求，认真呵护病人。1990年3月8日上午10点，我在手术台上接到电话，得知了我爸去世的消息，我不能立马下手术台。人世间，救死扶伤是医师的职责，我一家人都担负过这样的责任。

他去世后，中国工商银行关山分行对他的评价除工作无误外，还多了一句："他以革命的人道主义精神，义务为行内外求医无效者服务，治好了百余名患者，获得了妙手回春的称赞。"

第十四章

笔下生命迎风雨
天地岁月惜友情

如果我没有踏上医路，就不可能用心去认识生命的意义。生命是一场旅行，我们都在旅途中不断成长、成熟。脚步有长度，生命有深度，成功不是终点，而是途中的里程碑。我们可以通过各种形式——音乐、美术、体育、舞蹈、摄影表达自己对生命的热爱、理解与认识。而我选择了文字，于是就有了"三从四得"：从医、从教、从文，得到患者信任、得到学生尊敬、得到读者喜欢、得到家庭支持。有了"一手执刀为百姓治病，一手提笔为时代讴歌"的"医文人生"。应该说，没有他们，就没有我今天的"兴趣落地，开花结果"。

他们是谁？他们是一个团队，是江西出版系统的编辑们。他们接过我的书稿，编辑出书。他们是奋进者、开拓者，是我的知心朋友。

他们是西安世界图书出版公司与西安交通大学出版社的朋友们，他们为我出医学专著与医学科普丛书大开绿灯。

他们是《江西日报》的编辑们。50年了，蓦然回首，每本书、每篇文章都与他们联系在一起。

他们是我的朋友陈世旭、刘华、曾清生、李小军。

在我写的上千篇文章与超百本书中，有两篇足以表达我的全部心声：《生命的呼唤》与《明天生命交给谁？》。

（1）

2008 年 5 月 12 日汶川大地震发生的第一时间，我就向医院领导打报告，要以志愿者的身份去行医采访，让我的人生多一种经历。书记与院长都反对，理由是我年龄大了。我准备自己独行，嬉皮笑脸地说："我自费去。"领导生气了："要对自己的生命负责。"医院领导不同意是有理由的，那年我步入 64 岁，谁能担保不发生意外？

几天后，手机上响起了四川来的电话，是江西抗震救灾前线指挥部喻副指挥长，他请我去彭州采访，写汶川大地震。他们怎么知道我？我真有点受宠若惊。原来，指挥部分别找了《江西日报》与江西作协，想让他们推荐一位能写书的作者。时任江报副刊主编李滇敏问："是报刊发表的作品还是出版书？"指挥部喻副指挥长回答："当然是书！"李滇敏马上回答："你请蒋老师吧。""蒋老师是什么人？""他是医师。"喻副指挥长有点不高兴："我请作家，你怎么推荐医师？"于是，他决定请江西作协的人给他推荐人选，当时的文联主席陈世旭推荐的还是我，喻副指挥长才与我通了话。正好，医院也批准了我去汶川的申请。

到了现场，那不是一般的感动与激动。我马上决定走遍灾区，我去了映秀、汶川、都江堰、彭州、北川、安县、青川。采访中，我认识了一个又一个被压断腿的小学生，他们天真可爱。他们当时在教室里读书，地震发生的那瞬间，他们就往门外冲，冲到门口时房子倒下了。上身倒在门外多的，生命是保住了，但是腿断了；身体留在门内多的，或死去，或双腿截肢。一个双腿断到腹股沟处的女孩问我："医师爷爷，我没有双腿，还能做妈妈吗？"我回答："能，一定能做妈妈。"我十分同情他们，我给医院领导打电话请示，我想带十几个孩子免费来南昌参观，领导同意了。我又说，最好是坐飞机去，因为他们无腿，坐火车不方便。领导也同意了。他们都是山里的孩子，大概率还没有坐过飞机。我自己认为，这是我去汶川做得最满意的一件事。

我打电话给张国功（现为南昌大学教授），我想要他做这本书的责任编辑。我敬佩国功的认真与认知，但他的确是很忙。汇报书名与提纲时，我受到了住建部领导的表扬："书名太多的废墟、崛起、残垣，你这个'蔚蓝色'的书名好。"35万字的报告文学《蔚蓝色的过渡》由百花洲文艺出版社编辑张国功加班加点完成编校工作，如期出版。本书获得了当年中国作协的重点支持，入选了"农家书屋"书目。

作协主席刘华建议我继续写大援建，书名是刘华定的《中国大援建》。我翻越了4900米高的大雪山，到了海拔高、条件差、气候恶劣的小金县，在那里采访了7天。半年后一部反映全国大援建情况的报告文学作品出版了，据说这种全景式反映中国大援建的书当时全国仅此一部。这部书的初审是凌卫，他对待书稿认真仔细的程度，在我交往的人当中是唯一。当年，他是对口援建四川省彭州市过渡安置房前线指挥部综合部副部长。15年过去了，我和喻副指挥长、凌卫主任一直保持着良好的朋友关系。

采访中，我认识了建筑公司的一位聂总。我们成了朋友，回南昌后，我多了一个身份，我受邀担任了他们单位的文化顾问。我做了三件事。第一件事是协助新入职的小樵创办了一份企业报（有纸质版和电子版），我代写了这份报纸的创刊词，我要求报上不要出现我的名字。第二件事是建议把样式雷的精神发扬光大。笑话出来了，居然有很多建筑工作者不知道样式雷的原籍是江西九江永修。第三件事是倡导绿色建筑。聂总很诚实，他直言，很多建筑材料会污染环境。我说："正因如此，才要朝这方面努力。"小樵成熟后，我辞去了顾问一职。当年我如果数学好，我会选择报考我喜欢的有文化艺术气息的建筑设计专业。那也许又是不一样的人生。

这两部报告文学作品出版后，我写报告文学的机会越来越多了。

几个月后，我接到了去南昌大学写一位优秀老师的报告文学的任务。老师名叫石秋杰。这事，我有点为难。南昌大学高手如云，一本报告文学何以叫我？接待我的是南昌大学宣传部副部长甘萍，她热情地告知我："石秋杰是好老师，她的事迹都是生活中太平凡的小事，说出来感动人，但落笔写出来难以感动人。这本书省委宣传部很重视，很多人推荐你，希望你能担此重任。"宣传部的一位负责人见我是一位老人，特地安慰我说："实在写不出来写一篇散文也行。"那就由我试试看吧。

采访过程中，甘萍部长全程陪同。我找了秋杰老师的同事、丈夫、女儿，分别对他们进行了采访。还去了一趟她的家乡——锦州，与她的兄弟姐妹聊了很久，去了她的小学、中学，了解她的过去。我是医师，我完全了解一个从小就有理想的人，一直在奋进路上，突然遭到疾病而不得不中断追梦时的痛苦，她没有倒下，而是继续毅然奋进向前。这精神，这力量，其中的每一个奋进的行为，都是她与死神搏斗的旋律，这是一首生命之歌，每一段旋律都能让人感动。这本书的书名为《秋杰老师》，游道勤总编辑担任责编，书名是他定的。这本书于2012年由江西人民出版社出版，由省委宣传部组织了新书发布会。我唯一想知道的是，读过这本书的你，是否会泪水模糊双眼？

去年游道勤又建议我写一本自己行医经历的书，由李月华担任责任编辑，于是《医路一生》就这样诞生了。

2012 年 9 月 14 日，《中国艺术报》发表了题为"报告文学作家蒋泽先：一手执刀为百姓治病，一手提笔为时代讴歌"的短文：

　　蒋泽先善于从时代的变奏中找到写作主题。上世纪 90 年代初民工潮涌现，他深入车站、工地采访，写了报告文学《年年岁岁民工潮》；三峡移民工作启动，他利用在万县开医学专业会之机采访了当地党政干部和移民，写出了《百万移民从头越》；1998 年抗洪救灾抢险，他利用双休日自费到九江灾区采访，写了《筑起灾后防御的大堤》；出国热时，他写了《归雁声声》歌颂了海外赤子报国感恩的真情；2010 年江西鹰潭发生了特大洪水，他和文学工作者一起深入灾区，合作写出了《千年一遇》。近年来，蒋泽先创作出了一本本贴近群众、充满悲悯情怀、为百姓代言的报告文学佳作，他一直把人民性当作其作品价值最重要的考量。2008 年汶川大地震发生后第一时间，他走遍了 18 个灾区，写出了 35 万字的报告文学《蔚蓝色的过渡》；对口援建开始，他再次深入灾区，到海拔高、条件苦、气候恶劣的小金县采访了 7 天，随后又去了映秀、彭州、安县、都江堰等地，写出长达 45 万字的报告文学《中国大援建》。这些作品都以人民幸福为最高福祉，以百姓疾苦为中心主题，产生了深远影响。年近七旬的蒋泽先依旧奋斗在文学创作第一线，他愿意继续行走在祖国大地上，全力去记录、讴歌这个时代的闪光点，为人民的幸福而奋笔疾书。

据说，这篇文稿是刘华与江子（曾清生）策划的。想不到我成了省文联组织的"万名文艺家下基层"的一名成员。2019 年 11 月 28 日我去了永修县，为县作协文学爱好者授课，题目是"报告文学采访的技巧"。我只能以自身多年的采访经历，结合自己的作品，提出报告文学要有"小说的结构、散文的语言、诗歌的激情、哲理的思考"。谢谢省作协对我的长期支持，多次推荐我申报作品资助项目。

《公仆曾建》是由江西省委组织部组织编写，江西教育出版社出版的一本报告文学著作。我接受这个任务时，不是先看材料，而是先走访。第一夜，我采访到了晚上11点，陪我采访的小青年有点生气："有这么多材料，够你看几个晚上。"这可能是我写作与众不同的地方。先采访，再看他人写的资料。采访结束返回南昌那天，吉安市委组织部一位副部长说："我以为我们没有漏掉曾建的任何一个事迹，结果你竟又发现了许多新事迹。"曾建走遍了县里1000个村民小组，万宝水库的水渠淤塞，他带着同事徒步8小时，走完了20多公里，解决了4个乡镇、数万群众的农业生产用水困难问题。毛巾、草帽、解放鞋、雨鞋，这4件用品陪伴他的形象我不会忘记。在他有限的58个春秋里，留下了最真实、最真情的脚步。收集与执笔写这些故事仿佛是在与曾建进行灵魂对话。每一次的"对话"，我都有所感悟。他妹妹成了我的患者，一个口腔的小手术也要从遂川来找我做。我们回忆起我去他们家采访的那年所发生的事情，心中怀念着同一个人，一个被家乡人民永远思念的人。

她是2016年感动中国年度人物，她是江西省奉新县澡下镇白洋教学点的教师支月英。她在深山中默默坚守教育工作岗位36年，培育了山里整整两代人，用理想与信念点亮了山里孩子的希望。深入地宣传她是江西人民出版社张德意社长的心愿，德意社长陪我去奉新县看望与采访她。我们一起去白洋教学点，小车行驶在去学校的山路上，支月英指着右边山间的两栋危房说："那是我最早教书的地方。"我一定要下车，一定要走进危房。我一个人上了二楼，山风吹来，夹杂着鸟声、风声，鸟声过后就是一片寂静，寂静后是我的哭声，我实在忍不住。我已是 70 岁的老人了，为什么控制不住自己？走进大山，就是走进了支月英的精神世界。她坚守在大山几十年，培养了山里几代孩子。站在危房下，我想到她逝去的青春，夜晚在山里的孤独，泪水怎能忍得住？如今，我们是朋友，她每年都会来体检，顺便看看我。

中国人都忘不了 2020 年医者大爱无疆、救死扶伤的事迹。那是沧海横流，方显英雄本色的日子；那是以命相搏、向死而生的时刻。每一次送别逝者，医者总是轻轻地、慢慢地给逝者送去爱，那时那刻，医师和护士是逝者离开这个世界之前最亲的人。这份情深深地珍藏在患者心中，每个故事都是医者人生中不可复制的经历。我的学生与同事大多有过这样的经历，也是保持着这种情感的一员，记录他们的经历与情感是我不可推卸的责任。李月华夜半来电话，希望由我来采访那些逆行者，为他们写一本书。我只能电话采访。虽然他们都被隔离起来了，但他们的一个个真实生动的故事没有被隔离，是他们的大爱与担当，才有了我们的生命安全。书写出来之后，取名为《一江情：赣鄱医者逆行记》。出版时间是 2020 年清明节，责编当然是李月华老师（现为江西人民出版社副社长）。

我与月华及中国顶级铀矿的好多老职工共有一个"情未了"的文字情结。第一次去矿区采访老职工时有游道勤总编辑、李月华责编陪同，老职工无怨无悔地将青春年华全部献给了大山深处的铀都。从发现、创建、开采、冶炼到运往基地，从野兽出没的荒山野岭到建成人烟繁华的铀都，这整个过程都留下了他们的血汗，甚至是生命。他们将一辈子都献给了祖国的国防原子工业，他们期盼能看到我写出他们青春时代的风采，写出他们战胜艰苦的精神。我采访时，看到很多第一批进矿的人，如今他们已老态龙钟。一年又一年过去了，他们有的已经离去，最近又有一位离开了，我只有叹息。他们在等，我也在等。我80岁了，不知能否读到这本书。

过了花甲之后上手术台次数也少了，这时我才有时间与报告文学为友。我被一步一步"逼"上梁山、写出"报告"。生命花开，青春复来。耄耋之年，我继续执笔，用文字表达对生命奉献的诚挚情感。

（2）

引领我走进文学殿堂的朋友叫朱焕添，我们是同时代的人。

1964年，他毕业于厦门大学，被分配到江西人民出版社任助理编辑。入职两年，出版社宣布解散，只组建了一个三人编辑小组，与新华书店合并，他幸在其中。为编写"革命文艺"丛书，他开始了奔波。首站是赣州，作家罗旋文向朱焕添推荐了我，市委宣传组也推荐了我。

第一次见朱焕添，他脚穿当时流行的解放鞋，着蓝色青年装。我很难从他的外形将他与省出版社编辑的身份联系在一起，他无英俊容貌，也无口才，怎么看，都觉得他像农村公社老实巴交的生产队干部。他向我介绍他自己是广东五华县的农家子弟，用客家普通话与我交谈，一字一句，言语温和，坦诚开明。他说："我是编辑，就是为他人做嫁衣，我会好好为你服务的。"毫不虚假的谈吐，真诚的点评，让我感受到了他的亲和。他点评的是我写的长红大队的剧本《红沙崖上》。

第二年夏末，朱焕添来到赣州，我陪他去赣江洗澡。他小声说："小书要'流产'。"我心里有几分明白。40年后，邓公在南昌的生活在我笔下成书——《邓小平在南昌的岁月》，我才清楚了因果关系。岁月更迭，令人感叹不已。

1979年，省文学艺术代表大会结束的头一天早上，焕添通知我下午参加出版社召开的作者座谈会。我一惊，我不是文学界代表，没出版一本书，也没发表一篇小说，何以是作者？出于对友谊的尊重，我还是去了。会议地点在文联二楼会议室，我选择坐在边上。焕添是《百花洲》杂志的创办人之一。大家对期刊的内容风格提了三种建议：希望以发表本土作者的作品为主，突出江西特色；希望与全国最优秀的作家联手，将杂志推广至全国；希望能多发表外国文学作品，成为第二本《世界文学》杂志。大家还提出定价不要太高，最好是九角八分，或八角八分。

生平第一次参加这样的会，看到这样的情景，我感到好奇、有趣。晚饭前，我向焕添简短介绍了我写的小说《两代人的血》，题目就很符合杂志的主题，他希望我这篇小说能尽早发表。稿件发给他时已是1979年岁末，最终在《百花洲》第三期发表了。焕添惋惜地说了一句："错过了最佳时间。"谢谢焕添的安慰，我人生创作的第一篇小说有这样美好的结局，我心满意足。这年，《百花洲》定价是1.38元，300多页，很厚实。

不得不说这又是缘分。我调到医学院第一附属医院工作，出版社竟在距附属医院门口只有百米远的南昌按摩医院内暂时落脚。每天上下班我都要从这儿路过，与焕添相遇是常事。他经常邀我进去坐坐，看看书，这是我最乐意的事。有次我手术做到了下午四点，虽然疲倦，我还是拖着沉重的双脚进去了。焕添的办公点是一排低矮的平房，向东延伸，一连4间，有少儿组、教育组、科技组、社科组，大多数编辑都挤在这儿忙着。每个房间只有10平方米多一点，挤放着4到5张书桌，后排靠墙的是简易的书架，书都是一捆捆地放着。用文人的话说，房间里弥漫着书香味；用环境医学专家的话说，房里飘着刺鼻的浓浓油墨味与纸张的霉味，空气污染严重。窄小脏乱的空间里，每个人都在埋头看稿。中午，他们就在街边饮食店购买一份饭，那时还没有一次性饭盒。回到办公室伏案打个盹，就算是午休了。这是20世纪80年代才有的场景，不可复制的是他们对事业的热情与执着。他们桌上堆满了书、稿件和杂志，大都没有拆封。封面贴着"长江文艺""北京文艺""山花""天山"等字样。这都是我20年前在图书馆才能看到的刊物。看到这些杂志的名字，我特别激动，就像饿汉看到面包一样。焕添当然看出了我那双馋猫一样的眼睛，露出贪婪的光。他笑了，真诚地说："我桌上的书你喜欢哪本就拿哪本。"我真不好意思。他将那时国内最早出版的《茶花女》和早期出版的《江西省30年散文选》《小说选》《诗歌选》及近几期《百花洲》都打包送给了我，我真有点"漫卷诗书喜欲狂"的感觉。焕添真诚地把我介绍给办公室的朋友们："这是我们的作者，是一附院的医师，有看病的事可以找他。"他们与我一样刚从基层调上来，他们是《百花洲》杂志社的第一批骨干。这时我是一个喜欢读书、抄书、买书、藏书的"吃瓜"者，真的没有想到未来有一天会写书。

20世纪70年代末的江西人民出版社还坐落在百花洲湖东岸边。一个黄昏，几个负责文学图书的中青年人徜徉于百花洲畔，踏青穿柳，观花品景，聊着聊着，突然决定要编辑一本大型文学刊物。刊名叫什么？北京的叫《十月》，南京的叫《钟山》，已经申报的广州期刊叫《花城》，河北的叫《长城》，都有地方特色。怎样体现江西的地方特色呢？不知是谁提了一句："百花洲，南昌的百花洲啊！"是啊，东湖就是一处风景区，长堤相连，柳帘环抱。湖中有三座小岛，洲上长满了奇花异草。湖中水光潋滟，岸边鸟鸣蝶飞，春时百花争妍，夏天荷花映日，秋菊冬梅，花香袭人。游人喜称此处为"百花洲"。《百花洲》杂志就这样诞生了。文艺社取社名时没有与其他社那样沿用"江西"两字，而是定名为"百花洲文艺出版社"。洲上百花开，世间不了情。

那时，文艺编辑人手少，与知名作家交往不多，起步艰难。早年《百花洲》是靠他们的拼搏与情智做起来的，从以本土作者为主，扩大到全国的作家。几次庐山笔会，群英荟萃，作者队伍的质与量都迅速得到提升。进入20世纪80年代，编辑人员渐多渐好，作者队伍增大增强，佳作纷至，名篇如林，《百花洲》杂志成了当时大型期刊中的佼佼者。

焕添对我这个"吃瓜群众"说："小说没时间写，有空就写一点你牙齿专业的少儿科普吧。"焕添给我介绍了一位女编辑，叫刘莹。我想，他为什么不介绍我认识科技组的编辑？如果我认识了他们，我会不会一心扑在医学专业书籍的写作上？后来证明焕添是对的。我的5本医学专著与56本医学科普书均由世界图书出版公司与西安交通大学出版社出版。那是后话。

我与刘莹很快确定了书名"牙齿引出的故事"，我们请上海画家乐小英设计了封面，蔡一鸣、方关通画插图。我人生的第一本书，由江西人民出版社出版了，我没有过度的惊喜，因为是自己的专业，而且是儿童科普读物，对我来说似乎是水到渠成的事。书定价为0.30元，出版后一个月就加印了一万册，我收到了300余元稿费。这是1984年，我40岁。

半边街的出版大楼与职工宿舍竣工了，编辑们都沉浸在乔迁之喜中。谈书、赠书的日子是短暂的，书友的日子很快成了往事和回忆。

去半边街没有公交车，也没电话，我们顿时"失联"。每次下班回家我都会习惯性地向按摩医院投去思恋的目光，好像情人不辞而别了，我伫立良久，浮想联翩。这群文友用自己的心血汗水筑起一座文学的绿色小洲，让文朋艺友有了栖息之地。

好在人少不了头疼脑热，他们会来找我看病。他们一般不会预约，来后也没有人说要优先，每次总是规规矩矩排队。阿桂挂了号，坐在门口认真看稿。焕添喜欢下班前来，这时病人会少一些，也可以多聊几句题外话。榕芳几乎不进医院大门，他夫人会领着女儿来。有次，老蓝走进诊室在我耳边说："这次是请来的一位作者，是知名作家，能否提前给他看看？"我检查了一下，是急性牙髓炎，要开髓，换药。治疗间隙，我与作家随便聊了几句。他写了一本关于离婚的畅销书，我说："离婚不能成为时尚，会害了孩子、社会，家庭也会失去和谐。"

我告诉他，我也写了一本书，是关于鼓励青年人培养有爱情的婚姻的，书名叫《走进伊甸园》。他问："能给我看看吗？"我说："可以呀！"

复诊时，我把手稿交给了他。几天后，他说："我看了，很好。我带到北京去，帮你推荐给作家出版社。"作家出版社？我好激动。

几天后的一个炎热的中午，离下班还有几分钟的时候，焕添匆匆来找我。我以为他哪里不舒服，便没开口问。他开门见山地说："你有一本书稿给了谁？怎么不给我？也不告诉我一声？"听语气还有点生气。我还真没有把这本书稿当回事，我算什么？一个文学爱好者，篇篇都是习作。我心想：稿荒时，给你是支持；现在你们稿源不断，给你是添烦啊，你手上好稿子多的是。我有感而发做了一些调查，样本量不够，故事虽然精彩，数据却不多。至于这本书稿投哪里，我还没有去想，也没多解释，我像做错事的孩子一样感到理屈，低声地问："现在我该怎么办？"

焕添说："你写几个字，就说稿件交给我处理。"

我写了。他又说："以后有好稿子先给我，我们是这么好的朋友！"我好感动。我只是一个爱写作的文友啊，他竟这样尊重、关注、呵护我。我无言。几天后，焕添下班前特地来跟我说："书的主题好、立意新。情感、性事、婚姻、家庭，每个主题都可以各自成章。没有道德绑架，站在生命的制高点来看待爱情与婚姻，生命不能没有爱情，爱情需要生命。这书我做终审，老蓝做责编，算是我们三人的合作纪念。"他知道，老蓝与我是湖北老乡，有趣的是，老蓝的同学兼好友袁孟宁是我在十五中读书时的语文老师。当时，老蓝已出任《百花洲》主编，焕添是副职，焕添无怨，真心实意地做好自己副职的工作。老蓝将书稿转交给洪亮，洪亮一声不哼，编辑好书稿后，请焕添签发，进印刷厂。书出版之后，我才知道洪亮是一个"活雷锋"。书上记录的责编只有老蓝（蓝岚）一人，也没有焕添的名字。

这本书的故事并没有完结。一个月后，我获得了一个惊喜。洪亮从半边街步行到医院找我——他不会骑自行车。他不会轻易到医院来，肯定是有事。他交给我一封信，是上海《文汇报》寄来的，是一位姓徐的编辑想要连载《走进伊甸园》。他认识洪亮，请洪亮将信转交给我。他并不知道洪亮参与了这本书的编辑工作。能被《文汇报》选中连载，我不是一般的激动与高兴。我连连感谢洪亮，洪亮说："这是书自身的力量，我们只是为读者搭了座桥。"他特别叮嘱我，要给上海寄六本样书。

这是我出版的第一本报告文学，从 1992 年 10 月开始，在《文汇报》上连载三月余。这里八卦两句，我后来的几篇报告文学，几乎都被《文汇报》选中或获奖。当时省内一些专职作家问我："《文汇报》的编辑是不是与你很熟？"他们希望我能介绍《文汇报》或一些选刊的编辑给他们认识。由于连载时间长，朋友们以为稿费会很高，问长问短，其实只有 800 元，不过可以免交版税。

（3）

其实，我的本职工作与同事一样忙。我自己都不知道怎么成了"学白求恩学雷锋"的先进工作者。卫生厅组织我们到省直各医院"讲用"，我的事迹上了好几家报纸，各类优秀"帽子"也多了：医、教、研都有。这事儿被老蓝知道了，他来找我说："没有想到你的事迹还挺感人的，为你写一篇报告文学怎么样？"我只当他是开玩笑，他却是认真的。他请了当时的知名作家雨时、如月夫妇。我说："那算什么事迹，我院每个医师都这样做的呀！如果把我当作医师队伍中的一个代表符号，那就写吧。"

雨时不是简单的采访和阅读材料，他提出要到手术室看我做手术。好哇！欢迎！我与手术室护士长联系了，给她做了一番解释。雨时穿上隔离衣，戴好帽子、口罩，换上消毒鞋，跟我进了手术室。这台手术不算大，是右侧下颌骨肿瘤切除术与修复术，修复成型取肋骨植骨。雨时见证了手术全过程。麻醉，消毒……我边做边解说，像对初来的实习生那样。时过中午，手术还未结束，我没有休息，也没有吃午餐，直到手术结束，病人被平安送回病房。雨时全程都陪着。不久，他的四万余字的报告文学《好人一生平安——关于口腔科大夫蒋泽先的对话》登载在1992年第4期《百花洲》杂志上，责编是洪亮，审签是副主编朱焕添。报纸、杂志上已发表过关于我的几篇文章，这篇是唯一以朴实、充满对生命的感悟的文笔写出了我那段人生的长篇报告文学。这是老蓝、焕添、洪亮、雨时、如月和我的友谊结晶。

今天，重读雨时朴实无华的文字，还是很感动。

雨时笔下的我是这样的：

第一刀从胸肋部分斜切下去，第一滴血从伤口处流淌出来。

我的腿有些发软，我把脸侧向一边，我害怕自己没有勇气正视这个血肉模糊的创面。

那一刀切下去时，蒋泽先脸上有一种圣洁。我突然再一次看到了等候在手术室门外的许许多多期待的眼睛，我突然明白了一个一直没有想通的问题：为什么从中国到外国，从远古到今天，在医师这个职业队伍里，总有那么多志士仁人，那么多无名的精英。

"光线不行！"

我看见巡回护士调整了灯具，一盏独立的无影聚光灯直射着创面。于是，那一大片反射出柔和的金色，仿佛燃烧着一蓬生命之火。

我的双腿颤抖着又僵硬着，我终于鼓足勇气看到蒋泽先和他的助手们如何锯下肋骨，如何切开颌面，如何取下长了肿瘤的下颌骨，又如何将肋骨植入下颌，我坚持到蒋泽先称之为医疗科学与艺术结合的手术全部完成。

这就是说，不包括手术准备在内，蒋泽先在手术台前已经连续工作了5个小时。这只是他在手术台前寻常的记录。

我拖着仿佛已经不再属于我的双腿，随着蒋泽先沉重的脚步走回他那小小的口腔科办公室。不久，年轻的助手们替他端来一份工作餐。

这是二两一小碗的面条，有一只水煮荷包蛋，一个可怜兮兮的肉饼。这一切，就是手术时间超过下午两点钟之后的全部报酬。而且，为了这菲薄的补给，据说医院的领导没少动脑筋。

雨时还记录了我处理另几个急诊患者手术的过程。

那天是1991年12月31日，如果在当下，我真实的想法就如当年的同行所想、所说的："转！快点转！"

那时是怎样的情况呢？我节选一小段：

都说医师们看过太多的死亡，患者亲属的泪水早已经泡硬了他们的心肝。可不管怎么说，反正蒋泽先自己的双眼早已湿润，他的心在颤抖。

蒋泽先看着自己的病人。不，他也应该在呼吸、应该在劳动、应该在创造、应该爱、应该做父亲，应该和我蒋泽先一起走向未来。想到这一点，蒋泽先就无论如何说不出"我很抱歉"四个字，他说的另外四个字是"留下来吧"！

留下来也可以采取保守治疗法控制感染，然后顺其自然。这种做法，蒋泽先可以不承担任何责任。然而，患者却难逃一死。如果蒋泽先不选择手术彻底治疗的方案那蒋泽先就不是蒋泽先了。他一向很少动容，但真正落下了几滴眼泪，这几滴泪水就有不同寻常的价值。

他制定了严密的手术方案，得到了院领导的全力支持。做手术那天，给他派来了三位麻醉医师：管呼吸、管心电监护，负责测中心动脉静压。还派了四位护士：一个洗手，三个巡回。这在该院已经是个相当强大的手术阵营了。

蒋泽先果断地切开患者的颈部，正是颈内动脉，颈外动脉、颈内静脉破裂，鲜血如喷泉一般地迸出，病人命若游丝，手术立即就进入了千钧一发的紧张时刻，二十分钟，病人就失血二千毫升。

由于方案正确，配合默契，这个冒了十分风险的手术获得了成功。患者活着推出了手术室，而且他还将继续好好地活下去。

"出了事你不怕？"医院同行也问过。

"怕。"

"那你还干，我都替你捏一把汗。"

蒋泽先叹了一口气："不做，病人怎么办？"

就是这个蒋泽先，当他考虑问题是从病人出发而不是从他自己出发，他还需要说出什么豪言壮语呢？

我珍藏了这一期《百花洲》，与家人一起分享了他们的佳作。我读到了我与妻子的那一章节，不禁热泪盈眶，没有爱我、愿意自我牺牲的她，不可能有"有志者事竟成"的我。我也珍藏着这年第二期的《百花洲》杂志。缘由是，这期杂志发表了我的报告文学作品《明天，生命交给谁？》，我用的是笔名"慕容一亚"。这篇文章的内容是对医学后继无人的呼喊，责编是洪亮，签发的是总编辑周榕芳。

两个月后，洪亮又来告知我喜讯，北京《十月》杂志的副主编张守仁来信说，他选了《明天，生命交给谁？》这篇文章，并想以此为书名与其他几篇文章结集出单行本，问我有什么意见。我会有什么意见？

直到 2001 年春，医患关系成了国民最热门的话题，大家建议我写一本有关医患关系的报告文学著作。关小群社长立马应诺，四方任责编。四方是汤匡时老师的女儿。同年 9 月，描写了我的工作与生活的第二本报告文学《医与患——中国世纪之交的医患关系报告》在百花洲文艺出版社出版，很快就有了反响：《报告文学》杂志和各选刊都进行了刊载。

由陈世旭作序、江西人民出版社副社长朱卫东与文艺社张国功老师任责编的《中国农民生死报告》，是我的第三本报告文学著作，于 2005 年 5 月 1 日出版。这本书出版我选择了人民社，责编朱卫东老师是我的朋友。

没有想到的是，这本书出版后反响很大，竟然还出现了盗版。其间，还发生了三个小故事。一位上海读者发现了这本书的盗版书，买了一本，对照正版书阅读后，发现盗版书删除了最后 20% 的内容。那部分内容是我对农民如何走出目前困境问题的见解。他准备把这本盗版书寄给我，但不知道我的联系方式。按常理，寄给出版社转给我就行，但他一定要找到我。于是，他从《中国农民生死报告》里寻找我采访过的人员，通过他们单位的电话取得了他们的联系方式，再通过他们知道了我的电话。我对他表示感谢，请他把书寄来即可。谁知，他获得了一次去湖南出差的机会，在南昌下了车，打的来了一附院，找到正在门诊忙的我。他进了门，护士请他出去不要插队。看见他手里拿着一本书，我知道他是谁了。我紧紧握住他的手，感动无言，我提出与他共进午餐。他说他要赶回火车站，我能亲手收到这本书就是他的目的。当时病人很多，我不能下楼送他，只能在门口与他再次握手言别。

《财富》杂志一位负责人派了一名记者来做后续采访，那是12月的最后一天，我陪他去了江西人民出版社。那天细雨蒙蒙，很冷，他想在春节前采访完毕。他想去我书中所记录的地点对农民家庭进行采访，但路程太远了，我建议他去郊区。他的目的是想看看最近几年书中的农民致富了没有。我只回答了一个字：难。然后又补充了三个字：在努力。我采访过的当年下乡的知青来找我，向我讲述当年关于生命价值的故事，希望我能续写他们的今天。往下，写什么，怎么写，我不还知道哩。

后来，我接受了为一位毛瓷收藏家写书的任务，书名为《瓷路》，收藏者是一位卡车司机。

再后来，朋友告诉我，《中国农民生死报告》被选入了鲁迅文学奖前20名，如果上面有熟人，最好打个招呼。我想，熟人于我，有用吗？我把《中国农民生死报告》里的农民写得再苦，那也只是读物，怎么可能有人关注？《财富》杂志的负责人好心，但思维简单了一点。一位已经是领导的北京朋友也给我打来电话，一是向我表示祝贺，二是反问我："流传于世的那些书有几本是得过什么奖的？"我回答说："是啊。"

（4）

20世纪80年代是出版的春天，任何一本好书、好杂志出现在读者面前，读者一定买单。不是老百姓有钱，是老百姓喜欢看书。流行杂志几乎家家有，小资、土豪家里几乎都有书柜，架上都放有名著。各出版社竞相创办刊物，百花洲文艺出版社办了《微型小说选刊》《中外故事传奇》，由周榕芳兼主编；《足球俱乐部》由朱焕添兼主编。顺便说一句，朱焕添绝对是足球迷，他看足球、评足球，足球给了他坚守生命的最后力量。他住院时，我每天下班去看他，他都在看足球比赛。在他生命最后的日子里，足球与他相伴。

这些杂志的诞生都需要稿件支撑。我近水楼台，找我约稿的人多。那时，孩子读大学，家里需要钱用。我向双月刊《中外故事传奇》递交了第一篇小说，6万字。我用的是笔名"慕容一亚"，因为我不愿更多人知道我在业余写作。稿子由李晃生老师做责编。后来，我相继发了9篇文章，每篇4万到6万字。杂志发行不错，还在井冈山开过笔会。榕芳知道我当医师的道德底线，理解我的"勤奋"。我发表的文章多了，他们又帮我结集出书，那是1989年的事，出了一本名叫《欲望与恐惧》的书，责编是王志斋。说心里话，我不喜欢这个书名，也不喜欢那个封面。榕芳给我做了解释：好卖。我只好认同。这本书开印一万册，一年后又要加印。我得知后，要求改名、换封面。他们告诉我这等于又是一本新的书，我不懂其手续的复杂性。榕芳还是同意换了，取了书中一篇小说名作为书名——《艾滋病，飘荡的幽灵》，封面也更雅净了。我的第一本小说，严格地说，是通俗小说，出版了。

《走进伊甸园》在《文汇报》连载时，文艺社有编辑向邓社长建议加印《走进伊甸园》这本书。他回答："我请老蒋再写一本。"于是，就有了获谷雨文学奖的报告文学作品。邓社长上任后策划了一套"忠告世纪末中国人"丛书，共四本，主题是善待生命，预防疾病。每本书讲述有警示意义的真实故事，提出警示问题，告知预防的要点。考虑到市场需求，字数不应过多，每本14万字左右，一改过去30多万字一本的厚实感。开本设计为32开，书名与封面风格尽量商业化一点。邓社长为这套丛书写了总序，"双效"都还可以。其中一本《手术刀》获江西作协"谷雨文学奖"，这也是我人生中的第一次。

榕芳调往江西人民出版社当社长。他约我写一本关于生命的书，我报了"善待生命——生命的绿卡"的选题。榕芳认为这个选题很好，建议我将其写成一个系列。系列？几本？三本？四本？我与责编朱卫东最终确定要写四本，并拟出来四本书的书名：《生命的绿卡》《生命的突围》《生命的透支》《生命的盲区》。这四本分别写疾病、环境、行为与心理健康，以纪实加科普的形式书写，每本约25万字。

两套丛书，一是赞美生命，二是把生命的知识融于书中，达到让读者呵护生命、善待生命的目的。榕芳说，书出版之后，社会效益、经济效益都不错。至此，我的文学之路已经清晰地与医路相伴。用手术刀呵护生命，用笔歌颂生命。

从1978年我写《两代人的血》到2008年我的中篇小说《两人禅世界》发表，整30年，这是完全不同的"两"。《两人禅世界》发表后我很快看到了一篇评论文章，发表于4月28日的《文艺报》，作者是王虹艳。现将其文章摘录如下：

> 小说以手机短信的形式，展现了学生与老师之间复杂的感情

交流。作者在开头便交代"不敢说的，不能说的，不愿说的，还有不善说的，统统涌向拇指下，浓浓的情感从这儿出发，把漂亮的条条短信串起来，就有了像糖葫芦的甜丝丝的情感story……"之后便是师生间的几百条短信的呈现。这几百条短信并没有构建惊心动魄的故事，而只是展现了女学生与老师之间微妙的情感变化。他们的交流集中在为人为学方面，其中大多是女学生对于现实的困惑，而老师则是解惑答疑、循循善诱。但是二者之间也有调侃，有隐秘的挑逗——二人在交流过程中越来越欣赏对方的为人，同时关系也越来越亲近。一来一往的短信交流中确实有了一些参禅的意味，但是参的是现代的禅，是物欲时代中人的生存和理想的问题。以短信来解构小说，可谓大胆新颖，且作者选择的事件——师生情感，也非常适合于短信的表达。小说比较好地呈现了老师和学生之间介于男女情、师生情、忘年交之间的情感状态。不过因为是以短信来表现心绪而非事件，小说读起来有些繁琐，且作品中老师和学生的文字风格有些相近，都有点学生腔，他们的短信都给人学生"作文"的感觉，因而小说总体显得有些单薄。《两人禅世界》（《百花洲》2008年第1期）让我再次想到形式探索的可能性问题，尤其是对于年轻的作家，他们普遍面临形式探索的难题。

不久，百花洲文艺出版社余茳主任担任责编，出版了我写的《邓小平在南昌的岁月》《1927，南昌城》。我的历史报告文学著作《中国红军医院》，经过多次申报备案，中宣部终于有了回复。余茳主任在埋头苦干，力争让它早日面世。感谢他的辛苦。《医海牙舟》也是他担任责编。我本还想把我在报刊上发表的文字结集出版，请他当责编。但想到当下，文字在一般人心中已处在零状态，纸质版文字更难被看见，我何必自娱自乐而难为他人？要有自知之明。后来便作罢了。

（5）

我与《江西日报》交往的起点也是在赣州。

1973 年春节后，文化站有位熟人找我说，能不能为他们写几首诗配画，内容是歌颂知识青年上山下乡。我说可以。有六幅画，我配了六首诗。两个月过去了，泥牛入海，音信全无。那是 1973 年 7 月 13 日的中午，传达室门口突然热闹起来了，我凑上去一看，是我们的"诗配画"发表了，选用了四幅。1978 年 11 月 3 日，《江西日报》副刊又发表了我的散文《海棠飘香》，全文共 2000 余字，稿费是人民币 5 元。5 元哪！是我当时工资的十分之一呀！赣州的同事们都说我是"名利双收"。

来南昌后我才知道 1973 年 1 月 1 日是《江西日报》副刊的诞生时间，在它生日这年，我们就相识相交了，到现在真可算是有半个世纪的情谊了。

20 世纪 80 年代，文艺社有《井冈山》和《星期天》两个副刊，每周各出一期。《星期天》是文化娱乐报，设有"文化广场""生活"等版块。《星期天》，栏目繁多，大都是社会热门话题，稿费也高。我的《百万移民从头越》就发在《星期天》的头条，《离异万花筒》《迷惘的情感世界》《割了肚皮腰包》都发表在醒目版面。文化版的栏目也都是热门话题，第一期发表了我的《梦入江南烟水路》——谈梦与诗，《柳魂花魄可无恙》——尚品大潮中的"鬼神文化"。

那时正流行共青城的羽绒衣，妻子想给孩子买一件，问我有没有钱。我懂了"没有钱是万万不行的"这句话的分量。我向她保证一定会兑现。我在《江西青年报》《江西科技报》《江南都市报》《江西商报》《家庭医师报》等诸多报纸上都开辟了医学知识专栏专版，我交的稿子编辑基本不用改动。我们还一起策划了新专栏，每周一篇。我的文学文章署名是"慕容一亚"，科普文章署名是"方薇杜健"。在冬天到来之前，我满足了妻子给家人一人买一件羽绒衣的心愿。周日，我们一家人上街，穿着一样的羽绒衣，大家都欢喜。

孩子大学毕业后，我又恢复了正常生活，不再写急功近利的文章。

《公仆曾建》在 2015 年 7 月 3 日以短文《种下的是福根》的形式发表了；《中国红军医院》以 4000 字的《血色血脉》短篇文章发表于 2017 年 8 月 4 日；《1927，南昌城》同样以 4000 字的《那天那夜的枪声》短篇文章形式发表于 2018 年 7 月 27 日。这几篇文章几乎都获了奖。一位熟悉我的文化界领导半批评半指点地说："您老人家要这个奖有什么意思？让基层青年行政干部多获几次，于他们是鼓励、是加油，对他们晋升、表彰都有意义。你少掺和不好吗？"他说得有理，我照办了。其实，我自有难言之隐。与写医学科普一样，我所写的文章大都是编辑约的稿，这是一种相互的信任，我不能辜负编辑的信任。有一天黄昏，滇敏打电话告知我，××杯征文竞赛还有 5 天结束，来稿里还找不出优质的作品，希望我在周三晚饭前写好，发给她。此时是周一，还有 48 小时，这不也是一种"高考"吗？我说："我试试看。"我用了两个晚上，实际上，只有 5 个小时，一气呵成，写了《归雁声声》，如期发给了滇敏。周四排版审读，周五，我的文章就见报了。周六，滇敏告诉我，评审小组将我的《归雁声声》评为了这次征文比赛的一等奖。这篇文章的主题是歌颂海外赤子报国感恩的真情，具有新闻性、文学性、思想性和艺术性。滇敏还告诉我一件小事，有人以我的名字投稿，审稿人正是滇敏，滇敏知道这个单位，明言说，这文章不是蒋老师的手笔，因为不是他的语言风格。一段时间后，大家有机会相遇了。他们问我："蒋老师，你的文章语言有什么特色？为什么我们模仿不像？"我真不知道答案，我说："多读书，细消化。"

《血色血脉》与《那天那夜的枪声》两篇文章亦是受柳易江女士之邀写的。

50 年过去了，我不敢说《江西日报》如何滋润我、温暖我，至少，可以说它陪伴我从黑发走到了白发，使我不寂寞、不懈怠。它充分填满了我的业余时间，让我干着自己喜欢干的事。井冈名山，文学高地，让更多的人走出江西是我们的期待。蓦然回首，我陡然想起了一支歌，歌名是《真的爱你》。

还有很多家报纸都是我的舞台。《江西青年报》发表过我的小说《盗仙草》、诗歌《绿色的梦》、社会纪实文学《食品正张开吞噬到大口》；《江西科技报》与《家庭医师报》几乎期期都有我的医学科普文章，文章题目自然有点与众不同：《舌头是谁咬的？》《刷牙，并非保护牙齿的唯一方法》《以眼换眼，以牙换牙》《知道吗？你身上的钟》《镶牙不当，引癌入室》。

我偶尔也写会一点短诗：《医院拾到的花瓣》《荷塘人家》《欢乐的小镇》。那时，写几句短诗还是很时髦的事。工作之余有点累，我就来了几句：

> 只见围裙揩过的手还在摇晃，
>
> 再见了，幸福的港湾。
>
> 给，书海里的打鱼人。
>
> 茶蛋的芬芳沁入我的心田，
>
> 妻子微笑着，每天是她为我扯起了征帆。

长点的组诗我会寄给《花洲诗会》专栏。我写的怀念童年的小诗有：《童年日记》《我又回到托儿所》《小小水珠》《烟水亭》等。

> 浪来了，浪来了，浪花扑向长长的海堤，

不知浪花底下是什么世界，光着身子，我跳进海里。

浪走了，浪走了。沙滩上留下了串串足迹。

我要去探索大海的秘密，光着双脚写下了童年日记

童年做过多少金色的梦？

金色的梦美丽迷人。

小树上刻过我的姓名，我梦想自己的名字与世长存。

小树在春风里已经长大，刀刻的字迹变成了深深的疤痕。

抚摸着树干，我突然想起当年的小刀一定划破了它的梦境。

忘不了那个甜润的雨后早晨，汗珠和雨点一样晶莹。

阿姨领着我们种下了一棵小树，也种下了她的希望和痴情。

飘落的秋叶是小树撕下的日历么？

时间在树干上，留下了一圈又一圈年轮。

阿姨举起铁铲还在为它培土呢！

我默默地拾起树叶一片，拾回遗落的童心。

（6）

《百花洲》杂志社里有一个书友，他从一个普通的编辑走上了领导岗位，又调到了北京，尽管职务截然不同，但书使我们的关系变得很近、很亲近。我们是爱书、读书、谈书、藏书的朋友，对书的热爱浓如陈酒。我们是同庚，我们都是在苏联文学与现实的英雄文学滋养下长大的一代人，高尔基、契诃夫、屠格涅夫、肖洛霍夫……这些作家，我们张口就来。说到《苦难的历程》《毁灭》《水泥》《远离莫斯

科的地方》《这儿已经是早晨》，我们真像是遇到了知音，侃侃而谈，乐此不疲。当谈到西方文学的时候，我们也能找到共鸣，歌德、拜伦、莎士比亚、萧伯纳都是我们熟悉的作家。他问我："你哪有这么多时间啊？"

我说："积累啊，阶段性获得的积累啊。初中读国内的，高中读国外的，古典文学稍微多读了一点。"

"行，有空我们找时间好好聊一聊。"

他有失眠症。我开玩笑地说："读书可以治疗失眠症。"

他真的来找我聊书了，他说："不要以为找你只是看病，聊天也治病啊。"那夜，我们聊的是纯文学，从《静静的顿河》说到《红与黑》，从《人间喜剧》说到《茶花女》；说罢福楼拜说托尔斯泰，又从海明威说到毛姆。他说："烟有瘾，酒有瘾，茶有瘾，想不到谈书聊天一样有瘾。"

我接了一句："吃享受，饮享受，玩享受，聊天谈书也是享受。"

他站起来说："该走了。这一趟没白来，没白聊。轻松，轻松啊！"

虽意犹未尽，却已到月上中天时了。一弯新月如钩，一杯清茶似酒。这人、这情、这景，也许这辈子都不可复制了。

他调离南昌去北京的前几天，托人带口信给我，约我周末黄昏时分去趟他家。下班后我就去了，原来是告别。我们没有吃饭，没有饮酒，没有品茶，而是去挑书。他说："我要走了，到了北京安定好后再约你来聊书。我爱书，你也爱书，有些书，我带不走了，卖了就是废纸，你留着就是书。你到书架上看看，你需要的全拿走。你是第一个'清洗者'。纸盒子也为你准备好了，放在车上绑好，平安到家。八点钟来第二个'清洗者'，也是爱书者，喜欢文学评论。"

我真有点激动。面对这一墙书，我选什么呢？我想起在按摩医院相识的时光，那时刚从精神饥饿的时代走出来，面对书充满了渴望与贪婪。而今 10 年过去了，精神饥饿感不再，对书的渴望之情依然未减。此时此刻，我想到我们之间的友情都与书有关，选书、藏书、读书、评书。他当编辑，是个好编辑。他知识面广，对健康与防病有自己独特的见解，如果他当年学医，一定也是一个好医师。我们聊文学、聊医学、聊人生，更多的是聊一本书所体现的人性与人情，聊作家的良知与责任。这一别，下次见面会是什么时候？过去那样聊书的情景恐怕是成了"绝唱"。我望了望他，别有一番滋味在心头。我低下头认真地选书，我选的都是 60 年代出版的名家散文：杨朔的《雪浪花》《樱花雨》，秦牧的《花城》，曹靖华的《花》，还有老舍、冰心、刘白羽的散文集。书的扉页上都盖有他的印章，还有他阅读时做过的标记。那是一个在贫困的年代出版的书，书正页用的都是新闻纸，年代久远，已经焦黄。他爱书，所以将书保存得很好，用售旧书的行话说，有八成品相。我本想再与他多聊几句，但他说第二个"清洗者"快到了，他叫妻子帮我把书抬下楼。这些书今天还在我的书架上。我们百年后，还会有多少人这样爱书呢？我自己会怀着这样的对书的爱恋之情离开这个世界吗？

与他见面的日子还是有的。两年后，我与妻子去北京开学术会，打电话告诉他，他高兴地约我去他家聚聚。我们一进门，他就给我们换上拖鞋，轻松自如。临近中午，我们在不大的厅堂里饮茶、吃点心，像过去那样谈书，激情似乎弱多了。

我怕打扰他休息影响下午的工作，简单地聊了几句，在厅堂里照了几张合影留念，就与妻子回宾馆了。再次见到他，是他来南昌检查工作，他托人打电话给我。我去了，他叫我坐在他身边，原本准备的话都没有说，我们只是默默地坐着。原想说的几句话一直闷在我肚子里：年轻时候的我热爱写作，是少年不知愁滋味；中年拼命写通俗文学，是为稻粱谋；之后认真地写医学专著和科普文章是为了晋升；老了以后，我还要继续写，那是为了不得阿尔茨海默病，当然，更多的是想记录下自己的人生轨迹。但是没有我说话的机会，事实上，这时，也不是说这些话的时机。不说话就是最好的表现。他大概是怕我受到冷落，问了句："还在写吗？"

我轻轻地回答了一个字："在。"

"写给谁看？"

我默默地坐着，有点茫然，我们再也回不到一起谈书的那段美好时光，但我忘不了过去的诗情书意。我想起一句诗：此情可待成追忆，只是当时已惘然。

尽管他是领导，我却习惯叫他阿桂。

（7）

刀下生命，笔下风雨；天地岁月，人间有情。

《现代手术并发症学》的编写出版过程，是我医路上的一段重要的旅程。从策划到出版，历经 10 年，中途更换了一次出版社。书稿作者有 121 人，涉及 8 个城市、23 所医院，全书共 224 万字。我通读了 5 次，大改 2 次，小改 10 余次。我通读后，特请我院相应科室的10 名副主任医师校对了 2 次。这本书经历了诞生与多磨两个阶段。能诞生是缘分，遭多磨是缘分未到。

20 世纪 90 年代初，在医源性疾病日益为医务工作者所重视的背景下，我独自完成了《口腔颌面外科手术并发症的预防与处理》的写作，书稿约 25 万字，在 1995 年国庆节休假后的第二天交给了出版社。11 月 8 日，社长约我面谈，他开门见山地说，书稿选题好、角度新、实用性强，他希望扩大为"大外科"书稿。那个年代，"并发症""医源性疾病"均属慎用的专业名词。我说，我回家商量一下。晚上，社长又来了电话，提出要做成科学的、权威的、实用的、前沿的一本书，不要被时间与字数所约束。这位社长正年轻，37岁，学的是化学专业。我初步回答是："一定干好！"他鼓励道："你能干好，我就将其列为出版重点项目。"

我当晚就去找了我的老师兼朋友王贤才教授，他是《希氏内科学》的翻译者，很多业内的大家都是他的朋友。他每天工作12个小时，那天，他"馈赠"了我2小时，算是奢侈款待了。他直接和宋鸿钊院士（北京协和医院）与孙衍庆教授（北京安贞医院）通了电话。翌年春，他去北京参加政协会议，携带了我的约稿信与写书的文本体例说明，再次请教并邀请了二位专家，二位前辈表示乐意担任主编。这年，邱蔚六教授（上海第九人民医院）来赣讲学，他特地抽出半天时间听我汇报，商量具体操作办法。他承诺上海专家的稿件他可以负责组织。我立即去了武汉母校（现武汉大学一附院与口腔医院）与长沙湘雅医院。我给各主编寄去了写作模板，提出了一些要求。我自己写的颌面外科25万字作废，由上海九院专家重新编写。我负责总论的14章，近50万字。对于本书，我的工作定位是：科学地认识并发症，认真地预防并发症，正确地处理并发症，大力地减少并发症。收到的第一封回复是宋鸿钊院士写于1996年12月4日的亲笔信，他告知我妇产科的具体事项会让沈铿负责与我联系。1997年1月9日，邱蔚六教授复函，就全书框架结构提出了要求。2月12日邱教授寄来了口腔颌面外科的详细提纲。这年春天，邱教授7次给我来信。他的严谨博学，在信中体现得淋漓尽致。他请张志愿教授（现为院士）全面负责颌面外科方面的书稿整理工作。同年7月20日，孙衍庆来信，提出了对心胸外科的建议。9月20日，我收到了瑞金医院李宏为教授的普外科的提纲。他们都是享誉国内外的专家，对工作热忱，对事业执着，对同仁尊重，对我的信任尽在来鸿不语中。他们令我敬仰，促我努力。

本定于2001年出书，看来是上了快车道。突然积水潭医院骨科教授患病，由湘雅医院孙材江教授负责，另有几个年轻医师因未当主编而搁笔罢工。这事容易解决，换人就可以。难解决的是，出版社变卦了。社长荣升，调往北京，几年后又到东北任职，无暇顾及本书。新上来的一班人公开地、理直气壮地提出要先交20万元出版费方能签合同。这已是2002年8月，经过几个月的交涉，沟通无果。我真无法向前辈专家们交代，心急如焚。这样僵持下去也不是事，过了年再请王贤才老师出山救火，他当然生气，但还是立马帮我给三家出版社去了电话。大家都愿意接收书稿，且没有任何附加条件。让我感动的是，西安世界图书出版公司态度最诚恳、最热情，也最优惠。该公司医学部主管总监任卫军先生上午乘飞机来取稿，准备下午就返回。那时没有电子稿，纸质稿还在出版社，怎么办？我与胡峰医师商量，只能"行骗"了。我们骑车去了出版社，假说赞助方要先看书稿。这理由很好用，取到书稿后，我们匆匆到了宾馆。任先生清点了书稿，立马要坐飞机回去。原准备快件寄稿返回，但任先生担心书稿遗失，依然选择乘机交稿，往返了几次，终于定稿。他们来来回回，不顾疲劳，不计成本，一心一意做好这本书的精神更让我感动。我们之间的称呼也改了，我称他为"小任"。

本书的故事并没有到此结束。中国泌尿外科的先驱者吴阶平院士听闻本书出版，特挥笔为本书题写了书名；中国外科之父裘法祖欣闻本书出版，"借题发挥"，给年轻医师写了一封信：《推荐〈现代手术并发症学〉——给在成长中的青年手术医师》。为进一步了解本书的编写过程，深夜 11 点，裘法祖打响了我家的座机电话，电话机里传出的是难懂的杭州话。我根本没有想到他老人家会亲自来询问，他还邀请了他的学生吴孟超院士担任本书的名誉主编，他们师生又在一起了。邱蔚六院士在其序中的第一句就表达了对本书的关切："《现代手术并发症学》一书即将与读者见面。这是国内第一部含有总论及相关各临床手术学科，全面论述手术并发症的大型参考书。在我国颁布以及《医疗事故处理条例》正式公布和付诸实施的今天，这本书的出版显出更重要的现实意义。"老一辈值得我们后来人学习的地方太多了。

224 万字的书在我手中"披阅十载"，能获首届中国出版政府奖提名奖，是我最大的欣慰。

本书引出的我的个人故事还在继续。西安的社长带来几个主要团队负责人向我约稿，给我一叠合同说，你有好的选题就尽管发来。这就是我能出那么多书的原因。为了表示对我的信任，他们邀请我与妻子到西安旅游，实际上还去了陕西的其他地方。小任陪我们夫妻俩去了我们仰慕已久的延安、华山，去了世界上最大的黄色瀑布——壶口瀑布，去了秦始皇兵马俑、华清宫、大雁塔、西安城墙、大唐不夜城。该去的地方都安排我们去了，该吃的美食特产也安排我们吃了。我继续写好我的专著，于 2006 年 8 月出版了《现代牙科诊所指南》。当时民营口腔刚刚处于上升阶段，本书为开业者提供了全方位的理论服务。本书邀请了邱蔚六、樊明文、程祥荣三位教授作序。樊明文与程祥荣是我的老师。

2010 年 2 月，由我与我的团队翻译出版了《颞下颌紊乱病手册》。这本书的作者是 Edward F. Wright。

西安世界图书出版公司的社长更关注医学科普著作，如《健康写在脸上》《习惯决定健康》《常见病预防手册》《儿童减肥手册》《美女瘦身手册》。最后社长建议出丛书，每套 10 本，由我主编了四套，作者大都是我们医院的护士长。她们写作能力很强，无形中推动了我们医院的医学科普创作。

策划茶叶丛书对我很有启发。我看了写茶叶的这类书，从内容到包装，从设计到纸张，豪华亮丽，为的是显示茶文化的高雅。我建议反其道而行之，用最通俗的语言写书，用最简易的设计出书，用最低的价格售书，做到让每位品茶人人手一册，对自己喜欢的茶了如指掌。我的一个朋友是职业学院茶艺专业的老师，我请她组织老师来撰写。我将丛书命名为"茶叶与健康"，各分册分别为《红茶》《乌龙茶》《普洱茶》《苦丁茶》《铁观音》《大红袍》《碧螺春》《花茶》《龙井茶》《花草茶》，每册定价 7~10 元。现在这套丛书已走出国门，译成英文版在世界各地出售。

西安交通大学出版社闻知我能写出医学专著，决定也来约稿，他们来到南昌后住在我们医院对面的旅社。他们上午刚到，就约了我中午一起吃饭，签合同。我们签了三本科普书。他们下午就返回西安，我以为他们会去游井冈山，我误解他们了。医学写作是我生命的一部分，贯穿了我的整条医路。一年后，我和西安交通大学出版社签了《医学写作学》的出版合同。我请了樊代明、郭应禄、邱蔚六三位院士写了序。《医学写作学》论述了医学写作学的概念、简史、现状与未来。我将其中的"口腔部分"单独改写为《口腔医学病历书写教程》，于 2006 年出版，2012 年出了第 2 版。我与他们继续合作出版了《口腔疾病与种植修复 200 问》和《儿童牙保健与正畸美牙 200 问》，第一本书进入了农家书屋。最早的三本书中，有一本被评为江西省科学技术进步三等奖。如文化界的那位领导批评我一样，卫生界老专家对我也有同样的建议："你把这些奖让出来，有益于年轻人进步。"我认可，也这样做了：凡要落在我身上的荣誉，我都尽力推辞。

2016 年，我转向在本土出版医学专著与科普著作。江西科技出版社先约我写了一本报告文学作品《守护生命的路：健康苏区行》，接着出版了我们医院的科普文化丛书，最近又组织出版了一套"家庭护理丛书"。这些，可能是我告别人间的最后几片"绿叶"。

我的一生有太多的如果。如果我在农场安分守己坐在卫生所，刘奕华会推荐我去江西吗？如果我在赣州融入了当地的口腔科，我能顺利离开吗？如果朱焕添不发表我的作品，我会踏上文学之路吗？如果第一本医学专著不受阻，正常出版，我能认识西安的朋友吗？能写出那么多的医学科普作品吗？能获奖吗？

对读者负责、对出版社负责、对自己的名字负责是我的写作原则。手术亦如此。责任，是做人的准则，而每一位医师只有经历无数次锤炼，才能获得熟练的技能和良好的心理素质，才能成熟，才能准确无误地跨越一个个并发症组成的"栅栏"，才能最终担起责任。这种技能的完善靠的是理论的提高、基本功的训练、经验的积累。在组稿过程中，我深深感受到了老一辈医学家对医学事业的执着、热爱、认真，本书就是他们经验的总结、心血的结晶。这总结与结晶在于他们知道自己肩上所担负的责任。

我想起了 1986 年在庐山与邱蔚六教授聊天的情景，我们谈到医学事业的未来，他最忧心的是医学人才和未来医师的素质。他特别强调爱心与敬业。手术技巧固然能预防并发症的发生，但关爱病人，了解病人的个体差异，制定个性化的治疗方案有时是预防并发症发生的关键。他的话没错，手术技巧的提高是建立在以人为本的理念基础上的。因此，本书的出发点就是以人为本，医学不是一门单纯的学科，它的对象是人，是高科技与人文科学的高度结合，医师必须理解和重视医学里的人文成分。这是医学的一个组成部分，是医学事业成功的基石。科技和人文是医学发展的双桨，也是预防并发症的两扇安全阀门。

我希望继续用笔将用刀的经验总结下去。邱蔚六教授对我寄予厚望："手术治病的医师很多，像你出版这么多书的医师不多；能写书出版的人很多，像你这样又会手术的人不多。"我写的每本专业著作他都会毫不推辞地为我作序。没有在庐山的相遇，我可能写不出这么多书。我写书离不开他的鼓励与信任。2008 年岁末，邱院士寄来了一本他主编的书——《邱蔚六口腔颌面外科学》，扉页上写着：泽先教授雅正。2008 年 12 月。

我想多说一句话，除了邱院士之外，我与其他院士没有见过一次面，全是书面交流。别说一分钱的礼物，茶都没敬一杯！谢谢老院士们对我的信任与支持，向他们致敬！他们的叮嘱与寄托会全部化作我写书的动力。

这本书稿已于 2024 年 5 月 7 日交稿。2024 年 5 月 24 日晚突闻邱蔚六院士在上海逝世，享年 92 岁。我不胜悲戚。我要回书稿，补上这段：他于 2001 年 12 月当选为中国口腔医学界首位工程院院士。与之相交 38 年，他待我如亲人，大事小事均为我操劳。我的每本医学专著都有他洒下的汗水。本想待这本书出版后登门拜送，可惜他读不到了，只能对恩师三拜。诗曰：本约腊月品冬梅，师乘黄鹤去不归；泪眼远视祷慈恩，精神传承长告慰。在本书即将付印之时，传来王贤才老师于 2025 年 5 月 1 日去世的消息，劳累了一辈子的王老师在劳动节逝世，可能别有意义。他经历了千辛万苦，心善寿长，这年他 91 岁。

第十五章

医路圆梦爱情花
婚姻不老初恋情

医路上载满着情：医患情、师生情、同学情、同事情，我还有初恋情、一生情。

8月29日是我永远不会忘记的日子，也是我毕生都要纪念的日子，又是我们生命走向尽头时，只能一个人独自纪念与思念的日子。

在未来不知能去向何处的时候，在我家上无片瓦、下无寸地的时候，她带来一床军被，我借了小姨一间小小的旧房，权当我们结婚的新房。三天婚假结束，她返回部队。新婚短暂相聚，又匆匆别离。

她愿意接纳我的缺点，接纳我的平凡，我也没有用庸庸碌碌、浑浑噩噩度过一生去回应她。我们携手共同走在医路上，各自用不同的方式活着、活好，像浪花一样相拥着向前推进。平和、喜悦、丰盈、向上，如人饮水，冷暖自知。爱情不死，婚姻不老，就是我们的一生，我们相知相爱，医生一路，医路一生。

（1）

我们相识时是没有爱情的，连思恋的感情都没有，那时的回忆就像过往烟云，挥之即去，召之不来。相恋后，我们才有了一些美好的回忆。如今回忆起来，每段记忆都是美丽与甜蜜的。

我们在甘棠湖边洗衣服，她突然停下来，不准我发出响声，我看着她手指的方向，发现有两条鱼游了过来，是不是衣服口袋里掉出来了食饵？她站起身，我紧靠在她身边，当年她掏出小手绢擦汗的香味似乎又飘到了我鼻间。

突然，她轻轻问我："你怎么不早不晚，偏偏在我身后无人时，选择站我后面？"

我说："我去图书馆看书了。"

"我不信。你一定是躲在哪棵树下有意等着，看我身后无人了就像小偷一样跳出来，静悄悄地走过来。"她反驳道。

我笑了："你是说，我在我妈肚子里就看中了你，一直等到1956年8月29日这天才来找你。然后静悄悄地跟上来，侦察一下。啊，是你！我的妈吔，我好厉害耶！"

她说："你不厉害能与我坐在一起吗？你看，你快看，后面的鱼儿追上来了。"还真是。"你是不是这样追我的？"

我笑了："那鱼儿追的是食饵。"

"你又胡扯！"

我说："那时你心中哪会有我？肯定没有！我年龄小，成绩差，容貌平平，是个不起眼的小男孩。班上足球队都不让我参加，我参加的是年级里矮子们自己组织的足球队。"

这时，她笑了："不要自卑嘛。我没有看上你，怎么当了你一辈子的教练？"

是啊，她是我们家的总教练。那年，她正式选入九江市业余体育学校，她会打篮球、排球，短跑、中长跑都是她的强项。参军后，又入选了福建部队体育代表队。我们留校训练的同学，都由运动员们带教，她是其中之一。从辈分讲，她是我的体育教练。她总是以此事为荣。几年后，她知道了我在武汉大学生运动会上的成绩，态度更是强硬："我是你的启蒙教练！"结婚后，她是我的做饭教练、炒菜教练、带孩子的教练、上街购物的教练。我恭维她是我生命中的"总教练"。她谦虚地回答："不能不能。我可以做我们家务的总教练。"这其实是当年留下的"后遗症"，一个可以随心所欲管教我的"后遗症"。我想想，这话、这事也对。初中同班的男孩还真只有我一人考上本科，同年级男同学考上本科医学院的也只有我一人。

　　她把起外号的责任推到语文老师身上了。讲《鲁提辖拳打镇关西》那课时，老师的一句话激发了大家的兴趣。水泊梁山上的好汉人人有绰号：花和尚、豹子头、及时雨……就是女性角色也有绰号：一丈青、母夜叉。下课后，起绰号成了我们班一种流行的逗乐游戏，人人可为之，人人在为之。一开始，没有人给我起绰号，因为我是被班上同学遗忘的人，起绰号这事自然也被遗漏。我不知是该庆幸，还是该难过。庆幸的是，自己没有绰号；难过的是，我是一个无人在意的人。有一天课间操后，她突然大叫一声："蒋光头做操偷懒。"我不是偷懒，是没有做。我那时正在练武术，有点瞧不起广播体操，每次做操都只是站着。同学们不知她叫谁，似乎无人把"蒋光头"与我联系在一起。45岁后，我开始掉发了，前额、后脑勺只留下了可数的几根头发。婚后，我说："光头也好，不光也好，几根头发都交给你对付了，我再也不上理发店了。"她也乐意——省了家庭开支。她为我理了一辈子发，算是敬业尽心。可惜我没给她发什么终身成就奖。她也不遗憾，我也不心痛。谁叫她"诅咒"我是"光头儿"呢？俗话说，君子不记"仇"，但我记了她一辈子。

那天是看她们跳舞。几个女同学下晚自习后不知有什么快乐的事，在树下唱歌跳舞，惊得大树下的小鸟飞来飞去。那首民歌真好听，节奏感好强，女同学几乎都跟着节奏舞动起来了。我呆呆地听着、看着。我看得正起劲，她突然叫我，要我去帮大家买周日上午的学生电影票，电影名是《上甘岭》，每张七分钱，我照办了。很快我俩在班上唱起了《我的祖国》，一条大河波浪宽……要说青梅竹马、两小无猜，不知这算不算，我们还常唱的一首就是青海民歌《花儿与少年》。我俩谁也没想到这首歌居然伴随了我俩一辈子。

屈班长做了一件好事，他给班上的同学每人发了一个小小的纪念本，让班上的每个同学都互相写上祝福语。她写给我的是："祝光头好好学习，天天向上。"我写给她的是："放开你嘹亮的歌喉，歌唱美好的青春。"这个本子我们班大多数同学都保存着，很小，只有巴掌大，但足够留下我们青少年的心情与笔墨。婚后，我无事时也会翻翻她写给我的祝福语，我好奇地问她："别的同学你都写上'积极参加社会主义建设'，为什么我就写上读书？"她说："你不读书，干什么？肩不能挑，手不能提。读书是你唯一出路。"

算你狠！真被你算准了。

我去武汉读高中，她也离开了九江二中，穿上了军装。我听说她在医院里工作。我改变了读书的态度，准备奋起直追。那时的我朦胧地想，我妈在医院，我姑在医院，也许未来我也在医院，与她共事。我有了一冰、万恬等新朋友，对未来充满了希望。身边除了小何外，没有一个可以聊天的女同学，也不知怎么跟女同学交往。但我心里悄悄萌发了一点火花：我要是当医师，是不是也算是与她的一种缘分啊？

（2）

　　1964 年的新春将至，初中同班同学要相聚。我刚进大学，又是医学院，自然春风满面。我们没有聚餐，只是集体照了一张相。照相时，一般都是女生站在前面，男生站在后面。这次奇怪了，居然是班干部与班主任坐在前排，女生与我们几个年纪小的都站在后面。我也没在意，就这样站呗。照片洗出来后，我才发现我与她肩并肩站在一起，满脸微笑，亲密有加。谁看了都认为是预先安排好的，或是说两人故意的。其实，我们当时只是沉浸在集体相聚的欢乐里。在这大庭广众之下，还真的无心聊自己的情感。接到这张照片时，我已经开学上课了。当时大学制定了很严的三大纪律：不准谈恋爱、要服从分配、不准转专业。每个学生都要严格遵守。这张照片我从没有拿出来，家中父母和大学同学都没人知道，我一直珍藏着。

　　暑假再回九江时，初中同学居然议论我们俩在谈恋爱。有些同学还有点愤愤不平，说我在班上不英俊、不聪敏、不威武，怎么配得上她！这都是他们自己推断的，我们居住在两地，没有通信，以何种方式表达感情？一位与她在体校一起训练过的男同学当时暗恋她，为了弄清我与她是否在谈恋爱，特意邀请我与他一起去她所在的部队医院找她。路上，他明确地表示他一直在找机会接近她，只是没有这个勇气。他感激我能陪他。正巧，那晚医院在给伤员放露天电影，她与战友们在看电影。那位同学一步窜到她面前，找她说些套近乎的话。她想找我说几句话，竟插不上嘴。好在她的一位战友在一边陪着我，那是一位上海姑娘，戴一副眼镜，军龄有五六年了，很老练。后来我才知道，她还为这位上海姑娘取了一个绰号，叫"眼镜"。不经意间我们说到了《静静的顿河》，说到了作家肖洛霍夫，说到主人公葛利高里与阿克西妮亚的感情纠葛。这是我喜欢的一部书，我买了两套，第一套的译者是金人先生，后来又买了力冈先生的译本。说起名著，我自然滔滔不绝。想不到，她生气了："大家在看电影，你们在谈什么？再怎么津津有味，声音小点好不好！"然后转身对那个男同学说："还有事吗？没事，早点回去。"

一周后，她与两个战友居然披着外衣，穿着泳装，来到南涧里的我家。她们是在甘棠湖游了泳，想借我家房子擦洗干净，换好夏天的军装，准备回医院。她特别解释了一句："那天我是吼'眼镜'，不是吼你哈。"我笑了："吼我也没错，公共场所是不应该大声喧哗。"她立马回答："到底是大学生，说话挺文明的。"几年以后，我们打了结婚证，谈起吼"眼镜"的事，她爽朗地笑着"纠错"："就是吼你。那次你们俩就像一见钟情，无拘无束，聊得津津有味。你见到我总像是小学生见到老师一样，该不该吼？""我那是自我表现，我不表现好一点，她们都会瞧不起你，怎么找一个这么差劲的男孩。我表现好，她们就有了羡慕、敬佩、赞美你的眼光，夸你真行！"

"吹牛不犯法，吹吧，你就会变着法自吹自擂。"

有了交往就有了思念。睡前我又一次拿起那张照片来看，她的确是漂亮啊！英俊的军人，青春的姑娘，像是美丽的演员，品质、气质、素质一应俱全，的确与众不同，在我中学同年级的女生里绝对是第一，在我大学里所见的女生里是唯一。这年暑假我去了她家，理由是借几本医书看看。当时只有她妈在家，我自我介绍说："我是她初中同学，在武汉读医学院。"伯母说："我女儿说过你。你有什么事吗？我女儿出差，到福州军区参加业务学习三个月。"后来我知道了，这个学习班是战伤护理高级技能培训班，是她们科主任点名推荐她去的。

有一次，科里来了急诊患者，她是夜班，参与了抢救。因为是一场事故，伤员多，她坚持上了一夜一天的班。关键是，抢救时，几位年轻的同龄人，技术不精，伤员到了很久都没有给他们建立起输液通道，几个受伤比较严重的伤员都是她快速建立的通道。她技术精湛，认真负责，在这时得到了充分的体现。她默默地下班了，但是伤员记住了她，出院时给她送上了表扬信，说她那天工作了 24 小时，重伤兵员的静脉输液通道都是她建立的。大家建议给她记功授奖。以前，每次年度考核，只要是她参加，她都不负众望，总是名列第一。在抢救重伤员时，救护队首席护士非她莫属。只不过这次表现特别突出，所以主任推荐她去学习。由主任升为副院长后，她被派去组建新的医院并任院长。我这个男军属也就伴她久久地留在军营里，直到创办江西口腔系我才离开军营。

那天，我借了两本书：《药物手册》与《急救手册》。我发现，书中夹着几片用大小不等、形状不同的落叶做的书签。

返校之后。我给她写了一封信，内容很简单："我需要读书。你先我为师，找你借了两本书看看，不会生气吧？"她也简单地回了两句话："泽先同学：我有的书，你都可以借。需要什么书，我可以帮你买。祝你天天进步。"我们就这样建立了通信关系。我不知道这是不是恋爱开始的第一步。在最初的通信里，我们没有半句情话，都是规规矩矩，有事说事，无事就不联系。有一次，我在她医院门口偶然遇见了她的上海战友"眼镜"姑娘。"眼镜"告诉了我她心里的几点秘密，说她找对象有三个条件：本科毕业的医师；有文化的父母；相互了解，情趣相投，好学上进，志同道合。她身边领导的孩子，有的是干事，有的是参谋，还有的是上海籍医师，她一个都没有看中。"眼镜"向她推荐了我，我全部符合她找对象的要求，她基本默认了。我有点奇怪：我差好远哪。我还在读书，不知未来毕业会被分配去哪里，工资也差一大截，军人工资比地方医院高，这是事实。那个年代，谁不愿意穿军装？我只是一个前途未卜的穷大学生而已，我的白衬衫还是姑姑很久以前做的，对我来说已经太紧身了，一条黑色的长裤刚刚到踝关节，脚上穿的是一双最便宜的球鞋。这哪像是从武汉来的大学生，倒像是从县城来的中学生。谁敢要？她真敢要？

这个学期后的暑假我们开始了真正的交往。她邀请我去她所在的医院吃饭。去食堂？根据她的性格，不太可能吃一人一碗的统餐，更不可能吃小灶。那是吃什么？我还是去了。我们是在她的集体宿舍里吃的，跟我们一起吃饭的还有三个女兵，连我共五个人。宿舍的窗下有一台煤气炉，放着一口铁锅，热气腾腾。"眼镜"正在炒菜，举举手算是打了招呼。其他两位战友连连叫我："请坐，请坐。"一位穿着军装的高个子解释说："我们三个人来自不同的地方，每个人各做一两个地方小菜请你尝尝。"虽然都说普通话，但她们流露出的地方口音我还是知道的。"眼镜"当然是上海人，拥有高个子和高颜值的女生来自苏州，她在放糖，估计是江浙菜，还有一碗辣椒在那里，大概是湘菜了。我卷起袖口走过去对她们说："辛苦了！谢谢你们！我帮你们做点什么？好香，你们手艺一定远超宾馆的高级厨师。"

那时没有饭前先喝饮料的习惯，就只有四杯白开水。一坐定，我们很快步入正题，她们好像是有备而来，轮流对我提问。我坚信她们当中没有数学家，我一点都不担心，我要反过来问倒她们。

第一个提问的是"眼镜"，她很客气地问："我一直想问你，内科、外科、妇科、儿科都好，你为什么选择牙科？"

我不屑地回答："物以稀为贵。"

"满街都是牙科，地摊上都是，怎么可能是'物稀'呢？"

"这是你少见多怪了。我把话说重一点，你不要生气。你是不知，还是无知？你知道口腔有肿瘤吗？知道口腔癌占全身肿瘤的比例是多少吗？正因为患者无知和医师误治，死亡率才居高不下。全国能开刀治疗这类疾病的只有五家医院：上海九院、北京口腔、华西口腔、西安军医大学附属口腔医院和我们学院的附属口腔医院。我们院长夏良才是中国口腔颌面外科创始人之一。"这是在给她们"上课"，我开始吹牛了："全国各医学院口腔系分数至少要高出录取线 20 ~ 40 分。我考进北大的同学要求我化学、语文和生物接近满分，我辜负了他的希望。不过我基础好，入校后这些课的内容我倒背如流。你们谁愿意听，我可以背给你们听。"

"毕业后如果被分回九江，你还不是从事牙科？"苏州的妹子问。

"我怎么会来九江呢？我会力争留校，教授才是我的目标。"我当时真想说一句"你们太小看了我"，我忍住了，说了一句："男儿当自强吧！"

湖南口音的妹子很客气，轻轻地对我说："如果你被分在外地，你要做两地分居的准备。备战时期，部队驻地会换防。"我知道，她丈夫在大西北原子弹发射基地，每次探亲，她只能在兰州等丈夫单位派车来接她。毕业后的事实证明，那位认为我是一个好高骛远、夸夸其谈的大学生是对的。我在农场当医师，调到赣州还是当一名普通医师。对于"眼镜"的安慰，我回答得很简单：时代的悲剧。20 世纪 70 年代末妻子生病，我陪妻子赴沪就医，转业的"眼镜"一直陪着我们。她鼓励了我一句："等吧，等吧。"

事过之后，对于这餐饭，我十分有看法，这不是"三堂会审"吗？"眼镜"说是她的主意，这叫走"群众路线"。理由是："你们毕竟分开近四年，不在一个单位，不在一个城市。我们军人又是半封闭式的生活，军队对婚姻审查很严。我们先严于己，不是更好吗？"我笑了："这个世界上，上海人最聪明，你们做的每件事都是有道理的。"

暑期，江西省中学文艺会演，她推荐我去一中帮助他们编排赴省里会演的节目，负责人是她体校的同学。我去了，为他们编了舞剧《行军路上》，编、教、排、导，全是我一人完成的。为了表现舞蹈的魅力，我特别要求演员体现出动作与舞曲的节奏，领悟内容与情感的表达。辛苦付出有了回报：节目获了奖，跳舞的学生中有三分之一的人考进了九江市文工团。

20年后，那位认为我好高骛远的女战友，因患病与我们联系上了。另一位是花甲之年后患脑梗，又发现了腮腺肿瘤，请我做手术。我给她安全摘除后，她痊愈出院了。在大西北的那位转业回家后，在高速公路上发生了一次交通事故。巧合的是，她受到了颌面外伤，颌骨粉碎性骨折，我给她行气管切开术进行抢救。妻子自然来到病房看望他们一家子，这位战友恭维了妻子一句："你眼光真准，当年就看准了他会当教授。"少年哪知老来事，身难由己两由之。

暑假返校后的第一个星期，我坐在教学大楼西头阶梯教室的第一排椅子上，在同学们纷纷离开教室后，我低头执笔，一气呵成，写下了人生第一份情书。来上晚自习的同学进教室时，我正好下笔落款："永远爱你的泽先，于1965年9月8日，明月初上时。"

（3）

我的激情没有打动她，她每次来信都是平静地写着："泽先同学：你好。来信收到。"没有一个字可以点燃我内心的火苗，没有一句话可以激发我青春的冲动。一张信纸，十几个字，平静如水。我希望寒假早点到来，春节我们就可以见面聊一聊。1966 年的春节到了，从站在一起照相算起，这是我们一起过的第三个春节了。尽管进度有点缓慢，但我们的感情还是在一步一步地与时光一起向前。她借给我的一件军用雨衣就是见证。这年过得特别漫长。我曾告诉她，我去的地方是洪湖，她高兴地问我是不是《洪湖赤卫队》诞生的地方。我说："是的。那里莲藕、荷花闻名于世，我会在信里写给你。"那时没有照相机，语言是表达情感最好的方式。我所在的老洲大队没有邮箱，要到十余里外的北洲公社投寄，工作队的纪律很严格，我们不能随便外出。我给她写了三封信，请她回一封信就可以了。第一封信是在新滩口寄出的，第二封是投在了老洲邮箱，第三封是我得知返校的消息时给她写了几个字。相别九个月，我每三个月给她写一封信。1964 年那次无意的合影后，我们每年寒暑假见面成了定例。按理，我从洪湖回来首先要去的地方就是她那里，但是这一次例外，我回校之后听说可以免费上北京参加国庆节，所以我的第一选择是去北京。

我们迎来了 1967 年的春节，此时我与她分别已经整整一年了。我收到了她的信，她要我抽空回趟九江。"我还没有品尝过恋爱的滋味。来吧，让我们一起感受与享受人生第一次恋爱的幸福……我俩看电影，我俩散步，我俩聊天，我俩游泳，我俩唱歌……在我们的交往里'我俩'还是一块空白地，我们尽情地去填满。我们要为未来留下回忆的甜蜜。"她写给我的比我写给她的文字还要温馨。她告诉我，回九江后，我每天的晚餐，都安排在她们家，要我不要去姑姑医院的食堂用餐。句句暖心，字字滚烫。尽管我的心要融化了，但我十分清醒，我小心翼翼藏着信，心想：身无分文的我，寸步难行。我口袋里只有从家里到汉阳门的公交车的钱，连吃一碗热干面的钱都没有。医院不让我们打工了，卖菜的农民不准随意进城了，稿子也不能写了，没有一处可以赚钱的地方。别说"我俩"，就我一个人，离开了学校的饭菜票，也无法独立生存。我只有找我爸要船票钱，只能公开告诉我爸妈我谈恋爱了，需要钱。但我还是犹豫了两天，倒不是等待有没有什么别的办法，我只是在想怎样开口。还是先跟我妈说吧："妈，我和我初中的同学谈恋爱了。"

"她在武汉？"

"不，在九江。"

"干什么工作？"

"现役军人，在解放军医院工作。"

军人这个职业解决了一切"障碍"。妈妈先给了我五块钱。于妈妈而言，这是一笔大支出。大概是妈妈告诉了我爸，晚上我爸也大方地给了我五块钱，还特地叮嘱我不准说大话、说谎话。因为，儿时我被自行车划破留下了伤疤的事，我爸记了一辈子，也批评了我一辈子。我膝盖上有两道疤痕，一道伤疤是我在武汉十五中学踢足球时摔伤的，有人问起，我都说是踢球摔伤的。

妈妈补充了一句："你们俩事定了要告诉我们。我们家要去拜访她的父母，要送礼提亲，这是礼节。"我妈特地要我穿上考取大学后，我爸送我的一件白衬衫。我下乡时舍不得穿，一直将它留在家中，回家也没穿，现在谈恋爱正好用上了。

我们终于开始了人生的恋爱旅程。她24岁了，应该是可以谈恋爱的年龄。怎么谈？谈什么？怎么花钱？她提出出钱时，我该怎么主动付款？我不想了，一切行动都听她的指挥。我没有买卧铺票，而是花1.24元买了一张五等散舱船票与一张报纸，哪里有空地，就将报纸铺在哪里，我就坐在报纸上面。下船后，我告诉奶奶我回来了，然后就直奔她家。伯母把她写的一张纸条给了我，纸上写着："你没有去过庐山，明天我下夜班陪你去。你还不会游泳，这次，安排好时间，我教会你。我科准备排一组节目迎接建军节，我与主任说了，特邀请你协助编排，特地夸了你一句，为一中编了一部舞剧，参加省里会演拿了奖。剩下的时间我们散步、唱歌、看书。看看你还想做什么？"

我照指示办事。问题是，一些哭笑不得的事总会发生在我身上。步行去庐山必从好汉坡登山，我们带上煎油饼上路了。走到十里铺，我们还没有登到三分之一，我突然想上卫生间。我那个时候还没有用皮带，裤子都是用裤带子打结系好，我打的是死结。那年代山路上没有卫生间，她看见我额上急出的汗，噌地蹲下来，拉着我的裤带，张口用牙齿咬开了裤带结。我羞耻难忍，连说对不起。于是，我下决心工作后领到工资的第一件事就是买一条裤子与皮带。结果是我拿到第一份工资后就给我爸与我妹妹买了礼品。现代年轻人可能无法理解，那个年代的大学生几乎都是克勤克俭、无怠无荒地只顾读书的穷学生。

第一次上庐山，我们都沉浸在惊讶与欣喜当中。她给我做导游，好在我能背一些关于庐山的名诗，她讲山水我念诗，相互应和。我告诉她，我很喜欢苏东坡的《题西林壁》："横看成岭侧成峰，远近高低各不同。不识庐山真面目，只缘身在此山中。"这首诗情景交融，有思想，有哲理。毛主席的"一山飞峙大江边，跃上葱茏四百旋""陶令不知何处去，桃花源里可耕田"，何等气魄！何等雄伟！我们等闲之辈如何能有这样的胸怀与目光？她夸我诗背得不少。我说："我读到的写庐山的诗不到万分之一。千年来，历代诗人留下的诗歌就有万余首，这也是宝藏。我没时间，人才是挖不净的。"好汉坡上的不愉快已经烟消云散了。我们约好了第二天去游泳，这事也与裤子有关——我哪有游泳裤？幸好妈妈给了我五块钱，我一早就去买了一条。现在落笔写这事时，我在想，像当年我这样的大学生，或者说像我这样的男孩在今天还有资格或机会走进恋爱季吗？

我的恋爱季是快乐、甜蜜的。游泳回来之后，我们一起吃了饭。在她的卧室里，我问她："《药物手册》里夹带的书签是你自己做的吗？"我想得到的回答是："不，买的。"但是她漫不经心地点了点头。我有点惊讶，不由地说："好精细的手艺。"更惊讶的是，她又说了一句话："在大家心中，落叶没有生命，不值得一顾，可以被横扫，可以被践踏。我要让落叶美丽起来，再现它的生命，让它变得值得大家珍爱。"

落叶乱为堆，任凭它成灰。秋风扫落叶，化作烟尘飞。望着我惊讶后的沉思，她突然唱起了《花儿与少年》："春季里呀么到了这，迎春花儿开，迎春花儿开，年呀轻的个女儿家呀，踩呀么踩青来呀，小呀哥哥小呀哥哥呀，小呀哥哥小呀哥哥呀，拖一把手过来，迎春花么就开放呀……"她问我："还记得这首歌吗？""记得，"我说，"以后，我会买一把琴，你唱我伴奏。"在大学里，我学会了二胡、小提琴、手风琴，但始终没有达到为她伴奏的水平。我家中购买的这三种乐器，只能供我自娱自乐，人过中年乐器也提前无声安睡了。她笑着说："那时你的确是少年，眼高手低。"我回答："你永远是花儿，不凋谢的花儿。"

（4）

人都会做梦，重要的是会圆梦。

当我从洪湖新滩口返校，进入学校大门时，我的青春梦完全破碎了。摆在我眼前的现实是：学点真本领，收藏一点"真货"才是通向出路的加油站。我两眼一抹黑，双手空空，有了毕业证之后要去干什么呢？回头看，我的一些同学被分到了乡村医院，大事干不了，小事不愿干，早早退休养老了。我谈恋爱了，我还要考虑未来。未来必然充满了变数，也许真要被她们说中了：我要留在九江了。学好本领是当务之急。实习正紧张的当口儿，她来了。

她是第一次到武汉，当然也是第一次到我家。我真有点不好意思，我该怎么接待她？爸爸、妈妈、妹妹都不在家。小小的一间房，只有一张床、一张四方饭桌和配套的四把椅子，还有一个两层的柜子。柜子的下层放着换洗衣服，上层放了一些杂物，顶上放了两口皮箱。我将我自己构建的三角区让给她。这就是那个时代普通知识分子家庭布局的缩影。

那几天，我正在重看苏联作家卡维林的长篇小说《船长与大尉》，实际是想推荐她看，我知道她买了一本《牛虻》。《牛虻》是爱尔兰女作家艾捷尔·丽莲·伏尼契创作的长篇小说，该书描写了意大利革命党人牛虻的一生。他参与了反对奥地利统治者，争取国家独立统一的斗争，最后为之献出了生命。这本书目前还不适合她读。此时阅读《船长与大尉》太合适了，精彩的故事情节，主人公感情专一，有追求事业的信心，这正是我们现状的体现。她拎了个旅行袋与一个塑料小袋，里面装着她的军装、军皮鞋，简洁、健美。我从江汉关码头接她过江到武昌，待她坐下，我说："晚上你睡钢丝床，插上台灯可以看看书。"

"没关系。想要办好几件事。我们的事你与父母讲了吗？他们表态了吗？"

我点点头说："我爸妈都同意了。"

"我准备打结婚证。要你们学校政治处或人事处出证明，证明你家三代政治清明，没有污点。"

"这事我去办。我有一个同学正好在革委会任副主任。"

我写好文字说明，请他加盖一个公章。第三天证明就送来了，用信封密封着，封口还盖了章。她告诉了我一件大事：她们医院技术人员要分成三部分，一部分人去北方，参加组建新陆军医院；一部分去南方某武警部队医院，也是组建新陆军医院，地点、番号保密；留下的维持现状。"眼镜"已接到通知是去北方，她可能随院长去南方。

晚上我爸妈回家了，听说我们要打结婚证，我爸妈都很高兴：家里来了一位解放军，泽先有人管了！我爸开玩笑地问："你们俩是地下谈恋爱吧？我与你妈怎么一点都不知道？"不是指责，是从未有过的欣喜与爱。我爸对她说了三句话："从今以后你俩的事你说了算；泽先工作后，收入归你管；有了孩子我们庆贺欢喜，没有也不要紧，领养一个也可以。"妻子做了奶奶后，想起我爸说的这几句话，感叹地说："那个年代，家里只有你这个独子，且自己还是遗腹子的父亲能怀有这种心态，真不简单！"她心存感激了一辈子。我爸卧病不起时，她坚持为我爸擦背换衣。我说："这个孝顺事留给我做吧，你就别抢了。"我父母对她百分之百信任，她用百分之百的爱来维护家庭的美好。

让现在的人难以相信的是，在准备打结婚证的那段日子里，我们俩没有拥抱，也没有接吻，我们就如两个情投意合的同学一样，连手牵着手都有点害羞。当然，那时我们也没有条件，没有地缘与时间那么做。最主要的原因是，当年的我们没有那样超越现实的浪漫的想法。她选择三月八日这天去领结婚证，但部队临时外出拉练耽误了一天，第二天是她一人去办理的。我们之间除了写信外，没有其他联系方式。所知的关于对方的一切都是见面后才慢慢说给对方听的。结婚那天，我叫我妈请小姨把她在长湖南村住的那间小房借我用三天，请小姨去朋友家借宿几晚。

只要回忆起这事，我都会感到自责，眼圈都是湿润的。一个女性独自一人去打结婚证，带一床军被，在未来不知去向何处、没有新房、没有家人的地方去跟一个男人结婚。三天婚假结束，她返回部队，我们匆匆结了个婚又匆匆别离。往后的日子如何过？谁也不知道。这样的人、这样的事，除了战争年代外，我看是绝无仅有。

我俩结婚那天，小姨下厨做了几道菜。我爸找同事借了一台自己组装的无线电收音机，想收听点音乐，希望气氛热闹喜庆一点。在吃饭时，爸爸与妈妈向我们说了四句祝福的话："相识是缘，相知是情，相爱是心，相守是福，愿你俩长相守到白头！"我希望能听到小提琴协奏曲《梁祝》，可惜收音机里传出来的只有新闻与《天气预报》。歌迷心窍，睡前我还是轻轻地哼了一曲《梁祝》。我开玩笑地对她说："《花儿与少年》是我们的相识相恋曲，《梁祝》是我们的相爱相知相守曲。"她一语不发，我说着唱着，唱着说着。她突然哭了，这下，我紧张了，喜事悲声，她越哭越有劲。

"我有什么错，你说，你骂，你哭，都可以商量，可以解决呀！"

她呜咽地问我："这是结婚吗？"

"是呀。"我说。

"有鞭炮吗？有对联吗？有喜糖吗？有亲朋好友祝酒吗？"

"你不是同意了喜事新办，破旧立新吗？"

"但是，但是我没有想到会这样冷清，这样单调。"

"我不觉得耶。我们累了一天，一早爸就陪我们去了汉阳家具厂，他还是要你选择了四样家具——双人床、书桌、饭桌、五斗柜，都是你喜欢的最新款。爸一直陪着我们到江汉关码头，把东西托运到了九江。你有不要的理由，因为你不知道未来的家在哪里；爸有买的道理，今天是大喜的日子，不管家在哪里，我们总会有一个家。有家就得有家具，这木材是高品质的，家具样式也极超前。待我们家定了地点，爸说到时候再托运。这不是喜事吗？"

"我没有说爸爸妈妈不好，没有说你不好，奶奶与姑姑都是好人。我爱你，爱你们家里人。只是，只是……"

"不要'只是'了，剩下的'只是'全是我的责任。你找我算账好不好？我一定会努力，我坚信知识改变命运，读书改变人生，我们的理想一定会实现。"

拥有自己的住房的梦确实实现了，那已是 30 年后 1998 年的事了。我作为一附院第一批所谓最年轻的教授之一，住进了教授楼。1968 年买的双人床、书桌、饭桌、五斗柜四样家具才搬进新房。

无法复制的新婚第一夜过去了。我对这三天婚假也做了规划。第一天，我们去了汉口品方照相馆（当时还叫东方照相馆），照了一张结婚纪念照。我没有好一点的外衣，身上还是我爸的那件露出棉絮的破棉袄，拍结婚照时穿的是她的军大衣。第二天，我们去了中山大道的"四季美"吃汤包。这个汤包我们等了好久，但是她很高兴。第三天，我们去"老通城"吃了豆皮，去"蔡林记"吃了热干面。我唱了一首当时我们年轻人自编的流行歌曲："我爱武汉的东湖，我爱武汉的碧水蓝天，我最爱武汉的热干面。面窝软又脆，烧卖味道鲜。要问我还爱什么？我最爱在中山公园里放放风筝聊聊天。我爱珞珈山的樱花，我爱黄鹤楼的江波云烟，我最爱老通城的豆皮。糯米包油条，汤包美名传。要问我还爱什么？我最爱在中山大道上喝喝饮料逛逛店……"她笑我们武汉人土气，我说："武汉人不讲究穿戴，讲实在，诚实淳朴是武汉人的特色，不是土气。我土么？"

"土。我去帮你买一双皮鞋。"一开始我坚决不同意，但是我们看见中山大道一家鞋店在大甩卖，有一双苏联进口的皮鞋，式样、价格还可以，我便同意了。遗憾的是，这双鞋我一直没机会穿，解放鞋脱了之后穿的是北京布鞋。到南昌之后，一附院（原中国人民解放军第一七三医院）的转业军人脚下穿的也是解放鞋，我就从众穿解放鞋了。

我从小就"小气"，她来了，我依然"小气"。我家在武昌洪山脚下，每次都是步行到汉阳门江边，花6分钱轮渡费过江，再步行到中山大道。她本愿意花钱，看我这样"吝啬"，也就随我步行了20余里路。

在江汉关，一位男性军人迎面而来，她停下了脚步，立正，举手敬礼："首长好！"她介绍说："这是我爱人。"我也伸出了手，重复了"首长好"这三字。他惊讶地看了看我，问："干什么工作的？"她坦诚畅快地回答："大学生。"首长长叹了一声，走了。望着他的背影，她坦诚地说："他是我曾经的教导员，原本想介绍他战友给我做对象，我谢绝了。凡给我的照片，我都原封不动退回了。"

同样，我这里也出现了一个小插曲。她在我口袋里发现了一位女同学给我的"情书"。信是拆开的，信封露在口袋外面，我准备交给她。这位女同学是我院护校的毕业生，在一附院实习。看到我们的演出后，希望加入宣传队，我同意了。大概是出于对我的尊重与敬佩，她要求与我交朋友。我会那么轻浮么？即使我当时没有进入恋爱期，也不会和她谈恋爱啊。我给了她一句官腔："大学里不能谈恋爱！"

婚礼过后，我爸要我送她回家，又给了我五块钱，要我坐公交车。这次，我们坐了公交车，买了四等船舱的票。我们躺在船舱的铺上，开船了，我走在船廊上，喇叭里正在播放着我最喜欢的《梁祝》。宽阔的江面，"江顺号"在江中缓缓而行，晚霞西沉，已能看见月亮渐渐升起，山水慢慢往后退。我低头看着江水，真让人想入非非。我走进船舱，她正在看《船长与大尉》，我拉她下床，牵着她的手。我们双双伏在船舷上，我把嘴唇贴在她耳边轻轻地说："这也享受，你听听音乐，我背几首诗你听听：'我住长江头，君住长江尾。日日思君不见君，共饮长江水。此水几时休，此恨何时已？只愿君心似我心，定不负相思意。'我在武汉，你在九江，是不是这个意思？"

"难怪要批评是臭老九，书读得多一点，想的事也多一点。"

"'江水东流去不还，夕阳西下万重山。'你看看是不是这样的？"

"这句你可能也会背：'人生能有几多愁，恰似一江春水向东流。'"

"会哟，会哟，还会唱！"

从此，不管在床头，还是在锅灶前，不管是走路，还是坐在厅堂，从我嘴里发出的"噪声"也成了一支旋律，在她的耳边响着，伴随她从青丝到白发。

人生中有太多的意外。就在我们下船走出码头时，我们竟看见她的战友捧着一束鲜花迎接她，祝福她新婚快乐。而且这几位战友都是我不熟悉的，以前似乎没遇见过。她们转达了她们首长（组建南方医院的院长）的祝福与关心。

晚上，医院为我俩安排了住处。第二天中午，全体要南下的军人全部到达南昌集结。男性护送医疗设备，乘船沿赣江南下，三天后出发；女性坐大巴，四天后的黄昏时分出发。

下个月中旬，门诊要开诊。这于我俩是意外事件，执行命令是我们唯一的选择。当天她与妈妈交接了家具的托运事宜，晚上我俩共同捡好她的行装，主要是那四纸箱书。第二天，她陪我去江边买了晚上回武汉的船票，中午我们俩就告别了。我俩告别的形式是拥抱，紧紧的拥抱。我望着她踏上火车，走进车厢。她探出头向我招手，我望着一声长鸣后就缓缓离去的火车，望了很久。也许我真是一个多愁善感、自卑自怜的读书人，我含泪回到江边，眼前是滚滚东逝的长江水，身边是晚风斜阳长江水。我也要告别花开絮飞的浔阳城，留下的是汽笛一鸣万里情。我决定不等船了，我退了票，跑步去火车站买了最后一班的火车票。我要送她一个惊喜：我来了！我来送你！

第一次到南昌，我很快就找到了公安武警总院。夜深了，搬运的队伍还在接龙一样地装车，几辆大卡车依次停在门口。为了节省费用，政委决定搬东西上卡车的工作全部自己干。一位男性军人认出了我："你来南昌送她？她们女兵都在楼上打包，你跟着我们上去吧。"我知道他是放射科的黄医师，我见工作这样紧张，不好打扰，便说"我同你们一起搬吧"。他告诉我有四条船，医疗设备、精密仪器、办公用品、家具与后勤用物统统要装船，他们男性军人每人配一把盒子炮，负责押运。

搬运队伍里突然多了一位百姓，守在卡车边的一位首长警惕地问："他是谁？"

黄医师回答："政委，他是小李的丈夫。"

"他爱人不是大学生吗？"他怀疑我是工人，因为我穿的是我爸那件棉絮外露的破旧棉袄。

政委接着问："小李知道吗？"

"不知道。"黄医师回答。

"叫她下来休息，陪陪新婚的爱人。"

我连忙说："不要，不要。搬运物资上车最要紧，忙完了再休息也不迟。"

"你这样朴实的大学生真不多。"

她下楼了，有点惊讶："你……"她见政委正在表扬我，说："你继续干吧，搬完了我来找你。"

（5）

没想到，这次见面我给她的政委留下了深刻的印象。当刘奕华帮我申请调动时，政委伸出了热情的手。当我去赣州报到时，他已给我们分好了一楼的一间住房，还配有全套家具。我们开始了新生活。刚开始，我中午也回家吃饭。后来发现这不行，时间全部耗在路上，于是改为早出晚归。初来乍到，我总有点不习惯。周末黄昏时下起了淅淅沥沥的小雨，我望着窗外，多愁善感的毛病犯了。她拉我上床，靠在枕头上。她拿出《世界名歌200首》，说："来来来，看看这本我俩谁听得多？""肯定是你。"我最熟悉的是苏联歌曲，其他国家的我只知道一两首，我知道她最喜欢的也是苏联歌曲：《小路》《莫斯科郊外的晚上》《山楂树》……医院熄灯了，我的歌瘾没息，我打起手电继续轻轻地唱着。这就是青春的热情吧。

这是1970年的早春四月，我俩开始了对未来人生的思考。远离在武汉与九江的父母，我们在赣州建立起自己的家，我该怎样做好自己的本职工作？在部队医院里，我要怎样做一个男军属？我们怎样才能过好自己的日子？也许，这里就是我们的未来。

我们的新家安在部队医院里。宿舍是老办公房，双人床、圆桌、圆椅、书桌都由部队提供。起床号、熄灯号早晚在耳边响起。对我而言，一切都是新鲜的。早上，号声催她去出操时，我还在被窝里；我刷牙漱口时，她已把早餐放在圆桌上了。有天黄昏停电，我们早早钻进了被窝，打开手电筒，照着《革命歌曲两百首》的歌词，在被子里唱着，唱累了就抱着睡着了。

我俩开了一次家庭会议，讨论三个问题。第一件事是根据我父母的决定，一切收入都"归公"。她笑了："不要说得那么可怜，钱全部放在抽屉里，你要用自己拿。"第二件事是决定暂时不把家具托运到赣州来，有了孩子再说。第三件事是商量今后我们俩生日合在一天过。她是"羊"，我是"猴"，她生日早我五天。她反对，我坚持。最后，我们达成协议，我生日逢假日就单过，非假日就两人一起过。她对我也提出了一条建议：洗脸、洗澡、洗衣服要用肥皂。大学五年，我只用了三块肥皂。我向她做了解释：脸天天洗，可以不用去污；衣服上主要是汗水与灰尘，浸泡一下手洗就可以了。她要求我冬天脸上要擦油。我说："我一辈子都没有擦，皮肤不是挺青春的吗？"她指着我的鼻子说："这是最后一次！"

我们在新家开始了新生活。妻子又开始在做落叶书签，她把书签做好送给新战友和护理员。她做的书签精细得如外购的艺术品一样，深受战友们欢迎。

第一年，院长委托她负责组建门诊部。谁都知道门诊是医院的门面，态度要好，技术要好，流程要短，患者候诊时间要短。凭她的人品、技术与能力，这事不难。我调来时，她继续负责门诊工作。来门诊看病的老首长越来越多，他们当中有军区级，有中央军委办公厅、总参、总后下属的各级领导。医院决定成立老干部病房，妻子又被调出门诊，参与组建老干部病房，重点负责护理管理工作。

来这里的老首长大都是赣南人。创办老干部休养所，组建这家陆军医院应该与此相关。办好医院，办好科室，能让老首长尽快病有所医。妻子因能承担这样的任务而自豪。妻子以病房为家，从医学院毕业的我，自然要当好她的助手。我的业余时间全部交给了老干部病房。我的工作主要是"三讲"与"三陪"：讲防病，讲保健，讲养生；陪聊天，陪散步，陪参加周末活动。我还帮他们编稿件、出墙报，周末组织大家唱歌。老首长喜欢唱山歌《送郎当红军》："当兵就要当红军，处处工农来欢迎，官长士兵都一样，没有人来压迫人……"那些老歌《十送红军》《斑鸠调》他们也很喜欢。老首长们特别喜欢京剧《沙家浜》中的"斗智"那段，我刚好学会了正宗的京剧，自然也露了一手。

这些老首长当中有长征时期周总理的警卫员魏局长，有第一个高举红旗冲进中南海的钟科长，有当卫生员出身的赖政委……他们都是赣南人，大都离乡近40年，大都是第一次返乡。从这儿走出去，又走回来，那千千万万的脚印连成一条长长的路，一端连着他们的昨天，一端连着今天。在这漫长的路上，他们留下了多少闪光的记忆！让他们难忘的，是把他们从死神手上拉回来的战友，是那些救了他们又离他们而去的红军医院里的医护亲人。

我最早认识的是钟科长。他老实厚道，多次感叹地说："我们这帮人能活到现在，就是因为有战友的关心和关爱。谁身上没有几个枪眼？没受过伤？没流过血？有次阻击战，我受伤了。卫生员冒着炮火把我背下战场，炮弹从头上呼啸而过。突然，一枚炸弹在正前方爆炸，卫生员迅速转身扑在我身上。几分钟过去了，我发现，活着的是我，死的是他。他是比我年龄还小的卫生员，他这是用他的生命换回我的生命呵！"每讲此事，他总是饮泣难语。

钟科长还会编草鞋，他穿过朱德总司令亲手打的草鞋。

"在井冈山时，大家叫他朱军长，每次战前，朱军长都会抽空打几双新草鞋，系在马鞍底下，行军路上见哪个战士光脚板，就会送上一双。很多新战士都不会打草鞋。当时的草鞋多用黄麻和破布混合编织，又结实又美观，一年四季不用穿袜子。新草鞋和干粮袋挂在一起，可时髦啦！进村时细妹子都会多看两眼。我是新兵蛋子，还没学会打。有次战后歇息时，我抓紧时间学，打了又拆，拆了又打。突然听见身后有人在笑：'小同志，别急，要不要我教你？'声音亲切和蔼，我抬头一看，哇，是朱老总！急忙起身敬礼。朱老总真的坐下来手把手教我。他说的都是打草鞋的行话：怎么定草鞋耳朵，双脚怎样夹紧黄麻绳，怎样让草鞋头尾不一样，怎样弯草鞋扣。怪事，麻绳、破布在朱老总手上就变'乖'了，一只漂亮合适的草鞋终于在我手上！脚上穿了草鞋就能冲锋陷阵，就能行军打仗，没有了草鞋就没有了脚力。"

他庆幸自己是幸存者。活下来就是最高的奖励！还能有什么奢求？北京解放时他是第一个冲进中南海的军人。从此，他和中南海结下了不解之缘，他在中南海进进出出了一辈子。

钟科长叫钟运堂，是于都县龟坑村人。1977年4月28日，《解放军报》报道：军委办公厅原管理处科长钟运堂同志，因病于1977年3月15日在北京逝世。他1933年11月参加中国工农红军，1936年6月加入中国共产党。入京后，他一直在副科长的岗位上工作，终年65岁。这就是真正的人民公仆！

魏局长个子不高，身体结实。在冬天，他迎风上桥，每次出门都不像是散步，总像是赶路，步子极快。他住院次数不多，记得有一次是因为颌面间隙感染来住院。医院准备派小车送到我那里，让我与陈医师一起会诊。像他这样级别的老首长，出门不仅要派车，还要有警卫员跟着。他很少坐车，动不动就自己走路，拦都拦不住。车开到脚跟前他都不坐，还要发几句"牢骚"："长征有什么车？雪山草地我都走过来了，这一马平川还坐车？抖给谁看？"

长征路上，他是周恩来副主席的警卫员。1958年，他写过一篇长文，发表在1959年3月发行的《红旗飘飘》第11期上，题目是《随周恩来副主席长征》。

我选摘两段："在这次行动中，天气似乎故意与红军为难，终日阴雨，下个不停。行军途中，道路泥泞，相当难走，尤其在夜间，谁要不摔跤，那才真叫稀罕的事呢！周副主席在这种情况下，他一向是不骑马的。虽然从遵义出发以后，党中央批准给他一副担架，但从来没见过他坐过一次，总是戴着他那顶破斗笠，和我们一样踏着泥泞的道路冒雨行军。看到副主席那湿漉漉的衣服，我们当警卫员的心中实在不好受，后悔当初没有搞到一把雨伞。"

"我听他（周恩来）说话声音与往常不同，显得有气无力。就问他：'您是不是不舒服？'顺手一摸，我惊叫了一声：'首长在发烧！'这时候范金标、曾照贤同志也来了。请来医师，一量体温三十九度五。这可把我们吓坏了。第二天，烧得更高，整天昏迷不醒。"

出于职业的好奇心，我问过魏局长："周总理在长征途中到底患的是什么病？是哪位医师用什么方法治好的？"在那个年代，问这个问题有点犯忌，有窃密之嫌。老首长没多讲，书中也只用了很短的一段文字讲述了这件事，记录这位医师只用了一句话："很快来了一位姓戴的医师，据说是跟罗炳辉同志从江西吉安请来的，医术很高。"往下写道："按照医师的吩咐，我们几个警卫员轮流从山上搞些雪来化成水，泡毛巾给首长做冷敷。第三天首长的体温逐渐下降了。"

与魏局长分别30年后，我从有关资料中知道了周恩来总理在长征路上患的是阿米巴肝脓肿。因为高热，开始诊断为疟疾，又怀疑是上呼吸道感染。初诊误治是有原因的，长征路上多发的病是疖疮、疟疾、下肢溃疡和痢疾。后来周总理身上开始出现黄疸，疑诊为肝炎。

到20世纪80年代末，有历史学家、报告文学作家、记者几经调查，翻阅史料，对许多老干部进行采访，包括周总理的夫人邓颖超，从他们的亲口叙述中才知道，为周恩来副主席的病作出正确诊断、制定正确治疗方案的，不是一两个医师，而是好几位专家共同会诊的结果。他们是王斌、李治、孙仪之和戴医师。最后戴医师留下来陪护周恩来副主席。在魏局长的文章中，没有提到那三位医师也是事出有因，一是他不懂医学，20余年后，他无法用医学术语来讲述当时的情况；二是几位医师提出冷敷后，他已去60里地外的雪山寻冰、背冰了。为诊断正确，两位专家用了显微镜，发现了病原菌，诊断后，用了针对性药物依米丁。

魏局长叫魏国禄，是兴国县江背镇人。他与钟科长是同龄人，于1932年参加红军，1980年去世。

某军区赖政委是赣县大埠乡人，参加红军时，他还是卫生员。他说，当年的卫生员与现在的护理员、医助一样，只学习三个月到半年就到前线参加抢救工作。那时是战争需要，一切为了前线。

我曾向他问过两个问题："首长和士兵接受或说享受的医疗条件是一样的吗？受伤的战士、战俘都一样抢救吗？"

他说："官兵一样，同甘共苦。优先俘虏，革命的人道主义嘛。"

他想想又说："还是从毛主席的卫生员说起吧。那时由于医院少、条件差、战争的不确定性，预防首长受伤、生病是一项重要任务。毛主席、朱老总、周副主席这些首长都配有卫生员，水平还不如今天的医助。每个卫生员都配备了一个医药包，也就是头痛发烧药、APC三包、红汞碘酒这类常用药。他们的任务是确保首长饮食起居的卫生安全，小病及时治疗，大病及早发现，报告总医院。我的战友钟福昌（后叫钟光，某军分区政委）刚从红军卫生学校毕业，那时还只17岁。

"那是金秋十月的一天，毛主席离开瑞金去了于都，住在于都北门何屋。不久，毛主席发高热，40度。退烧药吃了，无效。钟福昌想到了当时的常见病'打摆子'，他给毛主席用了奎宁，还是无效。他急了，急忙向领导汇报。打电话到瑞金的中央政府，中央政府派来了傅连暲医师。那时，显微镜、X光机已经装箱，准备启程西征，医师看病只凭望闻问切。傅医师很快诊断：是疟疾。钟福昌没经验，胆子自然小，用的药量不够。本来负责毛主席健康的是傅连暲的学生陈炳辉医师。毛主席有自己的想法：前方在打仗，我身边怎么能放一个好医师呢？毛主席坚决拒绝了组织的好意：我能吃能睡身体好，不需要医师。只有为人老实的钟福昌跟随毛主席踏上长征路。"

"战伤抢救不一样。如果战俘伤重，还要优先抢救他们。"他随口讲了一个抢救实例，"有次激战后，抬来一批伤员。卫生员根据伤情轻重筛选安排手术室抢救。有腹部中弹的小战士，有满身是血的赤卫队员，有被砍伤或砍断双手的俘虏，呻吟的、呼号的、默默无声的，都在等待。在年轻的卫生员眼里，双手鲜血淋漓的俘虏伤势最惨，病情最重，有生命危险。卫生员首先选他进了手术室，小战士却在等候。卫生员知识水平有限，他不知道小战士伤情最重，外边看有只一个小弹孔，而腹部已是脾脏破裂，需要立即做脾切除术。结果，俘虏保护了生命，我们的小战士却默默死去了。如果先送小战士进手术室，两个人都可以救活。"

很久很久，我才理解他们。他们的爱心故事铺就了又一条红色医路。

因为有了妻子，我人生多了这段历程；因为她是军人，我有机会近距离接触这些老首长。在他们身上，我重新理解了"赤诚""无私""无畏"这些名词。也有了我写另一本书《中国红军医院》的素材与动力。

（6）

　　来赣州的第二年，我要做爸爸了。散步的路上，怀着孩子的妻子突然问我："你不是常吹自己的文学好吗？今天考考你，你给孩子取一个名字。"

　　我说："是男是女还不知道。再说，是我们父母的第三代，应该与他们商量一下。"

　　"这事，今天我做主了。取名你说了算。"

　　"你有什么要求吗？"我问。

　　"你还不了解我？你想想我会有什么要求？"

　　我脑袋里思绪在翻滚着。与时代同步？有诗情画意？是期望寄托，还是吉祥如意？不可能算什么生辰八字，也不会什么古色古香。突然，我想起了新婚之夜她说过的一句话："从此，我们合二为一。""对！就是这个名字：我们两姓相加，第三个字简单地就是一个阿拉伯数字。第一个孩子叫'一'，第二个叫'二'，往下类推。"她笑了："还真没难倒你！"她问我："你想数到几？又是考？"我大声地喊一二一，我反问："你说到几？往下的三，是三代同堂。"

　　为了让孩子进一个好学校。妻子割爱，提前脱下了军装，做了一个准家庭主妇，尽心为孩子服务。孩子们是努力的、向上的。读完大学、硕士，都走上了"正高"的阶梯。人生的幸福不是欲望的膨胀与获得，是代代相传的身心健康，永远生活在灿烂的阳光下的自在。

　　就在这幸福的阳光下，不幸竟然落在了妻子的身上。

　　我突然发现妻子脸上长了斑纹，就带她去查了肝肾功能，报告为阳性，初步诊断为系统性红斑狼疮。这是一种会累及多个系统、多种器官的自身免疫性疾病。至今根治尚比较困难，激素药物治疗是唯一的方法。我们去了上海华山医院与上海中医院，他们都建议尽快大剂量服用激素药物。糖皮质激素是治疗系统性红斑狼疮的主要药物，尤其在其他药物疗效不佳或机体重要器官（如心、脑、肾等）受损的情况下会成为首选，我不能拒绝。我没有选择静脉给药，而是让妻子中剂量口服，以减少对肝、肾的损害。

我们从上海坐船直接去了武汉家中找我爸。这是他喜爱的儿媳妇。我爸认真把脉后说："红斑狼疮是病。中医不是见病治病，而是辨证论治。这有可能热毒炽盛，也可能是阴虚内热，或脾肾阳虚，气阴两虚。"爸特地休假一天认真观察我妻子，早晚给她把脉，找出了她的主症：全身乏力，精神萎靡，心悸气短，活动后心悸加重，腰脊酸痛，脱发口干，自汗盗汗，大便燥结，舌淡质红，舌苔薄白，脉细弱或细数。治疗方法是益气养阴。选用生脉散合增液汤与补中益气汤加减，还结合月经进行了调理：疏肝解郁，活血化瘀。回赣州后我一周写两封信给我爸，每天早上第一件事就是生炉子煨药，让妻子早晚各喝一碗。一个月后，抽血检查，肝肾功能恢复正常。继续用药一个月后，改用天王补心丹加减，各项检查转阴后又吃了一个月的六味地黄丸。妻子进入古稀之年，病情一直未复发，是中药把这种病症拒之门外。

我对中医药的态度是不神化它，也不觉得它神秘。中西医各有长短，其区别是西医治病，同病同治，中医因人而异，对症治之。无论是看西医还是看中医，任何一个病人都是冲着把病治愈而来的，争论没有任何意义，自擂自吹、互骂指责都是不可取的，治好病才是目的。

（7）

妻子怕我"小气"，怕我舍不得花钱，又担心我晕车，所以给我买了去南昌的飞机票。飞机到南昌后，我给《江西日报》写了一篇短稿，题目是《飞行数百里，留下一腔情》，第一句是："6月16日，我乘飞机从赣州到南昌。"这篇文章记录了飞机上发生的小故事。第三天短稿见报了。

1970年4月26日，我调往赣州工作，1981年6月16日正式离开。赣州留下了我11年的时光与记忆。到了南昌之后我休息了一天，6月18日我就在江西医学院第一附属医院口腔科正式开始上班了。

8月建军节，我给她写了一首诗，发表在《江西日报》8月5日的副刊上，诗名是《绿的遐想》。

绿的军装、绿的军裤；绿的流云、绿的玉树；绿荫下的繁英奇葩，争鲜斗艳地回答绿的爱护。

看见绿色，就想起青春；看见绿色，就想起宁静。祖国安宁幸福的花环，编进了多少绿色的生命。

第二年，在手术病人较少的8月（因为没有空调与电风扇，难以做手术），在最热的天气里，我联系了一辆带拖斗的大卡车去赣州接她，把家搬到江西医学院南院（现在的央央春天）。医学院给了我一间大教室做宿舍。至此，她在赣州13年的工作画上了一个句号。解放军医院考虑她上班来来去去很麻烦，给她分了两间住房。她知道姑姑一人在九江，便将姑姑接来住在部队医院的房子里。不久，我爸也过来了。其实，两位老人是流浪者，哪里安全就在哪里租一间房子住下。他们的全部家当就只有一床被子与一纸盒自己穿的衣服。姑姑不能回工作了一辈子的生命活水医院，爸爸住的是妈妈单位原武汉七医院的宿舍，妈妈去了湖北荆门之后，这房子被收回了。姑姑身体不好，她对九江熟悉，愿意住在九江。他们在九江相互照顾。妻子出于对老人的尊敬与关爱，只要有可能，妻子就会让两位老人与她住在一起。姑姑与爸爸对她的信任和爱护超过了我。

即使是一间教室，妻子也做了规划与布局。双人床、书桌、饭桌和五斗柜四样家具被搬进了教室，后来做的高衣柜把房间一分为二。书桌放在北面窗下，左侧是五斗柜，双人床放在了高衣柜下面。衣柜门朝外开，孩子住在衣柜开门的这边，有饭桌与椅子，方便他们读书。一辆女式自行车伴着妻子早出晚归。中午孩子们只能在食堂吃。好在我们只在这里住了一年，第二年我们便搬到二纬路上的一栋带小院子的房子里，进门右侧就是我家厨房，我们家三代人在这里住了近 15 年，比住在赣州的时间还要长，这是我们家最困难的日子。如果说，结婚那年是我们的起跑线，那么在这里生活的这些年是跑道拐弯，是可以看见终点红线的日子。

住进院子后的第二年，为了让孩子进一所好中学，妻子决定脱下军装转业。我是过来人，知道一所好学校对孩子成长的作用。穿了近 25 年的军装真的要脱掉，那心情不是用什么语言可以形容的。

离开万松山前的那几个黄昏，我俩走在医院大门外的黄泥小路上，哼着那时流行的《驼铃》："送战友踏征程，默默无语两眼泪，耳边响起驼铃声……"四年后，我们再唱这首歌，真的唱不下去了，沙哑的嗓音，呜咽着流泪。从此，再也不可能天天与戴着"红色的帽徽红领章"的战友在一起了。孩子们无法理解我们的感情。她进了重点中学当校医，孩子顺利入学，我俩心安了。她工资下调了，得到了一笔转业安置费。她建议为家里添置一些电器，我不同意，我让妻子专门把这笔钱存起来，留给孩子们。我负责在三个月内将买电器的专款筹集到位。这话听着有点像吹牛，有点神秘，她现在知道这不神秘、不是吹牛了。我花了三周时间写了三部中篇通俗小说，其中有两篇武侠小说《飞虹金龙鞭》《古庵侠女飞镖恨》，一篇海外传奇《大海深处郁金香》。这三篇小说分别发表于《小说天地》《小说奇观》与《中外故事传奇》杂志上。这三笔稿费解决了电扇、洗衣机与空调的费用。为了减轻妻子"没有钱是万万不行的"的压力，我几乎承包了江西多家报纸的卫生健康专栏，每周发表 2 到 3 篇文章。

妻子转业了，部队医院同意我们继续居住在分给妻子的房子里。我要去华西进修颌面外科，为期半年，妻子一人照顾两头：孩子与老人。两个孩子读书很自觉，省了她一半精力。她会在家做好饭，孩子再也不用去食堂吃饭了。她还会隔三岔五送点自己做的菜给两位老人。她太辛苦了。我在成都，每周写一封信跟她联系。我写信的时间选在了每周二晚上，确保她在周末读到这些轻松的文字，让她在辛苦一周后享受一点"初恋"的精神安抚。这些信我编了号，至今保存着，不是留给后代，是留给自己心灵的抚慰。

1985 年岁末，进修结束，我没有直接返回南昌，而是从成都经重庆去宜昌到荆门看望妈妈，与妈妈一起度过了 1986 年的春节。人生易老天难老，年年春光，今又春光。人生幸福在于健康，祝福妈妈幸福长寿。

短暂相聚后，我乘火车回南昌。回校后，医学院安排我去创办口腔医院。我早出晚归，妻子提醒我："你不要想当官哈。"我笑了："我向你学习，只做事，做好事。你想做个官太太不简单吗？"她三个闺蜜的老公，两个是正厅级干部，一个是正省级干部。虽然她们是好友，妻子坚决做到凡事"门前清，不求人"。

这时，我爸病了。妻子说："接过来吧，他摔一跤怎么办？"我怕给妻子添麻烦，所以接我爸的事能推迟就推迟。她提出早点住在一起，因为这是预防摔跤发生的唯一选择。接过来之后，我爸和姑姑只能住在低矮窄小的厨房里，姑姑睡床，我爸睡躺椅。我们在躺椅上垫了一层棉絮，把腰部垫高了点，加了一块塑料布，然后再给我爸盖一床被子。他大小便有点失禁，我们请了一位钟点工给爸爸洗衣服。有时钟点工忙不过来，妻子就会帮着洗，我坚决反对。我说："这事只能是钟点工做，或者我做，你坚决不能插手。道理不说，你这已经是一个最好的媳妇了，我不希望你超越当前。你陪孩子读书，我晚上陪老人。我会及时换尿布、洗尿布，堆着等钟点工第二天来洗不是办法。"

我会边做事时边与他们聊聊天。我对我爸说："我数学进步了。"我爸问："你进步在哪里？"我说："我懂了零乘任何数都得零。奶奶生下你们是零，辛苦了一辈子，被零一乘就都归零了。这就是人生。"爸说："你还真懂了。"姑姑说："如果我们没有了思维能力，也没有自理能力，不要把我们送到医院，不要吃药，不要抢救，就这么自然死亡。生老病死是规律，无需痛苦。"年轻时的他们绝没有想到今天这样，他们有怨言吗？没有，真没有。姑姑感慨地说，看到我们一家人健康地在她身边，她就快乐。我爸曾说养儿是享受亲情，是享受水往下流的亲情。他在研究治疗不孕症时说过，养育孩子不应单纯地理解为"传宗接代"，也不应有"无后为耻""养儿防老"的观念，生孩子是水往下流的感情，是天伦之乐。我想起了我进大学后的第二学期，我没有每周都回家，他竟来看我。那天下着大雨，我看见一个人避着风雨弓着腰站在食堂门口的一侧，我走近食堂门，突然耳边响起了我爸的声音："泽先。泽先。"

"爸，你怎么在这里？这里风雨太大了，你进来。"

"不，我只看看你。让我看看，你瘦了吗？"

在微弱的灯光下，爸爸看了我一眼，笑了："还好。"然后他就满足地离开了学校。"爸，爸！等等！在下雨！"看着风雨中远去的爸爸，我心里想到的是："努力！努力！不能辜负爸的期望！"

这辈子，我给自己定了一个原则：小时读书不麻烦父母，老了退休不麻烦子女。练好身体不进医院，遵纪守法不进法院。所谓家族的温馨与情怀，其实只有三四代人的记忆。往上往下，只留有传说与文字的记录，与后人的想象。

我爸曾说每代人会忘记曾祖父母，忘记祖父母，但是对晚辈的爱，永远不会忘。子女做了父母，他们的爱就会传给他们的子女。生孩子是对孩子的爱、对晚辈的付出。如果老人强求子女照顾自己，水都往上流的话，大海不会干枯吗？

姑姑与爸爸一再督促妻子去陪孩子读书，照顾、培养孩子，让他们健康成长才是母亲的目标。在这破旧的厨房里告别人间时，有儿子与儿媳妇、侄子和侄媳妇守在身边，他们感到很满足。我们同样满足，我的孩子都考取了大学，一医一工。分配工作后，学医的孩子立志要走出父母的树荫，将"这是蒋主任的孩子"变成"这是蒋主任的爸爸"。通过考研，学医的孩子离开了南昌。学工的也一样，在总工程师的位置上挑着重担。尽管工作忙、担子重，他们一样享受自己的亲情。他们两人的孩子都是大学生，都在奋进与互相思念中。这大概就是我爸说的"享受"吧。

这天，我悄悄告诉了妻子一个好消息：一附院要盖一栋教授楼。住进新房的这一天终于要到了！

（8）

从登记、交款到交房装修，前后花了三年时间。装修的全过程都是妻子在跑，有时我们会一起购物。我们要搬进去的那年，妻子退休了。这年，正好是我们结婚30周年。30年前结婚时我爸购置的家具总算有了它们该放置的地方。双人床、书桌放在我和妻子的卧室里，饭桌放在厅堂，五斗柜放在副间。搬家前一天，我俩在新房审视了很久。我望着她，能说什么？岁月悠悠，人生何求？牢骚？牢骚！我心里的声音在响着："我俩一辈子都在奋斗探求。奋什么斗？探什么求？目的是什么？何时才罢休？这样执着究竟为了什么？"我眼睛有点蒙，脑海里不由地响起了一段旋律："漫漫人生路，上下求索，谁能告诉我，是对还是错……"我突然停下说："男人一辈子最大的错误是，爱错了女人！"接着我立马自豪地说："这辈子，我最正确的选择是爱你！我们好好在这里再过 30 年。"

"谢谢你美好的祝福。我真没有想到我们再过 30 年，我只想到孩子有了自己的房间，想到姑姑和爸爸这辈子都没有见过这样的住房。如果姑姑晚三年去世，在这里住上一晚，我心里也会舒坦些。可惜，这只能是梦。"

我说："你同学至少早我们 15 到 20 年住进了这样的房子，官路与医路的确不一样。你陪我吃苦了！"

"这是多余的屁话！今天我要为你唱一支老歌，你跟上。"

"雪皑皑，野茫茫，高原寒，炊断粮。红军都是钢铁汉，千锤百炼不怕难……风雨侵衣骨更硬，野菜充饥志越坚，志越坚。官兵一致同甘苦，革命理想高于天……"

呵！这就是人生，这就是如何面对人生。在未来的 30 年，继续同甘共苦，健康快乐地走完人生之路，就是你的医路。

我紧紧抱住了妻子："你是真正的军人，脱下了军装你还是军人。"我吻着她的额头说："你还是花儿，永远的花儿！我们一定要再相伴 30 年。"

搬进新房，妻子决定要请我科全体同事吃一顿饺子，包饺子是她的拿手好戏。

退休之后，妻子更加支持我的工作。我的三本医学专著是在她的陪伴下分别于2004年、2006年、2012年完稿出版的。她陪我下乡采访，完成了报告文学《中国农民生死报告》；我们一起分享《秋杰老师》的故事。我想陪她出去看看外面的世界，我每次外出开会都会请示领导，申请破例带着她。我们往北去了承德、沈阳、海拉尔，往南去了三亚、北海、台南。我退休后，我们一起去了南非、澳大利亚、新西兰、柬埔寨、越南。我们相约一起活到80岁，她坚信这个目标一定可以实现，因为她曾是运动员。但生命没有让我们如愿，过了古稀之年，她病了。专家告诉我，她只能活3个月。我没有转告她，我们坚信自己可以活更久。一年过去了，平安，我们去了广州。两年过去了，我们仍然可以远游。第三年，过了夏天。她得知健康难以回归，生命所剩无几。那天，她一个人上街了，为我购买了一叠衣袜、短裤、毛巾，为我准备好她离世后我所需的日用品。这一辈子都是她为我购物，她知道，她离开人世后，我不会购物。看见她买回的物品，我已是泪眼模糊。我知道，她准备拒绝治疗了。果然，她拿来了《药物手册》。我懂她的心意，我打开夹着书签的那页，泪水从她眼眶里缓缓流出。她背出我那篇散文："生命这片绿叶不会常青，枯叶飘落的这天终于来了。"生命的每片绿叶，都应该珍惜。不同的绿叶，都是不一样的烟火，有鲜嫩欲滴的，有青枝吐绿的，有枯黄欲落的，有飘飘落地的。不要去蔑视、损伤生命。花开花落，那是生命对生命出世的欣喜与迎接，那是生命对生命逝去的怜爱与悲戚。脚下的小草、头上的飞鸟，有一天都会逝去。但又会有一丛小草萌生，有一群小鸟飞来。不是所有的鱼都会生活在同一片江河里，不是所有的江河都流向大海。小草吐绿了，不要去践踏；小鸟飞起了，不要举枪。一天又一天，一年又一年，生命在传递、传承中新陈代谢，生生不息。希望医路上每个人都是你身边的一片绿叶。仁心仁术就能给小草留下温暖，给大树留下春风。

她不去医院，不接受化疗、放疗。自己开始禁食。我守在她身边，她说："爱情是两人的分享与担当，我不能只让你分享与担当我的痛苦。在我已经无法承受自己的痛苦时，我也无力分享你的快乐，我成了你的累赘。我希望你同意并助力帮我除赘，我先走一步。你要答应我，继续活着、活好！"她吃力说着，顿了顿，又说："如果你舍不得，要我继续放化疗，不让我走，那就是你太自私了。"我说："没有实现我们共同活到80岁的愿望，我十分遗憾。"她笑着说："你不应该遗憾。你对爸爸尽了孝心，你对姑姑尽了爱心。"我握着她的手说："我们俩没有完成我们的目标。"她说："我们俩喜爱的旋律会永远在我们心里响着。"我哼起了《梁祝》，她闭着眼静静地听着。一天过去了，她很清醒。又一天过去了，她睁开了眼，我抚摸着她说："如果我们都舍不得，就继续用药。"她摆摆头，她在等待告别的那天。终于在这天，她突然紧紧闭上了眼睛，再也不睁开了。我发现，这是那个站在我前面穿着绿色裙子的姑娘与我相识的日子——8月29日。那天，我们开始了相恋相知、相伴相守的一辈子。整整60年，一天也不少。

你是不是想要告诉我，要我永远记住这一天？你是不是希望我们一起回到唱《花儿与少年》的那个花季年代？那时，我哼着《梁祝》跟在你后面，这是我们相知、相爱、相守的曲子。我用歌声回忆青春，我会带你回武昌，去看看我们结婚的旧房。剩下的日子，我会与"千锤百炼不怕难"的歌声相伴，走完我这辈子的医路人生，来生在歌声里再见！

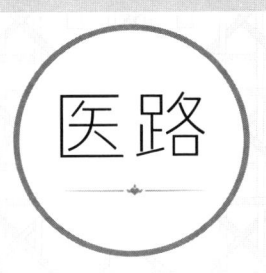

医 路

幸有余热别余生
要用至善创至臻

之一

千年历史千年客，芸芸众生芸芸路。有学者直言："人生无意义，也无价值。"秋瑾说得好："芸芸众生，孰不爱生？"生欲何求？六尺之躯躺在白日梦中？用奋斗之精神创造生命的意义？是大富大贵，还是贫穷贫乏？是平庸平淡，还是功成名就？人生本过客，何必千千结。不管权力有多大，人生就是一场体验，终点是死亡。在生与死之间，活着与活好的条件就是做事，做好事，把事做好。做事需要健康，医师守护健康，让每个人健康地体验自己一生的酸甜苦辣、喜乐悲哀。面对时代风雨，品味百态人生。我常自问："在见证悲欢离合的日子里，我做好了守护健康与关爱生命的工作吗？"我们用什么心态去守护健康？一个字：善。

善是我在医路上成长发展的土壤。没有善，不可能有她来到我的身边；没有善，我绝不可能轻松地离开农场；没有善，我不可能毫无障碍地快速调到南昌；没有善，文学不会轻易登门成为我的"情人"；没有善，我不可能在一附院这个平台上展现自己为患者服务的心愿；没有善，我无法完成那几十本医学专著与科普著作；没有善，我的仁心仁术只能从心中点点滴滴失落在地上。我人生的每一步都有善良的人悄悄地把我引向医路，我不能忘记他们，不能忘记我的父母，不能忘记她。

南昌大学"前湖之风"讲坛邀请我去演讲，题目是《信仰的力量》。我的信仰是什么？讲述了两个多小时，只是一个字：善。

幸有余热别余生，要用至善创至臻。人的一生都在认识自己，改变自己。我的一生是一个平民布衣的医路历程，希望我敲打出的文字能展示出我们那个时代真实的缩影。凡历程都是昨天，年轻时向往明天，老了才喜欢回忆昨天。昨天有什么意义？我想，凡为医者，不管在什么年代什么地方，都应该心怀善良，与仁心仁术相伴。我实现了我的"百千万人生工程"，即接诊手术病人过万，教授学生过千，著书获奖过百。

医生一路，医路一生。一辈子善待人生，成人之美，直到生命的终点。

　　　完稿于 2024 年清明节步入耄耋之年，定稿于 2025 年儿童节后

之二

医路之歌

"劝人学医，天打雷劈。"

是对是错谁分析？是难是易谁助力？

医路艰难担风险，医者劳累勤学习，

救死扶伤是责任，仁心仁术是本意。

妙手回春杏林暖，药到病除合家喜，

医路奉献真善美，杏林彰显诗画意。

健康中国有你我，我劝你来同学医。

尊重生命最重要，珍惜健康是第一。

愿《医路一生》，照亮初心

蒋老师是我的校友。我们之间有缘，我出生那年，他进母校。我毕业那年，我们相识、相交在华西医科大学。没有料到，40年后，我竟受邀写这篇跋。窗外，暮色正悄然漫过书案。恍惚间，我仿佛又回到1985年在华西坝与蒋泽先老师初次相遇的时光。彼时，我们在华西医科大学口腔医院的进修宿舍里秉烛夜谈，他常以兄长般的温和语气讲述他在农场行医的往事：一盏煤油灯、一箱简陋器械，却在荒野中为无数乡亲点燃生命的微光。那些故事里没有惊涛骇浪，却让我窥见了一代医者扎根泥土的赤诚。

蒋老师用六十余年的步履丈量出一条医者之路——从龙感湖畔的田埂赤脚医生，到市级医院挑梁的骨干，最终在承载七千张病床的省级医院成为学科领航人。书中那些鲜活生动的案例是"医路一生"最好的见证。所谓"医路一生"，恰似一株胡杨，将根系深深扎进时代的土壤，任风沙磨砺，始终以仁心为叶，以精诚为果。

蒋老师常说："医生心里要装着两盏灯，一盏照着病，一盏照着人。"书中那些真实案例——在缺医少药的年代自制简易牙模的老匠人、把全部积蓄塞进锦旗的孤寡老人——都在诉说着医患之间最真实的羁绊。这种羁绊，恰是当下青年医者最需传承的火种。在医疗技术日益精进的今天，我们或许不再需要背着药箱跋山涉水，但永远需要前辈们那种"把听诊器焐热再贴近患者胸膛"的细腻，那种"治不好病就睡不稳觉"的执念。所有将青春熔铸成生命长城的医界前辈，你们的足迹早已化作路标，而我们这一代人手捧你们传递的光亮，终将在新的征途上，走出更温暖的轨迹。愿《医路一生》——照见初心，映亮远方。

施斌

武汉大学附属口腔医院教授，博士

师生三代　医路情深

　　读完老师的这本书，我更深地体会到他对我提出的技术与学术是医路上的双轨的意义。

　　我是在读医学院四年级时，听"颞下颌关节病"这门课时认识的蒋老师。早就听说他讲课风趣幽默，果然，他在讲关节盘与髁状突关系时居然唱起了歌："月亮走，我也走。"他说，这就是盘突同步的关系。讲到三大症状（疼痛、响声、张口异常）时念出了"此声只在耳边响，他人难得几回闻"的诗句。最难懂、学生最不爱听的关节课，经他之口，变得妙趣横生。没想到工作之后，我的专业居然与关节、关节病紧密相连，更庆幸的是，我成了他的研究生。走近了他，方知他所做的一切，都源自"仁心仁术"。他说，每个医师都是走在为患者治病、治好病的路上。没有仁心，何以尊重病人？没有仁术，何以治好病人？仁心是初衷，仁术是追求。他要求我们每个学生一生都要这样做。带着他的叮嘱，我毕业了。回首一想，他真的是一位好老师。

2015 年，我选择了一条新医路：受邀加入泰康拜博口腔医院。在第一时间，我邀请蒋老师做我的顾问，并与我的硕士一起组建了"三代同堂"的叶平口腔团队。

老百姓的生活水平在日益提高，要求做种植牙手术的患者也日益增多，其中老年人占比更大。为了让患者满意，蒋老师第一时间提出医疗安全与质量。我们开展了大量的老年人牙种植修复工作，年龄最大的患者 88 岁，其中一些曾患有脑梗、心肌梗死，同时患有帕金森综合征。老年人接受种牙术，安全是最重要的，我们治疗的每一位患者都安全地完成了种植修复手术。一位帕金森综合征患者兴奋惊讶地问："我怎么躺在手术椅上就能不动了？"我们告诉她，我们用了指压穴位法，让她有了短暂的镇静。

蒋老师是一位好医师，他将医术深植于医德之中，他告诉我们，只有这样才能达到治好疾病的目的。患者从缺牙到有了牙齿可以咀嚼食物，可以品味生活，可以咀嚼人生，是令我们团队成员最高兴、最激动的事情。老师还带领我们写书、申报课题，迄今我们已出版了两本医学专著、三本医学科普著作，还有正在申报的一项新课题。技术与学术融会贯通，他是一位永不歇息的学者。

他的言传身教给了我很多感受与启发，他说："在民营机构，再多的广告、再美的宣传词汇，都不如用最好的技术带给患者好的疗效。当医术成功地寓于医德之中，让患者感受到医患如亲、亲如暖春时，患者就会接踵而至，这是治疗效果带来信任的结果。"师生三代，医路情深，这深情就是献给患者的呵护与关爱。

蒋老师步入医路已有一甲子，他用一生的心血与汗水凝聚了这本书的主题：献给患者的呵护与关爱。所以，我在第一时间推荐我老师写的这本书。感谢你们的阅读，读后，大家是不是有同感？

叶平

2024 年 6 月